Statistiques des recettes publiques : 1965-2016

ÉTUDE SPÉCIALE : INDICATEURS COMPLÉMENTAIRES RELATIFS AUX RECETTES FISCALES

OCDE

DES POLITIQUES MEILLEURES POUR UNE VIE MEILLEURE

Cet ouvrage est publié sous la responsabilité du Secrétaire général de l'OCDE. Les opinions et les interprétations exprimées ne reflètent pas nécessairement les vues de l'OCDE ou des gouvernements de ses pays membres.

Ce document, ainsi que les données et cartes qu'il peut comprendre, sont sans préjudice du statut de tout territoire, de la souveraineté s'exerçant sur ce dernier, du tracé des frontières et limites internationales, et du nom de tout territoire, ville ou région.

Merci de citer cet ouvrage comme suit :
OCDE (2017), *Statistiques des recettes publiques* : 1965-2016, Éditions OCDE.
http://dx.doi.org/10.1787/10.1787/9789264283206-fr

ISBN 978-92-64-28319-0 (imprimé)
ISBN 978-92-64-28320-6 (PDF)
ISBN 978-92-64-28444-9 (ePub)

Annuel : Statistiques des recettes publiques
ISSN 2522-7084 (imprimé)
ISSN 2522-7092 (en ligne)

Les données statistiques concernant Israël sont fournies par et sous la responsabilité des autorités israéliennes compétentes. L'utilisation de ces données par l'OCDE est sans préjudice du statut des hauteurs du Golan, de Jérusalem-Est et des colonies de peuplement israéliennes en Cisjordanie aux termes du droit international.

Les corrigenda des publications de l'OCDE sont disponibles sur : *www.oecd.org/editions/corrigenda*.

Avant-propos

Cette publication annuelle fournit des informations sur les niveaux d'imposition et la structure de la fiscalité dans les pays de l'OCDE. Elle a été préparée sous les auspices du Groupe de travail sur l'analyse des politiques et des statistiques fiscales du Comité des affaires fiscales; elle est publiée sous la responsabilité du Secrétaire général de l'OCDE.

Table des matières

Tableaux

Graphiques

Suivez les publications de l'OCDE sur :

http://twitter.com/OECD_Pubs

http://www.facebook.com/OECDPublications

http://www.linkedin.com/groups/OECD-Publications-4645871

http://www.youtube.com/oecdilibrary

http://www.oecd.org/oecddirect/

Ce livre contient des...

StatLinks

Accédez aux fichiers Excel® à partir des livres imprimés !

En bas des tableaux ou graphiques de cet ouvrage, vous trouverez des *StatLinks*. Pour télécharger le fichier Excel® correspondant, il vous suffit de retranscrire dans votre navigateur Internet le lien commençant par : *http://dx.doi.org*, ou de cliquer sur le lien depuis la version PDF de l'ouvrage.

Résumé

Les recettes fiscales dans les pays de l'OCDE, mesurées en pourcentage du PIB, ont de nouveau augmenté en 2016 pour atteindre 34.3 % en moyenne, pourcentage sans précédent. Cette évolution est dans la continuité de l'augmentation des niveaux d'imposition depuis 2009, le point bas enregistré sous l'effet de la crise financière. Depuis lors, les impôts sur le revenu des personnes physiques jouent un rôle de plus en plus important dans le total des recettes fiscales des pays de l'OCDE, tandis que les recettes tirées des cotisations de sécurité sociale et des taxes sur la valeur ajoutée diminuent lentement par rapport à leur niveau record atteint après la crise ; les recettes de l'impôt sur les bénéfices des sociétés n'ont, quant à elles, pas encore renoué avec leur niveau d'avant la crise.

Les impôts désignent les versements obligatoires sans contrepartie aux administrations publiques. Les impôts sont sans contrepartie car les prestations fournies par les administrations aux contribuables ne sont pas normalement proportionnelles à leurs paiements. Les impôts sont ventilés en fonction de l'assiette : revenu, bénéfices et gains en capital ; salaires ; patrimoine ; biens et services ; et autres impôts. Les cotisations obligatoires de sécurité sociale versées aux administrations publiques sont aussi traitées comme des impôts. Les recettes sont analysées par niveau d'administration : État fédéral ou administration centrale, administration d'un État fédéré, administrations locales et caisses de sécurité sociale. Le Guide d'interprétation à l'annexe A contient des informations détaillées sur la classification des impôts.

Niveaux d'imposition en 2016

Entre 2015 et 2016, le ratio moyen des recettes fiscales rapportées au PIB dans la zone OCDE a progressé de 34.0 % à 34.3 %. Il s'agit de la septième hausse consécutive, avec pour conséquence que le ratio moyen dans les pays de l'OCDE n'a jamais été aussi élevé au cours des cinquante années couvertes par les *Statistiques des recettes publiques*. Depuis 2014, les niveaux moyens d'imposition dans la zone OCDE dépassent ceux d'avant la crise.

On constate également une augmentation du ratio des recettes fiscales au PIB entre 2015 et 2016 dans 20 des 33 pays pour lesquels des données préliminaires pour 2016 sont disponibles. Dans tous ces pays, les recettes fiscales ont augmenté plus vite que le PIB, ce qui explique cette hausse. C'est en Grèce que la hausse a été la plus forte, sous l'effet de la progression des recettes générées par les impôts sur le revenu et sur les biens et services, tandis que les hausses ont dépassé un point de pourcentage dans quatre autres pays (Corée, Lettonie, Pays-Bas et Pologne). Treize pays ont vu leur ratio des recettes fiscales au PIB diminuer en 2016 par rapport à 2015. Ces baisses ont été plus modestes et n'ont jamais dépassé un point de pourcentage. Le recul a été le plus marqué en Autriche et en Nouvelle-Zélande, sous l'effet d'une baisse des impôts sur les revenus et les bénéfices et, dans le cas de la Nouvelle-Zélande, d'une réduction des impôts sur les biens et services. Des baisses se sont également produites en Belgique, au Canada, au Chili, en Espagne, aux États-Unis, en Irlande, en Islande, en Israël, en Italie, en Norvège et au Portugal. Dans tous ces pays sauf en Norvège, ces baisses s'expliquent par le fait que les recettes fiscales ont augmenté moins vite que le PIB, tandis qu'en Norvège, les recettes fiscales et le PIB ont reculé.

Dans les pays de l'OCDE, les ratios impôts/PIB en 2016 s'échelonnaient de 17.2 % au Mexique à 45.9 % au Danemark, et 18 pays se situaient à l'intérieur d'une fourchette de cinq points de pourcentage par rapport à la moyenne de l'OCDE de 34.3 %. En 2016, 18 pays de l'OCDE affichaient des taux d'imposition supérieurs à ceux de 2007, les progressions les plus marquées concernant la Grèce et le Mexique. Parmi les 15 pays restants, les niveaux d'imposition en 2016 restaient inférieurs de plus de trois points à leur niveau de 2007 en Irlande et en Norvège.

Composition des recettes fiscales en 2015

En 2015, la part des recettes issues de l'impôt sur le revenu des personnes physiques dans le total des recettes fiscales est passée en moyenne de 24.1 % à 24.4 %. Dans le même temps, la part des CSS et des impôts sur les biens et services, TVA comprise, a légèrement reculé, tandis que celle des impôts sur les bénéfices des sociétés et des impôts sur le patrimoine est restée relativement stable.

Ces variations annuelles sont dans la continuité de l'évolution tendancielle de la structure fiscale moyenne de la zone OCDE depuis la crise financière de 2008. Depuis lors, la part des recettes tirées des impôts sur le revenu des personnes physiques a baissé dans un premier temps (passant de 23.7 % en 2007 à 23.2 % du total des recettes en 2010) avant de remonter progressivement à 24.4 % en 2015. Les impôts sur le patrimoine ont suivi une tendance similaire, se repliant de 5.6 % en 2007 à 5.5 % en 2010 avant de se redresser à 5.8 % en 2015. À l'inverse, la part des CSS et des impôts sur les biens et services, TVA comprise, s'est d'abord accrue (de respectivement 24.6 % et 31.9 % en 2007 à des niveaux record de 26.6 % en 2009 pour les CSS et de 33.0 % en 2010 pour les impôts sur les biens et services), avant de reculer respectivement à 25.8 % et 32.4 % en 2015. La part des recettes de l'impôt sur les bénéfices des sociétés dans le total des recettes a fortement baissé pendant la crise financière, reculant de 11.2 % à 8.8 % en 2010, et est restée à ce niveau depuis lors, générant 8.9 % du total des recettes en 2015.

Variations par niveau d'administration

La répartition des impôts par niveaux d'administration est restée stable en 2015 par rapport à 2014, à la fois en moyenne dans l'OCDE et dans les différents pays. En 2015, la part des recettes de l'administration fédérale représentait toujours 54.0 % du total des recettes des administrations publiques dans les pays fédéraux, et 63.5 % dans les pays unitaires. Dans les pays fédéraux, 24.7 % des recettes étaient perçues par les administrations infranationales en moyenne (dans un intervalle compris entre 4.5 % en Autriche et 49.9 % au Canada), les deux tiers des recettes en moyenne revenant aux administrations des états fédérés et un tiers aux collectivités locales. Dans les pays unitaires, la part des recettes perçues par les collectivités locales s'établissait à 11.8 % en moyenne, l'éventail allant de moins de 2 % en Estonie, au Mexique et en République tchèque à 36 % en Suède.

Part du total des recettes publiques en 2015

Une étude spéciale de ce rapport compare les recettes fiscales totales dans chaque pays à des indicateurs macroéconomiques et budgétaires, tels que le revenu national brut, les recettes fiscales par habitant, les recettes publiques totales (incluant les recettes non fiscales) et les dépenses publiques totales.

En 2015, les recettes fiscales représentaient 82.0 % des recettes publiques totales, en moyenne, dans la zone OCDE. Au sein des pays de l'OCDE, la contribution des recettes fiscales aux recettes totales s'échelonne de 68.6 % au Mexique et 69.9 % en Norvège à 91.4 % en Italie. Dans 23 pays de l'OCDE, la part des recettes fiscales dans le total des recettes publiques était comprise entre 80 % et 90 %.

Bien que le ratio impôts-PIB moyen de la zone OCDE dépasse depuis 2014 les niveaux enregistrés avant la crise, la part des impôts dans le total des recettes en 2015 reste plus faible qu'avant la crise, en dépit du redressement amorcé depuis sa chute de 82.6 % en 2007 à 80.4 % en 2009. Depuis 2009, la part des impôts dans les recettes totales a progressé dans 28 pays de l'OCDE (à l'exclusion de la Grèce, la Hongrie, la Norvège, la République slovaque, la République tchèque, la Slovénie et la Suisse), mais elle reste en-deçà des niveaux de 2007 dans 18 pays.

Introduction

Le but de cette publication annuelle est de présenter des données permettant d'effectuer des comparaisons internationales sur les niveaux d'imposition et la structure de la fiscalité dans les différents pays membres de l'OCDE. Les impôts perçus dans chaque pays sont présentés sous une forme normalisée selon le modèle de classification des impôts de l'OCDE et son guide d'interprétation qui figure à l'annexe A de ce rapport.

À partir de l'année 2004, les données de cette publication concernant les années récentes sont surtout enregistrées sur la base des droits constatés et non plus sur la base des décaissements qui était utilisée pour les éditions précédentes. Les motifs de ce changement ont été examinés dans l'Étude spéciale S.2 de l'édition de 2003. On trouvera des précisions sur l'application pratique de ce changement dans l'Étude spéciale S.1 de l'édition 2004.

Les données utilisées ont été fournies pour la plupart par les Délégués du Groupe de travail n° 2 du Comité des affaires fiscales sur l'analyse des politiques et les statistiques fiscales. L'OCDE remercie de sa coopération le Fonds monétaire international dont la classification des recettes publiques – bien qu'elle soit, à certains égards, moins détaillée – est à bien des égards semblable à celle de l'OCDE[1]. Parmi les autres classifications actuellement utilisées, les plus importantes sont le Système de comptabilité nationale (appelé ci-après SCN) et le Système européen de comptes économiques intégrés des États membres de l'Union européenne (appelé ci-après SEC) qui constitue essentiellement un approfondissement du SCN bien qu'il en diffère à certains égards. Sous réserve de quelques exceptions mineures, les chiffres du SCN ou du SEC peuvent être rattachés directement à ceux de la présente étude car les critères et définitions du SCN ont été adoptées sauf mention contraire expresse.

Cette publication comprend six chapitres. Le chapitre 1 indique succinctement l'évolution de la fiscalité au cours des 50 dernières années en mettant l'accent successivement sur les niveaux d'imposition (section 1.1), sur les structures fiscales (section 1.2) et sur la répartition des impôts par niveau d'administration (section 1.3). La section 1.4 discute l'impact des différents traitements des crédits d'impôts récupérables. La publication de cette année comporte également dans son chapitre 2 une étude spéciale sur les « indicateurs complémentaires relatifs aux recettes fiscales ». Le chapitre 3 contient une série de tableaux statistiques comparatifs pour les années 1965-2016. Le chapitre 4 contient des tableaux statistiques comportant pour chaque pays une ventilation des recettes fiscales et des ratios impôts/PIB pour une sélection de catégories d'impôts et par niveau d'administration pour les années comprises entre 1965 et 2015 (section 4.1)[2]. Deux tableaux pour mémoire indiquent comment les pays financent leurs régimes de prestations sociales et comment ils reportent les impôts et cotisations sociales versés par les administrations (section 4.2). Le chapitre 5, qui est disponible en ligne uniquement, contient des tableaux statistiques comportant une ventilation détaillée des recettes fiscales par pays pour les années comprises entre 1965 et 2015 (section 5.1)[2]. Deux tableaux pour mémoire indiquent comment les pays financent leurs régimes de prestations sociales et comment ils reportent les impôts et cotisations sociales versés par les administrations (section 4.2). Le chapitre 6, qui est lui aussi disponible en ligne uniquement, ventile les recettes publiques entre les sous-secteurs ci-après : administration fédérale ou centrale, administration des États, administrations locales et de sécurité sociale. Il contient une série de tableaux statistiques comparatifs pour les années 1975-2015 (section 6.1) et une deuxième série de tableaux statistiques comportant une ventilation détaillée des recettes fiscales par pays pour les années comprises entre 1975 et 2015 (section 6.2).

Notes

1. Voir, FMI, *Government Finance Statistics Manual* 2014 (Washington, DC: Fonds Monétaire International 2014).
2. En raison du manque de place, les données indiquées concernent une sélection d'années entre 1965 et 2015. Les données portant sur les autres années sont disponibles en ligne.

Chapitre 1

Tendances des recettes fiscales, 1965-2016

Les *Statistiques des recettes publiques 2017* présentent des données détaillées permettant de comparer, à l'échelle internationale, les recettes fiscales perçues par tous les niveaux d'administration dans les pays de l'OCDE. La dernière édition fournit des informations définitives sur les recettes fiscales au cours de la période 1965-2015. En outre, des estimations provisoires relatives aux recettes fiscales pour l'année 2016 sont indiquées pour la plupart des pays de l'OCDE[1].

Encadré 1. **Statistiques des recettes publiques dans les pays de l'OCDE – définitions et classifications**

Dans le rapport *Statistiques des recettes publiques 2017*, les impôts désignent les versements obligatoires sans contrepartie aux administrations publiques. Les impôts sont sans contrepartie en ce sens que les prestations fournies par les administrations ne sont pas normalement proportionnelles à leurs paiements.

Dans la classification de l'OCDE, les impôts sont ventilés en fonction de leur base :

- revenus et bénéfices (rubrique 1000) ;
- cotisations obligatoires de sécurité sociale versées aux administrations publiques, qui sont traitées comme des impôts (rubrique 2000) ;
- salaire et main-d'œuvre (rubrique 3000) ;
- patrimoine (rubrique 4000) ;
- biens et services (rubrique 5000) ;
- autres impôts (rubrique 6000).

On trouvera des précisions sur la notion d'impôt, la classification des impôts et l'enregistrement sur la base des droits constatés dans le *Guide d'interprétation de l'OCDE* qui figure à l'annexe A du présent rapport.

Les moyennes présentées dans ce rapport ne sont pas pondérées.

1.1. Ratios impôts/PIB

a. Niveaux d'imposition pour 2016 (données provisoires)

Les nouvelles données de l'OCDE qui figurent dans la publication annuelle *Statistiques des recettes publiques* montrent que les recettes fiscales exprimées en pourcentage du PIB (le ratio impôts/PIB) continuent de croître depuis le point bas enregistré dans pratiquement tous les pays en 2008 et 2009 sous l'effet de la crise économique et financière. Le ratio moyen des recettes fiscales rapportées au PIB dans les pays de l'OCDE était de 34.3 %[2] en 2016, contre 34.0 % en 2015 et 33.9 % en 2014. Le chiffre de 2016 est le plus élevé obtenu depuis le début de l'enregistrement des données en 1965 (graphique 1.1).

Graphique 1.1. **Tendances des ratios impôts/PIB, 1965-2016p (en % du PIB)**

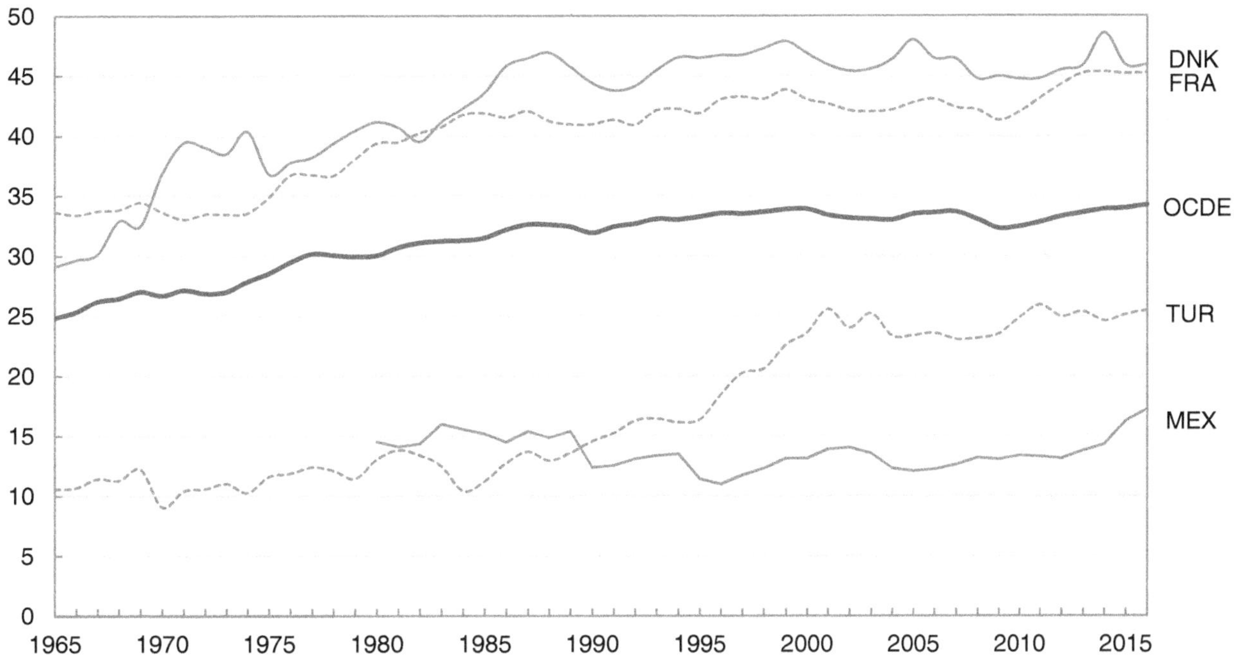

Note : Les données pour 2016 sont préliminaires. La moyenne de l'OCDE en 2016 est calculée en appliquant le pourcentage moyen non pondéré de variation pour 2016 dans les 33 pays qui ont communiqué des données pour cette année au ratio moyen global impôts/PIB en 2015.
Source : Tableau 3.1.

StatLink http://dx.doi.org/10.1787/888933613558

En 2016, les ratios impôts/PIB variaient beaucoup (tableau 1.1) d'un pays à l'autre mais aussi par rapport à 2015. Les principales observations sont les suivantes :

- En 2016, le Danemark enregistrait le ratio le plus élevé (45.9 %) et le Mexique celui le plus faible (17.2 %).
- Sur les 33 pays pour lesquels on dispose de données se rapportant à 2016, le ratio des recettes fiscales au PIB a, depuis 2015, augmenté dans 20 pays et diminué dans 13.
- Entre 2015 et 2016, les hausses les plus prononcées du ratio ont été constatées en Grèce (2.2 points, en raison d'un relèvement des impôts sur les revenus et sur les bénéfices ainsi que des taxes sur les biens et services) et aux Pays-Bas (1.5 point causé par une augmentation des cotisations de sécurité sociale et des impôts sur les biens et services). Les autres pays dont le ratio impôts/PIB a connu une augmentation supérieure à un point entre 2015 et 2016 sont la Corée, la Lettonie et la Pologne (graphique 1.2).
- Les diminutions les plus importantes du ratio survenues entre 2015 et 2016 concernent l'Autriche et la Nouvelle-Zélande (un peu moins d'un point de pourcentage) sous l'effet d'une baisse des impôts sur les revenus et les bénéfices et aussi, dans le cas de la Nouvelle-Zélande, d'une réduction des taxes sur les biens et services.

Bien que la moyenne du ratio impôts/PIB de la zone OCDE soit plus élevée en 2016 qu'en 2007 (avant la crise), ce n'est pas le cas dans près de la moitié des pays de l'OCDE : 15 pays de l'OCDE enregistraient en 2016 un ratio impôts/PIB inférieur à celui de 2007. En particulier, le ratio en 2016 reste inférieur d'au moins trois points dans deux pays : l'Irlande et la Norvège. La baisse la plus marquée s'est produite en Irlande, où le ratio est passé de 30.4 % du PIB en 2007 à 23.0 % en 2016, en grande partie sous l'effet de l'augmentation

Tableau 1.1. **Résumé des principaux ratios relatifs aux recettes fiscales dans les pays de l'OCDE**

	Recettes fiscales en % du PIB				Recettes fiscales en % du total des recettes fiscales en 2015						
	2016p	2015	2014	2000	1100 Impôts sur le revenu, personnes physiques	1200 Impôts sur le revenu, sociétés	2000 Cotisations de sécurité sociale (CSS)	4000 Impôts sur le patrimoine	5111 Taxes sur la valeur ajoutée	Autres impôts sur la consommation[6]	Ensemble des autres impôts[7]
Moyenne - OCDE[1]	**34.3**	**34.0**	**33.9**	**33.9**	**24.4**	**8.9**	**25.8**	**5.8**	**20.0**	**12.4**	**2.7**
Australie	..	28.2	27.6	30.4	41.5	15.3	0.0	10.7	13.0	14.5	5.0
Autriche	42.7	43.7	43.1	42.4	24.1	5.2	33.6	1.3	17.7	9.6	8.4
Belgique	44.2	44.8	45.0	43.5	28.3	7.4	31.9	7.8	15.0	8.8	0.8
Canada	31.7	32.0	31.2	34.8	36.9	9.9	15.1	11.8	13.2	9.9	3.2
Chili	20.4	20.5	19.6	18.8	9.8	21.0	6.9	4.4	40.8	13.3	3.8
République tchèque	34.0	33.3	33.1	32.4	10.7	10.8	43.1	1.4	21.7	11.7	0.5
Danemark[2]	45.9	45.9	48.6	46.9	55.2	5.6	0.1	4.1	20.0	11.6	3.4
Estonie	34.7	33.9	32.8	31.1	17.2	6.2	33.4	0.8	27.3	14.5	0.5
Finlande	44.1	43.9	43.8	45.8	30.2	4.9	28.9	3.3	20.6	11.8	0.3
France[2]	45.3	45.2	45.3	43.1	18.9	4.6	37.1	9.0	15.3	9.1	6.1
Allemagne[3]	37.6	37.1	36.8	36.2	26.5	4.7	37.6	2.9	18.8	9.0	0.5
Grèce[2]	38.6	36.4	35.9	33.4	15.0	5.9	29.4	8.5	20.1	19.2	1.8
Hongrie	39.4	39.0	38.2	38.6	13.7	4.6	32.4	3.3	24.9	18.8	2.2
Islande	36.4	36.7	38.6	36.2	36.7	6.5	9.8	5.4	22.6	9.7	9.3
Irlande	23.0	23.1	28.5	30.8	31.6	11.3	16.8	6.4	19.7	12.9	1.2
Israël[4]	31.2	31.3	31.1	34.9	19.4	9.5	16.4	10.6	24.9	13.0	6.1
Italie	42.9	43.3	43.5	40.6	26.0	4.7	30.1	6.5	14.2	13.1	5.4
Japon	..	30.7	30.3	25.8	18.9	12.3	39.4	8.2	13.7	7.3	0.3
Corée	26.3	25.2	24.6	21.5	17.2	13.1	26.6	12.4	15.3	12.7	2.7
Lettonie	30.2	29.0	28.8	29.1	20.4	5.5	28.7	3.4	26.5	14.8	0.6
Luxembourg	37.1	36.8	37.4	36.9	24.5	11.9	29.0	8.9	17.6	7.9	0.3
Mexique[5]	17.2	16.2	14.2	13.1	20.6	20.1	13.9	2.0	23.9	14.7	4.9
Pays-Bas	38.8	37.4	37.5	37.2	20.5	7.2	37.8	3.8	17.6	12.0	1.1
Nouvelle-Zélande	32.1	33.0	32.4	32.5	38.1	13.8	0.0	6.1	29.7	8.7	3.6
Norvège	38.0	38.3	38.9	41.9	27.9	11.5	27.3	2.9	21.4	9.0	0.0
Pologne	33.6	32.4	32.0	32.9	14.4	5.7	38.5	4.2	21.6	14.4	1.3
Portugal	34.4	34.6	34.3	31.1	21.2	9.0	26.1	3.7	24.8	13.6	1.6
République slovaque	32.7	32.3	31.2	33.6	9.7	11.5	42.7	1.3	21.3	12.4	1.1
Slovénie	37.0	36.6	36.5	36.6	14.0	4.0	39.7	1.7	22.9	17.1	0.5
Espagne[2]	33.5	33.8	33.7	33.2	21.3	7.0	33.8	7.7	19.0	10.7	0.5
Suède	44.1	43.3	42.6	49.0	29.1	6.9	22.4	2.4	20.9	7.2	11.1
Suisse	27.8	27.7	27.0	27.4	31.1	10.8	24.6	6.7	12.4	9.3	5.0
Turquie	25.5	25.1	24.6	23.6	14.6	5.7	29.0	4.9	20.6	23.7	1.5
Royaume-Uni	33.2	32.5	32.2	33.2	27.7	7.5	18.7	12.6	21.2	11.7	0.5
États-Unis	26.0	26.2	25.9	28.2	40.5	8.5	23.7	10.3	0.0	17.0	0.0

1. Moyenne 2016 provisoire calculée en appliquant le pourcentage moyen non pondéré de variation pour 2016 dans les 33 pays qui ont communiqué des données pour cette année au ratio moyen global impôts/PIB en 2015.
2. Le total des recettes fiscales a été diminué du montant de tout transfert en capital représentant les impôts non perçus.
3. Depuis 1991, les chiffres se rapportent à l'Allemagne unifiée.
4. Les données statistiques concernant Israël sont fournies par et sous la responsabilité des autorités israéliennes compétentes. L'utilisation de ces données par l'OCDE est sans préjudice du statut des hauteurs du Golan, de Jérusalem Est et des colonies de peuplement israéliennes en Cisjordanie aux termes du droit international.
5. 2016 provisoire: Estimation du Secrétariat, incluant les recettes escomptées collectées par les administrations d'État et locales.
6. Calculé comme la différence entre 5000 Impôts sur les biens et services et 5111 Taxes sur la valeur ajoutée.
7. Inclut 1300 Non-ventilables entre l'impôt sur le revenu des personnes physiques et des sociétés, 3000 Impôts sur les salaires ou main d'œuvre et 6000 Autres impôts.

StatLink *http://dx.doi.org/10.1787/888933613824*

exceptionnelle du PIB en 2015. Si l'on exclut l'Irlande, la baisse la plus importante a été constatée en Norvège, de 42.1 % du PIB en 2007 à 38.0 % en 2016 (2). À l'inverse, la hausse la plus forte au cours de cette période a été enregistrée en Grèce (7.4 points de pourcentage, de 31.2 % à 38.6 % entre 2007 et 2016). Trois autres pays, l'Estonie, le Mexique et la République slovaque, ont connu des hausses de 3 points de pourcentage, voire plus, au cours de la même période.

Graphique 1.2. **Variations du niveau d'imposition, p.p., 2015-16p et 2007-16p**

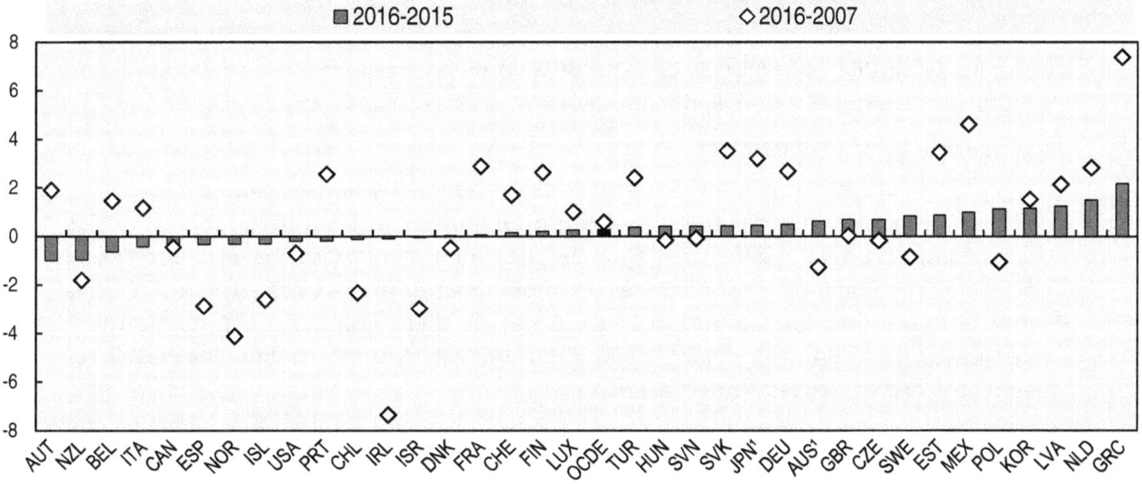

1. Les données provisoires pour 2016 n'étaient pas disponibles dans le cas de l'Australie et du Japon. Pour ces pays, la comparaison porte sur les données relatives aux années 2015-14 et 2015-07.

Source : Calculs du Secrétariat basés sur le tableau 3.1.

StatLink http://dx.doi.org/10.1787/888933613577

Les évolutions du ratio des recettes fiscales rapportées au PIB s'expliquent par les variations relatives des recettes fiscales nominales et du PIB nominal. Si les recettes fiscales augmentent plus (ou baissent moins) que le PIB d'une année sur l'autre, le ratio impôts/PIB augmentera. Si, à l'inverse, les recettes fiscales augmentent moins que le PIB, ou baissent plus que le PIB, le ratio diminuera. Aussi, le ratio impôts/PIB ne signifie pas forcément que le montant total des recettes fiscales a augmenté en valeur nominale, voire même en valeur réelle.

En 2016, 20 pays de l'OCDE ont vu leur ratio impôts/PIB augmenter par rapport à 2015. Dans tous ces pays, la croissance du PIB a été positive, mais moins forte que celle des recettes fiscales. Parmi les 13 pays de l'OCDE qui ont enregistré un recul de leur ratio impôts/PIB en 2016, 12 affichaient des niveaux plus élevés de recettes fiscales, mais en-deçà des niveaux du PIB nominal ; aucun pays n'enregistrait à la fois une croissance positive du PIB nominal et une croissance négative des recettes fiscales ; et un seul pays (la Norvège) associait une baisse de ses recettes fiscales nominales et de son PIB (graphique 1.3). En outre, le graphique 1.3 illustre les variations intervenues entre 2014 et 2015 en Australie et au Japon, où le ratio impôts/PIB n'est pas disponible en 2016. Dans ces deux pays, les recettes fiscales nominales ont progressé plus rapidement que le PIB, entraînant une augmentation du ratio impôts/PIB.

b. Niveaux d'imposition pour 2015 (données définitives)

La dernière année pour laquelle on dispose de ratios des recettes fiscales rapportées au PIB fondés sur des recettes fiscales définitives pour tous les pays de l'OCDE est 2015 (graphique 1.4). Les chiffres montrent que ces ratios diffèrent sensiblement selon les pays :

- En 2015, le Danemark avait le ratio des recettes fiscales rapportées au PIB le plus élevé (45.9 %), suivi par la France (45.2 %), la Belgique (44.8 %), la Finlande (43.9 %) et la Suède (44.3 %), tandis que le Mexique avait le ratio le plus faible (16.2 %), suivi du Chili (20.5 %).
- Sept pays – l'Autriche, la Belgique, le Danemark, la Finlande, la France, l'Italie et la Suède – enregistraient des niveaux d'imposition supérieurs à 40 %.

Encadré 2. **Méthodologie : le ratio impôts/PIB**

Les ratios impôts/PIB indiqués dans ce rapport expriment les recettes fiscales globales en pourcentage du PIB. La valeur de ce ratio dépend de son dénominateur (PIB) et de son numérateur (recettes fiscales), le dénominateur étant sujet à des révisions historiques.

Le numérateur (recettes fiscales)

- En ce qui concerne le numérateur, le Secrétariat de l'OCDE utilise pour ce Rapport les données relatives aux recettes fiscales qui lui sont fournies annuellement par les correspondants des ministères des Finances, des administrations fiscales nationales ou des services nationaux de statistiques. Bien que pour la plupart des pays, des chiffres provisoires soient disponibles avec un décalage d'environ six mois, les données finalisées le sont dans un délai d'environ dix-huit mois. Ainsi, les données définitives pour 2015 ont été reçues entre mai et août 2017.
- Dans trente-deux pays de l'OCDE, l'année fiscale coïncide avec l'année civile. Elle en diffère dans trois pays : Australie, Japon et Nouvelle-Zélande. Les déclarations pour l'année 2014 couvrent respectivement T2/2014-T1/2015 (Japon) et T3/2014-T2/2015 (Australie, Nouvelle-Zélande) (T = trimestre).

Le dénominateur (PIB)

- En ce qui concerne le dénominateur, ce Rapport utilise les chiffres du PIB les plus récents dont on disposait au 1 septembre 2017. À cette date, les chiffres du PIB pour 2015 et 2016 étaient disponibles pour tous les pays de l'OCDE.
- L'utilisation de ces PIB harmonisés assure un maximum de cohérence et de comparabilité internationale aux ratios impôts/PIB.
- Les chiffres du PIB proviennent des Comptes nationaux annuels des pays membres de l'OCDE (CNA-SCN) pour les pays où l'année fiscale coïncide avec l'année civile.
- Lorsque l'année fiscale diffère de l'année civile, les estimations annuelles du PIB sont obtenues par l'agrégation des données fournies par la Direction des statistiques de l'OCDE pour les trimestres correspondants aux années fiscales de chacun des pays. Par exemple, dans le cas du Japon : T2/2015-T1/2016.

- À l'inverse, neuf pays – l'Australie, le Chili, la Corée, les États-Unis, l'Irlande, la Lettonie, le Mexique, la Suisse et la Turquie - affichaient des niveaux d'imposition inférieurs à 30 %.
- Depuis 2014, le ratio des recettes fiscales rapportées au PIB dans la zone OCDE (moyenne non pondérée) a augmenté de 0.1 point pour atteindre 34.0 % en 2015.
- Par rapport à 2014, la charge fiscale globale a augmenté dans 26 pays membres de l'OCDE et a diminué dans 9.
- Les augmentations les plus importantes du ratio ont été constatées au Mexique (2.0 points), en Estonie (1.1 point), en République slovaque (1.1 point) et au Chili (0.9 point).
- Les diminutions les plus marquées se sont produites en Irlande (5.4 points, en raison de la hausse extraordinaire du PIB intervenue en 2015), au Danemark (2.7 points) et en Islande (1.9 point).

Entre 2014 et 2015, les principaux changements affectant le ratio des recettes fiscales au PIB s'expliquent en grande partie par des augmentations des recettes générées par les impôts sur les biens et services. Les recettes des impôts sur le revenu des personnes physiques et sur les bénéfices des sociétés exprimées en pourcentage du PIB sont restées

Graphique 1.3. **Variations relatives des recettes fiscales nominales et du PIB nominal, en %, 2015-16p**

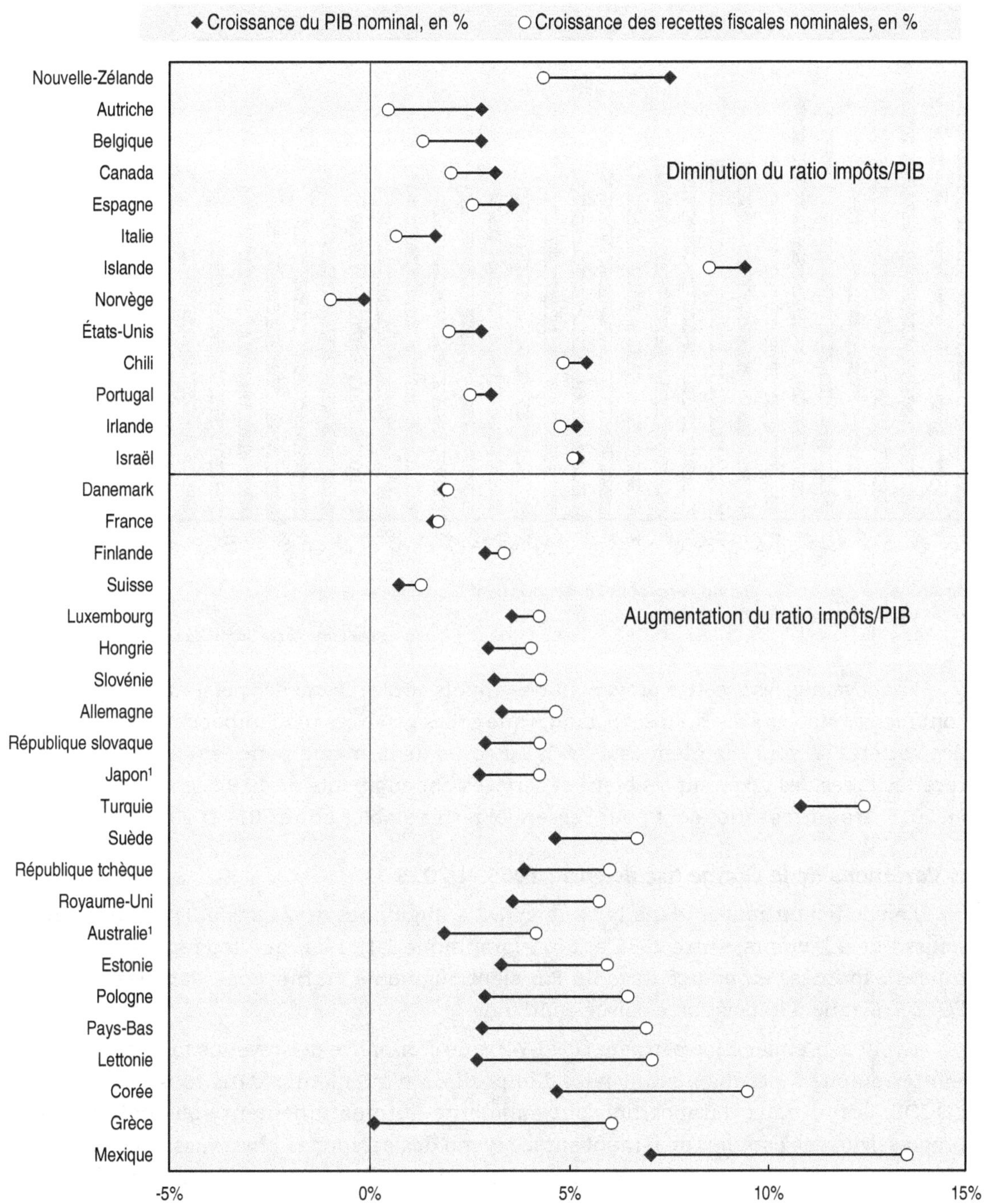

1. Les données concernant l'Australie et le Japon illustrent l'évolution intervenue entre 2014 et 2015, car on ne disposait pas de données préliminaires pour 2016 dans le cas de ces deux pays.

Source : Calculs du Secrétariat basés sur le chapitre 4 (recettes fiscales) et sur le tableau 3.19 (PIB).

StatLink http://dx.doi.org/10.1787/888933613596

inchangées en moyenne à 11.5 % en 2015 (tableau 1.2). Les augmentations les plus importantes ont eu lieu au Mexique (1.1 point) et au Chili (1.0 point). Le Danemark et l'Irlande ont enregistré la diminution la plus forte de ce taux, respectivement de 2.7 et 1.5 point de PIB.

Graphique 1.4. **Ratios impôts/PIB en 2015 et 2016p (en % du PIB)**

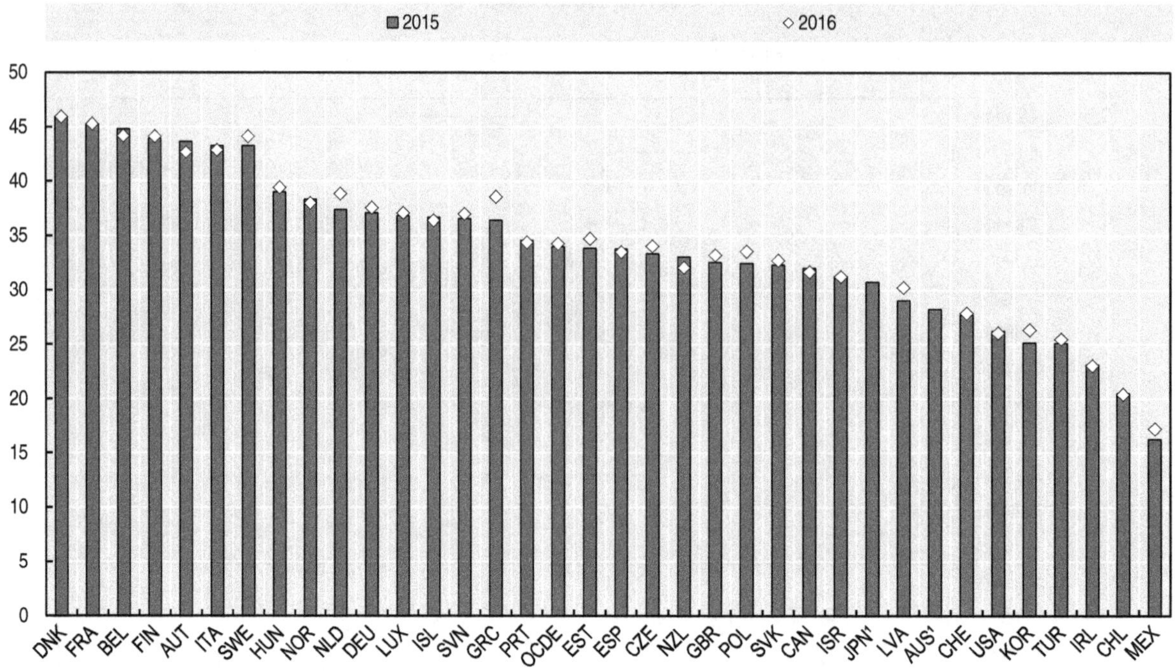

1. On ne disposait pas de données préliminaires pour 2016 concernant l'Australie et le Japon.
Source : Calculs du Secrétariat basés sur le tableau 3.1.

StatLink http://dx.doi.org/10.1787/888933613615

En moyenne, les recettes provenant des impôts sur le revenu des personnes physiques sont restées stables à 8.4 % en 2015, tandis que celles générées par l'impôt sur les bénéfices des sociétés se sont maintenues à 2.8 % au cours de la même période (tableau 1.2). Les recettes tirées des taxes sur les biens et services ont augmenté de 10.8 % en 2014 à 10.9 % en 2015. Les autres ratios sont pour l'essentiel restés stables entre 2014 et 2015.

c. *Variations de la charge fiscale entre 1965 et 2015*

Le coefficient moyen dans la zone OCDE a augmenté de 24.8 % à 34.0 % (soit une hausse de 9.2 points) entre 1965 et 2015 (graphique 1.1). Bien que les recettes fiscales totales exprimées en pourcentage du PIB aient augmenté en moyenne dans les pays de l'OCDE, le ratio d'imposition a baissé en Irlande.

Avant le premier choc pétrolier (1973-74), une croissance des revenus forte et presque ininterrompue a permis aux niveaux d'imposition d'augmenter dans tous les pays de l'OCDE. Les niveaux d'imposition ont augmenté automatiquement sous l'effet de la progressivité des barèmes de l'impôt sur le revenu des personnes physiques. Entre 1975 et 1985, la charge fiscale dans la zone OCDE a augmenté de 2.9 points. Après le milieu des années 70, le ralentissement de la croissance des revenus réels, combiné à l'augmentation du chômage, ont limité la capacité des pouvoirs publics à prélever des recettes. Cependant, à partir de la profonde récession qui a suivi le second choc pétrolier (1980), les pays européens ont été amenés à augmenter leurs impôts pour financer la hausse des dépenses de sécurité sociale et s'efforcer de maîtriser les déficits budgétaires.

Après le milieu des années 80, la plupart des pays de l'OCDE ont sensiblement réduit les taux de leurs impôts sur le revenu des personnes physiques et sur les bénéfices des sociétés, mais l'incidence sur les recettes publiques des vastes réformes fiscales qui ont été

Tableau 1.2. **Structure fiscale dans la zone OCDE, années sélectionnées (moyenne non pondérée en % du PIB)**

Pour cent

	1965	1990	2000	2007	2010	2012	2013	2014	2015
Recettes fiscales totales	24.8	31.9	33.9	33.7	32.5	33.3	33.6	33.9	34.0
1000 Impôts sur le revenu, les bénéfices et les gains en capital	8.7	12.2	12.0	12.2	10.8	11.2	11.3	11.5	11.5
dont :									
1100 Impôts sur le revenu, les bénéfices et les gains en capital des personnes physiques	6.8	9.7	8.7	8.2	7.7	8.1	8.2	8.4	8.4
1200 Impôts sur le revenu, les bénéfices et les gains en capital des sociétés	2.1	2.5	3.2	3.6	2.7	2.8	2.8	2.8	2.8
2000 Cotisations de sécurité sociale (CSS)	4.5	7.4	8.6	8.4	8.8	8.9	9.0	9.0	9.0
3000 Impôts sur les salaires et la main-d'oeuvre	0.3	0.3	0.4	0.4	0.3	0.4	0.4	0.4	0.4
4000 Impôts sur le patrimoine	1.9	1.8	1.8	1.8	1.7	1.8	1.9	1.9	1.9
5000 Impôts sur les biens et services	9.4	10.0	10.9	10.6	10.6	10.7	10.8	10.8	10.9
dont :									
5111 Taxes sur la valeur ajoutée	0.7	5.2	6.4	6.5	6.4	6.6	6.6	6.7	6.7
5121 Accises	3.5	2.6	2.9	2.6	2.7	2.7	2.6	2.6	2.6
6000 Autres impôts	0.1	0.3	0.2	0.2	0.2	0.2	0.2	0.2	0.2

Note : Part des principales catégories d'impôts dans le PIB (en pourcentage). Les données sont incluses depuis 1965 pour l'Australie, l'Autriche, la Belgique, le Canada, le Danemark, la Finlande, la France, l'Allemagne, la Grèce, l'Islande, l'Irlande, l'Italie, le Japon, le Luxembourg, les Pays-Bas, la Nouvelle-Zélande, la Norvège, le Portugal, l'Espagne, la Suède, la Suisse, la Turquie, le Royaume-Uni et les États-Unis. Les données sont incluses depuis 1972 pour la Corée, depuis 1980 pour le Mexique, depuis 1990 pour le Chili, depuis 1991 pour la Hongrie et la Pologne, depuis 1993 pour la République tchèque, depuis 1995 pour l'Estonie, Israël, la Lettonie, la République slovaque et la Slovénie.

Source : OECD (2017), "Recettes fiscales: Tableaux comparatifs", *Statistiques fiscales de l'OCDE (database), DOI* : http://dx.doi.org/10.1787/data-00262-fr.

StatLink http://dx.doi.org/10.1787/888933613843

engagées est restée limitée dans la mesure où, en même temps, la base de ces impôts était élargie par une réduction ou une suppression des déductions fiscales. En 2000, le taux moyen d'imposition dans la zone OCDE avait atteint 34.0 %, soit le niveau le plus élevé enregistré à cette époque. Il s'est ensuite légèrement replié entre 2001 et 2004, avant de repartir à la hausse entre 2005 et 2007, puis de retomber sous l'effet de la crise. En résumé, la charge fiscale moyenne dans la zone OCDE a augmenté de 0.7 point entre 1995 et 2015 (graphique 1.1).

La moyenne de l'OCDE masque de grandes variations des ratios nationaux. En 1965, les ratios des pays de l'OCDE étaient compris entre 10.6 % en Turquie et 33.6 % en France. En 2015, ces niveaux oscillaient entre 16.2 % au Mexique et 45.9 % au Danemark. La tendance continue à l'augmentation des niveaux d'imposition reflète le besoin de financer l'augmentation considérable des dépenses du secteur public dans presque tous les pays de l'OCDE.

1.2. Structures fiscales

Les structures fiscales sont mesurées par la part des principaux impôts dans les recettes fiscales totales. En 2015, les structures fiscales des pays de l'OCDE affichaient des différences. 17 pays ont tiré l'essentiel de leurs recettes des impôts sur le revenu et sur les bénéfices, 9 pays des cotisations de sécurité sociale, et 9 pays des impôts sur la consommation (TVA comprise). En 2015, les impôts sur le patrimoine et les impôts sur les salaires jouaient un faible rôle dans la structure des recettes des pays de l'OCDE, tant en moyenne que dans la plupart des pays (graphique 1.5).

Si, en moyenne, les niveaux d'imposition ont généralement augmenté, la structure fiscale ou le « dosage » des impôts a fait preuve d'une stabilité remarquable dans le temps.

Néanmoins, plusieurs tendances se manifestent jusqu'en 2015 (dernière année pour laquelle on dispose de données concernant les 35 pays de l'OCDE).

Graphique 1.5. **Structures fiscales en 2015 (en % du total des recettes fiscales)**

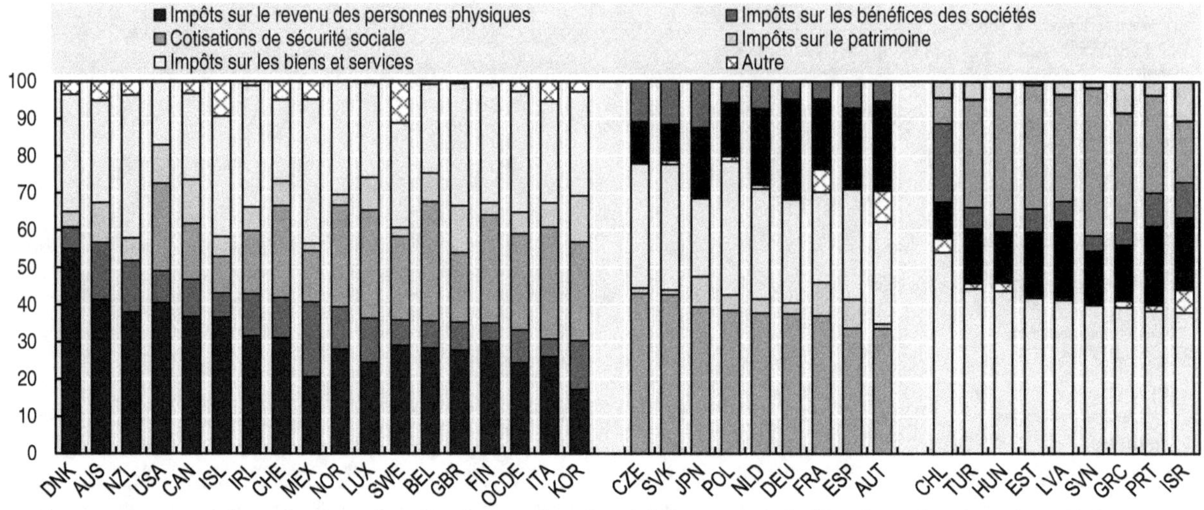

Note : Les pays sont groupés et classés en fonction de ceux dans lesquels les recettes de l'impôt sur le revenu (revenu des personnes physiques et bénéfices des sociétés) génèrent la fraction la plus élevée du total des recettes fiscales, suivis de ceux dans lesquels les cotisations de sécurité sociale ou les impôts sur les biens et services représentent la part la plus élevée.

Source : Calculs du Secrétariat basés sur les données figurant au chapitre 4.

StatLink http://dx.doi.org/10.1787/888933613634

Graphique 1.6. **Tendances des structures fiscales (1965-2015, en % du total des recettes fiscales)**

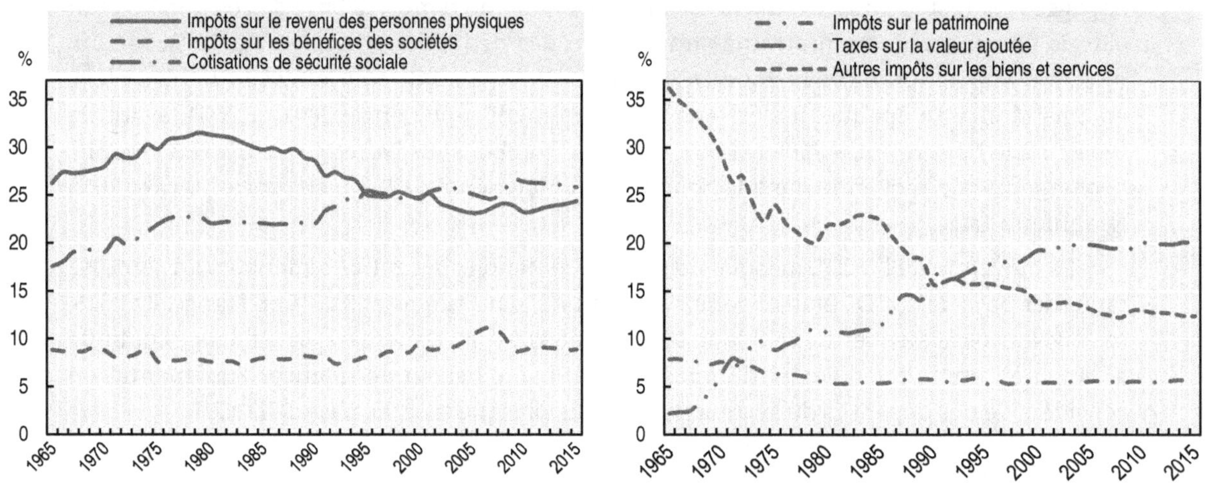

Source : Calculs du Secrétariat basés sur les tableaux 3.8 à 3.14.

StatLink http://dx.doi.org/10.1787/888933613653

a. Impôts sur le revenu et les bénéfices

En moyenne, en 2015, les pays de l'OCDE collectaient 34.1 % de leurs recettes fiscales via les impôts sur le revenu et les bénéfices (somme des impôts sur le revenu des personnes physiques et sur les bénéfices des sociétés). Ces impôts restent la principale source de recettes utilisées pour financer les dépenses publiques dans 17 des pays de l'OCDE, tandis que dans 9 d'entre eux – Australie, Canada, Danemark, États-Unis, Irlande, Islande, Mexique, Nouvelle-Zélande et Suisse – leur part dans le total des impôts excède 40 %.

Au sein de la catégorie des impôts sur le revenu et les bénéfices, la part de l'impôt sur le revenu des personnes physiques et de l'impôt sur les sociétés varie :

- En 2015, les recettes issues de l'impôt sur le revenu des personnes physiques représentent en moyenne 24.4 % du total des recettes, contre 30 % environ au cours des années 80. Dans cette baisse, deux points environ peuvent être attribués à l'inclusion dans la zone OCDE de pays d'Europe de l'Est pour lesquels les données relatives aux recettes fiscales ne sont disponibles qu'à partir des années 90. Dans ces pays, les recettes générées par l'impôt sur le revenu sont relativement faibles, alors que celles liées aux cotisations de sécurité sociale sont plus élevées, mais l'effet de l'inclusion de ces pays concerne seulement les données postérieures à l'année 1990.
- Les différences observées entre les pays sont considérables pour ce qui est de l'importance de l'impôt sur le revenu des personnes physiques. En 2015, la part de cet impôt allait d'un minimum de 9.7 % à 9.8 % respectivement en République slovaque et au Chili, à 41.5 % en Australie et 55.2 % au Danemark (graphique 1.5).
- La forte baisse de la part des recettes tirées des impôts sur les bénéfices des sociétés dans le total des recettes fiscales constatée en 2008 et 2009 ne s'est pas poursuivie en 2011 et 2012, mais la part de ces impôts dans le total des prélèvements en 2015, à 8.9 % du total des recettes fiscales, reste inférieure à leur niveau de 2007, lorsqu'elle s'établissait à 11.2 %.
- La part des impôts sur les bénéfices des sociétés dans les recettes fiscales totales affiche une dispersion considérable, de 5 % environ (Allemagne, Finlande, France, Hongrie, Italie et Slovénie) à 20.1 % (Mexique) et 21.0 % (Chili). Hormis la dispersion des taux légaux d'imposition des sociétés, ces différences sont au moins partiellement imputables à des facteurs institutionnels ou spécifiques aux pays, tels que :
  - la proportion des entreprises constituées sous forme de sociétés,
  - l'érosion de la base d'imposition des sociétés consécutive, par exemple, à des méthodes généreuses de calcul de l'amortissement et à des incitations fiscales,
  - le caractère cyclique du système de l'impôt sur les sociétés, conditionné en partie par les dispositions relatives à la compensation des pertes,
  - le degré de dépendance à l'égard des recettes fiscales tirées de l'exploitation de gisements pétroliers et/ou de minerais, et
  - d'autres instruments permettant de différer l'imposition des bénéfices.

b. Cotisations de sécurité sociale

En 2015, les cotisations de sécurité sociale représentaient 25.8 % du total des recettes fiscales en moyenne dans la zone OCDE. Elles étaient les plus élevées en République tchèque et en République slovaque (respectivement 43.1 % et 42.7 %). En revanche, l'Australie et la Nouvelle-Zélande ne collectent pas de cotisations de sécurité sociale.

On observe par ailleurs de grandes différences entre les pays de l'OCDE pour ce qui est des parts relatives des cotisations de sécurité sociale versées par les salariés et par les employeurs (graphique 1.7) :

- Huit pays (Chili, Danemark, Grèce, Israël, Luxembourg, Pays-Bas, Slovénie et Suisse) mobilisent davantage de recettes grâce aux cotisations salariales de sécurité sociale, tandis que les autres pays en collectent davantage grâce aux cotisations patronales.

- C'est en Slovénie que la part des recettes provenant des cotisations salariales de sécurité sociale est la plus élevée, puisqu'elle atteint 20.6 % du total des recettes. L'Allemagne, la Grèce, le Japon, les Pays-Bas et la Pologne enregistrent également des recettes issues des cotisations salariales supérieures à 15 % du total des recettes fiscales. C'est au Danemark que cette part est la plus faible, à 0.1 % du total des recettes. L'Estonie est le seul autre pays où les cotisations salariales de sécurité sociale généraient moins de 5 % du total des recettes.
- L'Estonie est le pays où la part des recettes fiscales totales générée par les cotisations patronales de sécurité sociale est la plus élevée (31.7 %). Cette part dépasse également 25 % des recettes totales en République tchèque. Le Danemark et le Chili enregistrent les parts les plus faibles, respectivement 0.1 % et 0.2 % du total des recettes.
- C'est en République tchèque et en République slovaque que la part des cotisations de sécurité sociale acquittée par les travailleurs indépendants et les chômeurs dans le total des recettes fiscales est la plus élevée, à respectivement 7.1 % et 8.5 %.

Graphique 1.7. **Composition des cotisations de sécurité sociale, en % du total des cotisations de sécurité sociale, 2015**

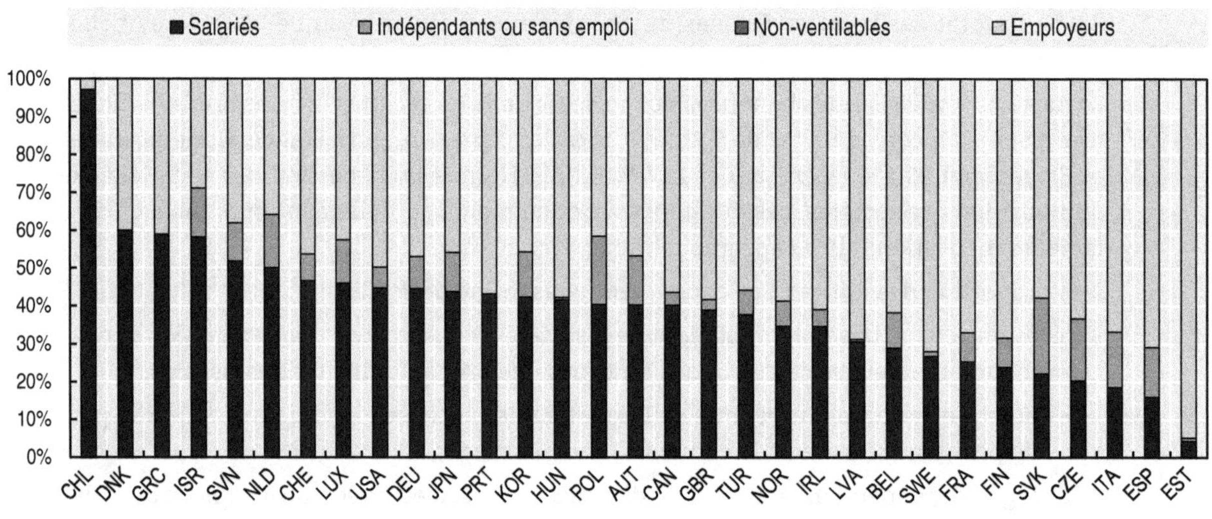

Note : L'Australie, l'Islande, le Mexique et la Nouvelle-Zélande ne sont pas inclus dans le graphique 1.7. Bien que l'Islande et le Mexique collectent des cotisations de sécurité sociale, on ne dispose pas de données désagrégées. L'Australie et la Nouvelle-Zélande ne prélèvent pas de cotisations de sécurité sociale.
Source : Calculs du Secrétariat basés sur les données figurant au chapitre 4.

StatLink http://dx.doi.org/10.1787/888933613672

c. *Impôts sur le patrimoine*

Entre 1965 et 2015, la part des impôts sur le patrimoine a été ramenée de 7.9 % à 5.8 % du total des recettes fiscales en moyenne dans les pays de l'OCDE (graphique 1.6). Cette part s'échelonnait de moins de 1 % des recettes fiscales en Estonie à 12.6 % au Royaume-Uni :

- En termes relatifs, la part des impôts sur le patrimoine est supérieure à 10 % du total des recettes fiscales dans six pays (Australie, Canada, Corée, États-Unis, Israël et Royaume-Uni).
- Les impôts sur le patrimoine représentent moins de 2 % du total des recettes dans cinq pays (Autriche, Estonie, République slovaque, République tchèque et Slovénie).

d. Impôts sur la consommation

- La part des impôts sur les biens et services a diminué de 38.4 % à 32.4 % entre 1965 et 2015 (graphique 1.6).
- Pendant cette période, la composition des taxes sur les biens et services s'est profondément modifiée. Les impôts généraux sur la consommation ont vu leur importance en tant que source de recettes s'affirmer rapidement, notamment pour la taxe sur la valeur ajoutée (TVA) qui est désormais prélevée dans 34 des 35 pays de l'OCDE[3].
- Les impôts généraux sur la consommation représentent 20.6 % des recettes fiscales totales, contre seulement 11.9 % au milieu des années 60. En 2015, elles provenaient principalement de la TVA (20.0 % du total des recettes fiscales) (graphique 1.6).
- L'importance croissante de la taxe sur la valeur ajoutée a contribué à compenser la diminution de la part des impôts spécifiques sur la consommation, tels que les droits d'accise et les droits de douane.
  - Entre 1975 et 2015, la part des impôts spécifiques sur la consommation (surtout sur le tabac, les boissons alcoolisées et le carburant, ainsi que certaines taxes environnementales) a été réduite de près de moitié, passant de 17.7 % à 9.7 % du total des recettes. En 2015, les droits d'accise constituaient la principale catégorie et généraient 7.7 % du total des recettes (graphique 1.8).
  - Les taux des impôts sur les produits importés ont fortement baissé dans tous les pays de l'OCDE, ce qui s'explique par la tendance générale à la suppression des obstacles aux échanges.
  - Néanmoins, des pays tels que le Mexique, la Slovénie (environ 14 %) et la Turquie (environ 22 %) collectent encore une fraction relativement importante de leurs recettes fiscales totales grâce aux taxes sur des biens et services spécifiques.

Graphique 1.8. **Part des recettes tirées des impôts sur la consommation en % du total des recettes, 1975-2015**

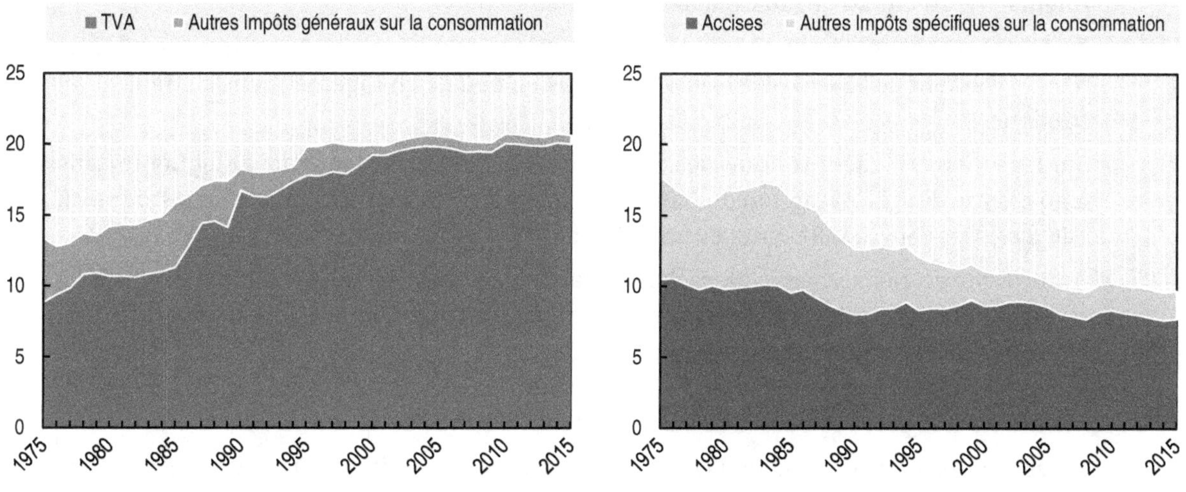

Note : La moyenne non pondérée pour chaque année comprend tous les pays qui communiquent des chiffres sur les recettes dans les catégories indiquées cette même année.
Source : Calculs du Secrétariat basés sur le chapitre 4.

StatLink http://dx.doi.org/10.1787/888933613691

1.3. Répartition des impôts par niveaux d'administration

Cette section examine la part relative des recettes fiscales attribuées aux différents sous-secteurs des administrations publiques en 2015. Les sous-secteurs sont les suivants :

- Administration centrale
- Collectivités régionales ou provinciales (pays fédéraux ou régionaux uniquement)
- Collectivités locales
- Caisses de sécurité sociale
- Supranationale (pays de l'UE uniquement)

Les directives suivies pour attribuer ces parts des recettes aux différents niveaux d'administration s'appuient sur la version finale du Système des comptes nationaux de 2008. Ces directives sont examinées dans l'Étude spéciale S.1 de l'édition 2011 des *Statistiques des recettes publiques de l'OCDE*.

a. Recettes des administrations infranationales

Huit pays de l'OCDE ont une structure fédérale. Dans ces pays, en 2015, les administrations centrales ont perçu 54.0 % des recettes totales en moyenne. Viennent ensuite les caisses de sécurité sociale, qui constituent un sous-secteur de l'administration centrale et qui ont reçu 21.1 % des recettes totales, suivies des collectivités locales (17.1 %) et des collectivités régionales ou provinciales (7.5 %) (tableau 1.3). Toutefois, on constate des variations considérables par rapport à ces moyennes dans les différents pays :

- En 2015, dans les huit pays fédéraux de l'OCDE, la part des recettes de l'administration centrale variait 30.6 % en Allemagne à 80.4 % en Australie.
- En 2015, la part des collectivités régionales ou provinciales s'échelonnait entre 1.5 % en Autriche, 4.2 % au Mexique, 7.7 % en Belgique et 39.5 % au Canada. La part des collectivités locales était comprise entre 1.6 % au Mexique et 15.2 % en Suisse.
- Entre 1975 et 2015, la part des recettes de l'administration fédérale a reculé d'environ onze points de pourcentage en Belgique, tandis qu'elle a décliné moins rapidement en Allemagne, au Canada et aux États-Unis.
- La part des recettes de l'administration fédérale a augmenté en Autriche et en Suisse respectivement de 15 et 5 points environ. Il y a eu peu de changement en Australie et au Mexique.
- Sur les sept pays fédéraux dotés de caisses de sécurité sociale, leur part a augmenté dans cinq d'entre eux, à l'exception du Canada où elle a légèrement diminué et du Mexique où elle a baissé d'environ 8 points entre 1995 et 2015.

L'Espagne est maintenant classée dans la catégorie « pays régional » plutôt que dans celle des « pays unitaires » à cause de sa structure politique fortement décentralisée. En 2015, la part des recettes de l'administration centrale était de 42.5 %, contre 14.0 % pour les collectivités régionales. Entre 1975 et 2015, la part des recettes des collectivités locales a augmenté de 4 % à 10 % environ et la part des caisses de sécurité sociale a baissé de 48 % à 33 %.

Les vingt-six autres pays de l'OCDE ont une structure unitaire. Dans ces pays, 63.5 % des recettes en moyenne provenaient de l'administration centrale, tandis que les caisses de sécurité sociale généraient 24.4 % des recettes. 11.8 % étaient recouvrées par les collectivités locales. Dans les pays unitaires de l'OCDE :

- La part des recettes de l'administration centrale en 2015 se situait entre 33.3 % en France et 36.7 % au Japon et 93.2 % en Nouvelle-Zélande.

Tableau 1.3. **Recettes fiscales des sous-secteurs de l'administration en % du total des recettes fiscales, pays fédéraux**

	Supranationale			Administration centrale			Administrations d'États fédérés/Régions			Administrations locales			Administrations de sécurité sociale		
	1975	1995	2015	1975	1995	2015	1975	1995	2015	1975	1995	2015	1975	1995	2015
Pays fédéraux															
Australie	..	..	..	80.1	77.5	79.3	15.7	19.0	17.1	4.2	3.4	3.6	0.0	0.0	0.0
Autriche	..	0.0	0.4	51.7	65.1	67.0	10.6	1.8	1.5	12.4	4.1	3.0	25.3	29.0	28.0
Belgique	1.4	1.0	0.9	65.3	60.1	54.3	..	1.8	7.7	4.4	4.8	4.9	28.8	32.2	32.2
Canada	..	..	..	47.6	39.1	40.9	32.5	37.1	39.5	9.9	9.8	10.3	10.0	14.0	9.2
Allemagne	1.2	0.6	0.5	33.5	31.4	30.6	22.3	21.6	23.0	9.0	7.4	8.3	34.0	39.0	37.6
Mexique	..	..	..	..	73.9	80.4	..	2.8	4.2	..	1.5	1.6	..	21.8	13.9
Suisse	..	..	..	30.7	31.6	35.8	27.0	23.8	24.5	20.3	17.6	15.2	22.0	27.0	24.6
États-Unis	..	..	..	45.4	41.4	43.3	19.5	20.0	19.4	14.7	13.3	13.6	20.5	25.2	23.7
Moyenne non pondérée	1.3	0.6	0.6	50.6	52.5	54.0	21.3	16.0	17.1	10.7	7.7	7.5	20.1	23.5	21.1
Pays régional															
Espagne[1,2]	..	0.5	0.5	48.2	51.3	42.5	..	4.8	14.0	4.3	8.8	9.9	47.5	34.6	33.1

1. L'Espagne est constitutionnellement un pays non fédéral mais avec une structure politique très décentralisée.
2. Le total des recettes fiscales a été diminué du montant de tout transfert en capital représentant les impôts non perçus.

StatLink http://dx.doi.org/10.1787/888933613862

- La part des collectivités locales variait de 1.0 % en Estonie à 36.0 % en Suède.
- Entre 1975 et 2015, les transferts aux collectivités locales ont augmenté de 5 points ou plus dans six pays – Corée, France, Islande, Italie, Portugal et Suède – mais ont moins progressé aux Pays-Bas. Une diminution des transferts de 5 points ou plus s'est produite dans deux pays – Norvège et Royaume-Uni.
- Entre 1975 et 2015, la part des caisses de sécurité sociale a progressé de 7 points ou plus dans quatre pays – Corée, Finlande, France et Japon – tandis qu'elle enregistrait des baisses du même ordre de grandeur dans quatre autres pays – Italie, Norvège, Portugal et Suède.

Dans les tableaux 1.3 et 1.4, la colonne « supranationale » donne le montant des impôts collectés pour le compte de l'Union européenne par les 22 États membres de l'UE qui sont membres de l'OCDE. Pour les années antérieures à 1998, les droits de douane collectés pour le compte de l'Union européenne par les administrations fiscales des États membres de l'UE figurent dans la rubrique 5123[4]. À partir de 1998, ces droits de douane sont indiqués en tant que poste « pour mémoire », car ils sont en fait imposés par l'Union européenne et collectés pour son compte par les administrations fiscales nationales.

b. Composition des recettes de l'administration centrale et des administrations infranationales

Le graphique 1.9 montre la répartition des recettes de l'administration centrale et des administrations infranationales pour chacune des principales catégories de recettes fiscales. Pour les pays à structure fédérale et régionale, le niveau infranational englobe les recettes perçues à la fois par les collectivités régionales et locales. Le graphique 1.9 montre que :

- Dans pratiquement tous les pays de l'OCDE, les recettes de l'administration centrale proviennent essentiellement des impôts sur le revenu et des impôts sur les biens et services, tandis que les impôts sur le patrimoine ne représentent qu'une part négligeable.
- Au niveau infranational, les recettes issues des impôts sur le patrimoine procurent une part des recettes totales beaucoup plus élevée qu'au niveau central, et représentent plus de 90 % du total dans quatre pays (Grèce, Israël, Irlande, Royaume-Uni).

Tableau 1.4. **Recettes fiscales des sous-secteurs de l'administration en % du total des recettes fiscales, pays unitaires**

	Supranationale			Administration centrale			Administrations d'États fédérés/Régions			Administrations locales			Administrations de sécurité sociale		
	1975	1995	2015	1975	1995	2015	1975	1995	2015	1975	1995	2015	1975	1995	2015
Pays unitaires															
Chili	..	..	..	..	89.9	86.9	..	..	..	..	6.5	7.6	..	3.6	5.6
République tchèque	..	..	0.5	..	57.7	55.3	..	..	..	..	0.9	1.2	..	41.4	43.1
Danemark[1]	1.1	0.5	0.4	68.9	68.2	72.8	..	..	..	30.0	31.3	26.8	0.1	0.0	0.1
Estonie	..	..	0.5	..	84.3	82.3	..	..	..	..	0.8	1.0	..	14.9	16.2
Finlande	..	0.4	0.3	56.0	46.6	47.1	..	..	..	23.5	22.3	23.7	20.4	30.8	28.9
France[1]	0.7	0.4	0.2	51.2	42.3	33.3	..	..	..	7.6	11.0	13.2	40.6	46.3	53.3
Grèce[1]	..	0.6	0.3	67.1	66.8	68.6	..	..	..	3.4	0.9	2.4	29.5	31.7	28.7
Hongrie	..	..	0.3	..	63.8	60.8	..	..	..	..	2.5	5.8	..	33.6	33.1
Islande	..	..	..	81.3	79.2	74.4	..	..	..	18.7	20.8	25.6	0.0	0.0	0.0
Irlande	2.3	1.5	0.5	77.4	83.1	83.0	..	..	..	7.3	2.7	2.4	13.1	12.7	14.0
Israël	..	..	..	..	79.6	75.5	..	..	..	..	6.4	8.1	..	14.0	16.4
Italie	..	0.4	0.3	53.2	62.7	53.1	..	..	..	0.9	5.4	16.5	45.9	31.5	30.1
Japon	..	..	..	45.5	41.2	36.7	..	..	..	25.6	25.2	23.9	29.0	33.6	39.4
Corée	..	..	..	89.0	69.2	55.4	..	..	..	10.1	18.7	18.0	0.9	12.1	26.6
Lettonie	..	..	0.6	..	43.5	51.3	..	..	..	..	19.5	19.4	..	36.9	28.7
Luxembourg	0.8	0.4	0.1	63.6	66.5	68.3	..	..	..	6.7	6.5	3.5	29.0	26.6	28.1
Pays-Bas	1.5	1.3	1.0	58.9	56.0	57.4	..	..	..	1.2	3.1	3.8	38.4	39.5	37.8
Nouvelle-Zélande	..	..	..	92.3	94.7	93.2	..	..	..	7.7	5.3	6.8	0.0	0.0	0.0
Norvège	..	..	..	50.6	58.4	84.7	..	..	..	22.4	19.6	15.3	27.0	22.0	0.0
Pologne	..	..	0.5	..	61.9	48.1	..	..	..	..	8.3	12.9	..	29.8	38.5
Portugal	..	0.8	0.3	65.4	72.3	67.8	..	..	..	0.0	5.4	7.2	34.6	21.5	24.7
République slovaque	..	..	0.5	..	62.5	55.8	..	..	..	..	1.3	2.0	..	36.2	41.7
Slovénie	..	..	0.4	..	51.8	50.7	..	..	..	..	6.3	9.6	..	41.9	39.3
Suède	..	0.4	0.3	51.3	46.9	51.3	..	..	..	29.2	30.9	36.0	19.5	21.8	12.4
Turquie	..	..	..	..	75.1	61.3	..	..	..	..	12.8	9.6	..	12.1	29.0
Royaume-Uni	1.0	1.0	0.5	70.5	77.5	75.9	..	..	..	11.1	3.7	4.9	17.5	17.8	18.7
Moyenne non pondérée	1.2	0.7	0.4	65.1	65.5	63.5	..	..	..	12.8	10.7	11.8	21.6	23.5	24.4

1. Le total des recettes fiscales a été diminué du montant de tout transfert en capital représentant les impôts non perçus.

StatLink http://dx.doi.org/10.1787/888933613881

- À l'inverse, la part des impôts sur le revenu et des impôts sur les biens et services est plus faible au niveau infranational, à l'exception de la Suède, de la Finlande et du Luxembourg, où plus de 90 % des recettes perçues par les administrations infranationales proviennent des impôts sur le revenu.

1.4. Crédits d'impôt récupérables

Il existe deux types de crédits d'impôt qui s'appliquent aux impôts sur le revenu (revenu des personnes physiques et bénéfices des sociétés) :

- Les crédits d'impôt non récupérables (ou non remboursables) ne peuvent être utilisés que pour réduire ou éliminer le montant de l'impôt à payer. Ils ne peuvent donner lieu à un versement sous forme d'avantage monétaire au profit des contribuables, qu'ils soient imposables ou non. Ils sont donc équivalents aux abattements ou déductions fiscales.
- Au contraire, il existe deux sortes de crédits d'impôt récupérables (ou remboursables). L'une sert à réduire, voire éliminer, le montant de l'impôt à payer de la même manière qu'un crédit d'impôt non remboursable. L'autre peut donner lieu à un paiement direct au récipiendaire sous forme monétaire dès lors que le montant de l'avantage fiscal dépasse celui de l'impôt à payer.

Tableau 1.5. **Droits de douanes collectés pour le compte de l'Union européenne**

Millions de monnaie nationale

	2000	2005	2007	2009	2011	2012	2013	2014	2015	2016p
Autriche[1]	356	325	397	320	378	344	328	369	415	446
Belgique[1]	960	1 208	1 388	1 147	1 285	1 247	1 185	1 250	1 363	1 557
République tchèque	..	5 586	6 443	5 548	6 961	6 172	5 544	6 968	7 859	8 033
Danemark	2 325	2 833	3 282	2 647	3 177	2 962	2 824	3 001	3 285	3 069
Estonie[1]	..	22	35	20	29	29	29	30	34	34
Finlande[1]	129	148	199	152	189	184	166	170	165	163
France[1]	1 513	1 583	1 657	1 461	1 866	1 883	1 842	1 827	1 931	1 818
Allemagne[1]	3 394	3 433	3 972	3 778	4 556	4 417	4 251	4 608	5 195	5 089
Grèce[1]	210	262	307	252	186	162	148	163	181	199
Hongrie	..	26 572	27 981	25 657	27 462	27 206	26 337	31 947	38 960	41 620
Irlande[1]	208	226	273	208	240	242	247	275	327	311
Italie[1]	1 536	1 785	2 261	2 008	2 319	2 077	1 890	2 022	2 246	2 270
Lettonie[1]	..	26	37	21	31	32	28	36	40	47
Luxembourg[1]	27	21	23	13	17	15	15	24	24	26
Pays-Bas[1]	1 310	1 265	1 679	1 518	1 889	1 780	1 756	2 046	2 266	2 340
Pologne	..	1 464	1 711	1 743	1 859	2 018	1 977	2 316	2 823	3 359
Portugal[1]	204	145	185	154	168	155	144	149	158	174
République slovaque[1]	..	75	136	111	157	129	115	127	119	124
Slovénie[1]	..	34	85	57	62	54	52	52	52	53
Espagne[1]	971	1 436	1 722	1 328	1 553	1 436	1 315	1 512	1 754	1 885
Suède	3 450	4 327	5 099	4 764	5 399	4 995	4 976	5 737	6 243	6 044
Royaume-Uni	1 800	1 908	2 074	2 435	2 925	2 885	2 914	2 949	3 077	3 318

Note : p : provisoire

1. Pour les pays de la zone euro, les montants sont exprimés en euros pour toutes les années.

StatLink http://dx.doi.org/10.1787/888933613900

La méthode employée par l'OCDE pour le classement des crédits d'impôt récupérables est décrite dans les paragraphes 19 et 20 du *Guide d'interprétation*. Elle prévoit que seule la fraction du crédit d'impôt récupérable qui sert à réduire ou éliminer le montant de l'impôt dû par un contribuable doit être déduite dans la déclaration des recettes fiscales. Elle est appelée « composante fiscale » ou « élément de dépense fiscale » du crédit d'impôt. À l'inverse, la fraction du crédit d'impôt qui excède le montant de l'impôt dû par ce contribuable et qui lui est payée est considérée comme une dépense et n'est pas déduite dans la déclaration des recettes fiscales. Cette partie est appelée « composante transfert » ou « élément de transfert ».

Le tableau 1.6 livre des informations sur les crédits d'impôt récupérables en 2015 pour les pays qui les déclarent dans les *Statistiques des recettes publiques 2017* (bien qu'il soit possible que certains pays accordant des crédits d'impôt récupérables n'apparaissent pas dans ce tableau). Ce tableau indique le montant des crédits d'impôt récupérables et de leurs deux composantes, ainsi que les résultats de l'utilisation des chiffres pour calculer le montant des recettes fiscales et les ratios recettes fiscales-PIB.

Le tableau 1.6 fait également ressortir deux traitements possibles :

- La « comptabilisation en chiffres nets », qui assimile les crédits d'impôt récupérables à des dispositions fiscales, de telle sorte que la totalité du crédit d'impôt réduit le montant des recettes fiscales déclarées, comme le montrent les colonnes 4 et 7.
- La « comptabilisation en chiffres bruts » en est l'exact opposé ; elle considère la totalité des crédits d'impôts récupérables comme des dépenses directes, de sorte que, comme le montrent les colonnes 6 et 9, ni l'élément de transfert, ni l'élément de dépense fiscale ne

Graphique 1.9. **Composition des recettes des sous-secteurs des administrations publiques, 2015**

(a) Administration fédérale ou centrale (b) Administrations infranationales

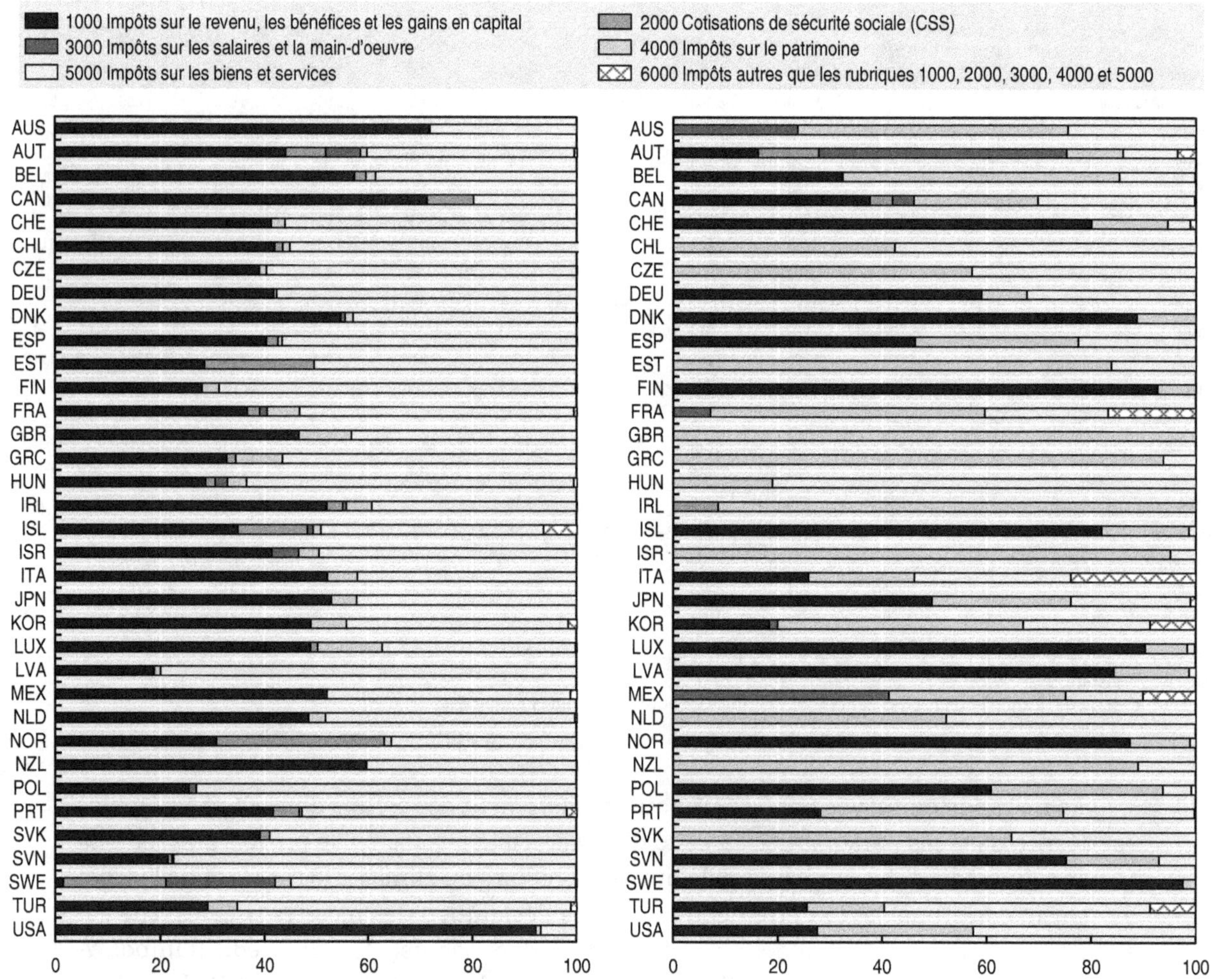

Note : Le diagramme de gauche (a) ne tient compte que des impôts des administrations centrales. Les cotisations de sécurité sociale versées au profit des caisses de sécurité sociale sont exclues. Le diagramme de droite (b) ne tient compte que des impôts des administrations infranationales (impôts des collectivités locales et, le cas échéant, régionales ou provinciales). Les cotisations de sécurité sociale versées au profit des caisses de sécurité sociale sont exclues.

Source : Calculs du Secrétariat basés sur les tableaux 3.16 à 3.18.

StatLink http://dx.doi.org/10.1787/888933613710

sont déduits des recettes fiscales. C'est l'approche suivie par le Manuel de statistiques des finances publiques (MSFP) du FMI et par le système des comptes nationaux (SCN).

Le tableau 1.6 montre cependant que, à quelques exceptions près, le choix de la méthode de comptabilisation des crédits d'impôt récupérables n'a qu'une faible incidence sur le ratio recettes fiscales-PIB. Dans les pays pour lesquels des données sont disponibles, l'écart entre les ratios calculés sur la base du solde net et du montant brut n'est supérieur ou égal à un point qu'en Allemagne, en France, en Nouvelle-Zélande et au Royaume-Uni et il est compris entre un demi-point et un point en Australie, au Canada, aux États-Unis, en Italie et en République tchèque.

Tableau 1.6. **Effets des différents traitements possibles des crédits d'impôts récupérables, 2015**

	Crédits d'impôts récupérables en milliards de monnaie nationale			Recettes fiscales totales en millions de monnaie nationale			Recettes fiscale totales en pourcentage du PIB		
	Valeur totale	Élément de transfert	Élément de dépense fiscale	Base nette	Base décomposée	Base brute	Base nette	Base décomposée	Base brute
Australie	9.3	6.8	2.5	456.3	463.1	465.6	27.8	28.2	28.4
Autriche[1]	0.5	0.2	0.3	148.2	148.4	148.7	43.6	43.7	43.8
Belgique	0.7	0.3	0.4	183.6	183.8	184.3	44.7	44.8	44.9
Canada[2]	11.1	10.1	1.0	627.8	637.9	638.9	31.5	32.0	32.1
Chili[3]	175.5	129.7	45.8	32 532.4	32 662.0	32 707.8	20.5	20.6	20.6
République tchèque	32.1	8.9	23.2	1 523.6	1 532.5	1 555.7	33.2	33.3	33.9
Danemark[4]	4.2	0.2	4.0	930.3	930.6	934.5	45.9	45.9	46.1
France[4]	25.8	10.4	15.4	981.7	992.1	1 007.5	44.7	45.2	45.9
Allemagne	42.2	15.7	26.4	1 112.6	1 128.4	1 154.8	36.6	37.1	37.9
Islande	1.2	1.0	0.2	811.0	812.0	812.2	36.6	36.7	36.7
Irlande	0.5	..	0.5	..	60.6	61.1	..	23.1	23.3
Israël[5]	1.4	1.3	0.1	362.7	364.1	364.1	31.2	31.3	31.3
Italie	14.7	6.0	8.6	706.2	712.3	720.9	42.9	43.3	43.8
Luxembourg[6]	0.2	..	..	..	..	19.3	..	..	36.8
Mexique	43.8	1.0	42.8	2 952.2	2 953.2	2 996.0	16.2	16.2	16.5
Nouvelle-Zélande	2.4	1.6	0.8	81.3	82.8	83.6	32.4	33.0	33.4
Norvège	1.7	1.3	0.4	1 192.9	1 194.2	1 194.5	38.3	38.3	38.3
République slovaque[6]	0.3	..	..	..	..	25.4	..	..	32.3
Espagne[4]	1.0	0.2	0.8	363.4	363.7	364.5	33.8	33.8	33.9
Royaume-Uni	30.8	27.4	3.4	581.8	609.2	612.6	31.1	32.5	32.7
États-Unis	157.2	113.9	43.4	4 638.5	4 752.4	4 795.8	25.6	26.2	26.5

Note : Dans les *Statistiques des recettes publiques*, sauf indication contraire, les recettes fiscales sont comptabilisées avec la méthode de la base décomposée.

1. Le crédit d'impôt pour enfant à charge n'est pas considéré comme un crédit d'impôt dans les *Statistiques des recettes publiques* et est traité entièrement comme une provision de dépense.
2. Certains crédits d'impôts récupérables au Canada ne peuvent pas être ventilés entre l'élément de transfert et l'élément de dépense fiscale. Leur valeur totale a été ajoutée à l'élément de transfert.
3. Dans les *Statistiques des recettes publiques*, les recettes fiscales concernant le Chili sont comptabilisées avec la méthode de la base nette
4. Le total des recettes fiscales a été diminué du montant de tout transfert en capital représentant les impôts non perçus.
5. Les données statistiques concernant Israël sont fournies par et sous la responsabilité des autorités israéliennes compétentes. L'utilisation de ces données par l'OCDE est sans préjudice du statut des hauteurs du Golan, de Jérusalem Est et des colonies de peuplement israéliennes en Cisjordanie aux termes du droit international.
6. Dans les *Statistiques des recettes publiques*, les recettes fiscales concernant le Luxembourg et le République slovaque sont comptabilisées avec la méthode de la base brute.

StatLink http://dx.doi.org/10.1787/888933613919

Notes

1. On ne disposait pas de chiffres provisoires pour 2016 concernant l'Australie ni de chiffres provisoires relatifs aux cotisations de sécurité sociale au Japon au moment où les *Statistiques des recettes publiques 2017* ont été publiés.
2. Calculé en appliquant le pourcentage moyen non pondéré de variation pour 2016 dans les 33 pays qui ont communiqué des données pour cette année au ratio moyen global impôts/PIB en 2015.
3. Les expressions « taxe sur la valeur ajoutée » et « TVA » désignent toute taxe nationale qui présente les caractéristiques fondamentales d'une taxe sur la valeur ajoutée, quel que soit son nom ou son acronyme, par exemple « taxe sur les produits et services » (TPS).
4. À partir de 1998, ces droits de douane sont indiqués en tant que poste « pour mémoire », car ils sont en fait imposés par l'Union européenne et collectés pour son compte par les administrations fiscales nationales. Toutefois, ils continuent de faire partie du total des recettes fiscales collectées dans les États membres de l'UE. Cette approche permet d'assurer la cohérence des séries chronologiques et évite que les ratios des recettes fiscales aux PIB subissent les effets des changements de la part relative des droits de douane dans : 1) la composition des ressources de financement de l'UE ; et 2) la composition des différents impôts des États membres de l'UE.

Statistiques des recettes publiques : 1965-2016

Chapitre 2

Étude Spéciale : Indicateurs complémentaires relatifs aux recettes fiscales

Dans les *Statistiques des recettes publiques*, les recettes fiscales sont exprimées en monnaie nationale, en USD, et en pourcentage du produit intérieur brut (PIB). En outre, des informations concernant la structure fiscale sont proposées, les recettes fiscales de chaque sous-catégorie étant présentées en pourcentage des recettes fiscales totales. L'indicateur principal utilisé dans les *Statistiques des recettes publiques* est le ratio impôts/PIB, qui présente les recettes fiscales en pourcentage du PIB d'un pays.

Les recettes fiscales exprimées en pourcentage du PIB sont un indicateur couramment utilisé et internationalement reconnu des niveaux d'imposition dans une économie et continueront d'être l'indicateur principal des *Statistiques des recettes publiques*. Le choix d'exprimer les recettes fiscales en pourcentage du PIB offre deux grands avantages : d'une part, il est possible de comparer les données relatives aux recettes fiscales aussi bien dans le temps qu'entre différents pays, ce que n'autorisent pas les données exprimées en monnaie nationale ou en USD, en raison de l'inflation et des fluctuations des taux de change. D'autre part, le ratio impôts/PIB permet d'appréhender l'importance des recettes fiscales au regard de la taille de l'économie qui les a générées.

La présente étude spéciale propose plusieurs indicateurs complémentaires relatifs aux recettes fiscales présentées dans les *Statistiques des recettes publiques*. Deux catégories d'indicateurs seront examinées ici : en premier lieu, les indicateurs « macroéconomiques », qui recourent à d'autres indicateurs agrégés se rapportant à une économie ou à un pays pour appréhender les recettes fiscales qui y sont générées. Ensuite, des indicateurs « budgétaires », qui mettent l'accent sur le rôle que jouent les recettes fiscales dans la situation générale des comptes publics. Plus précisément, cette étude spéciale présente successivement les recettes fiscales totales : en pourcentage du revenu national brut (RNB) et en données par habitant exprimées en parité de pouvoir d'achat (PPA) (les indicateurs macroéconomiques) ; puis, en pourcentage des recettes publiques totales et des dépenses publiques totales (les indicateurs budgétaires).

Les données relatives aux recettes fiscales utilisées dans cette étude spéciale sont issues des *Statistiques des recettes publiques* (OCDE, 2017), celles relatives au RNB, à la population, ainsi qu'aux recettes et aux dépenses publiques totales proviennent des *Comptes nationaux des pays de l'OCDE* (OCDE, 2017, numéro 1). Pour exprimer les recettes fiscales en PPA, les données de conversion employées sont celles issues des *Principaux indicateurs économiques* (OCDE, 2017, numéro 8).

2.1. Indicateurs macroéconomiques

a. Les recettes fiscales exprimées en pourcentage du revenu national : le ratio impôts/RNB

Les recettes fiscales exprimées en pourcentage du PIB évaluent le niveau d'imposition au regard de la production de l'économie. Un indicateur complémentaire pouvant être utilisé est le ratio impôts/RNB, qui met en relation les recettes avec le revenu national, et non avec la production nationale, comme c'est le cas si l'on recourt au PIB.

Le RNB représente la somme de tous les revenus provenant des biens et services produits dans un pays au cours d'une année, en incluant le solde des flux de revenus primaires. On l'obtient donc en faisant la somme tous les revenus que les résidents d'un pays perçoivent de l'étranger, dont on soustrait tous les revenus que ces résidents versent à l'étranger à des non-résidents. En d'autres termes, le RNB correspond au revenu généré par les biens et services qui a été reçu par les résidents d'un pays, quel que soit le lieu où ce revenu a été généré. Il diffère en cela du PIB, qui mesure toute la production au sein d'une économie, même celle qui sera ensuite exportée, et n'inclut pas les importations.

L'équation 1 illustre la différence entre le RNB et le PIB.

Équation 1. Calcul du revenu national brut (RNB)

$$RNB = PIB + Revenu\ primaire\ à\ recevoir\ de\ l\ étranger - Revenue\ primaire\ payable\ à\ l'étranger$$

Source : Système de comptabilité nationale, 2008.

Le tableau 2.1 présente le ratio impôts/RNB de tous les pays de l'OCDE pour différentes années comprises entre 2000 et 2015. En 2015, on relevait des écarts très marqués entre les ratios impôts/RNB des différents pays (graphique 2.2, partie gauche). Le ratio le plus élevé était celui du Luxembourg, égal à 57.8 %. Huit autres pays européens présentaient des ratios supérieurs à 40 % (Autriche, Belgique, Danemark, Finlande, France, Hongrie, Italie et Suède). Des ratios impôts/RNB supérieurs à la moyenne non pondérée des pays de l'OCDE, égale à 34.9 %, étaient également relevés dans sept autres pays européens (Allemagne, Grèce, Norvège, Pays-Bas, Portugal, République tchèque et Slovénie). Le Mexique présentait le ratio le plus bas pour l'année 2015, avec 16.7 %, suivi du Chili, de la Corée et de la Turquie. La même année, l'Australie, le Canada, les États-Unis et le Royaume-Uni avaient quant à eux des ratios compris entre 25 % et 35 %.

Les ratios impôts/RNB et impôts/PIB des pays de l'OCDE, calculés en valeurs moyennes non pondérées, ont suivi la même évolution générale entre 2000 et 2015 (graphique 2.1). Le premier ratio est constamment resté supérieur au second, ce qui signifie que, en termes de moyennes non pondérées, les pays de l'OCDE présentent un flux sortant net de revenus, l'écart moyen entre les deux ratios étant égal à 1.0 point de pourcentage (p.p.) pendant toute la période observée[1]. Les principales caractéristiques de l'évolution de ces deux ratios moyens sont les suivantes :

- La valeur moyenne du ratio impôts/RNB pour l'OCDE a varié légèrement moins que celle du ratio impôts/PIB durant la période étudiée. La différence entre les valeurs les plus élevées et les plus faibles était de 1.5 p.p. pour le ratio impôts/RNB, et de 1.7 p.p. pour le ratio impôts/PIB ;
- C'est entre 2006 et 2011 que les deux ratios moyens ont affiché l'écart le plus important. Cela résulte du fait que le ratio impôts/PIB croît plus lentement et diminue plus vite que le ratio impôts/RNB ;
- Les ratios moyens impôts/RNB et impôts/PIB ont enregistré trois pics simultanés : en 2000 (34.8 % et 33.9 % respectivement), en 2007 (34.8 % et 33.7 % respectivement) et en 2015 (34.9 % et 34.0 % respectivement) ;
- À l'issue de la crise, le ratio moyen impôts/RNB des pays de l'OCDE a atteint son niveau le plus bas en 2010, à 33.4 %, alors que le ratio moyen impôts/PIB avait atteint son niveau minimum dès 2009, avec 32.3 %. Après cette période de creux, les deux ratios ont augmenté de manière constante pour dépasser les niveaux maximums atteints avant la crise, et, dans les deux cas, afficher leur niveau le plus élevé en 2015.

Graphique 2.1. **Ratios impôts/RNB et impôts/PIB, moyenne OCDE, 2000-15**

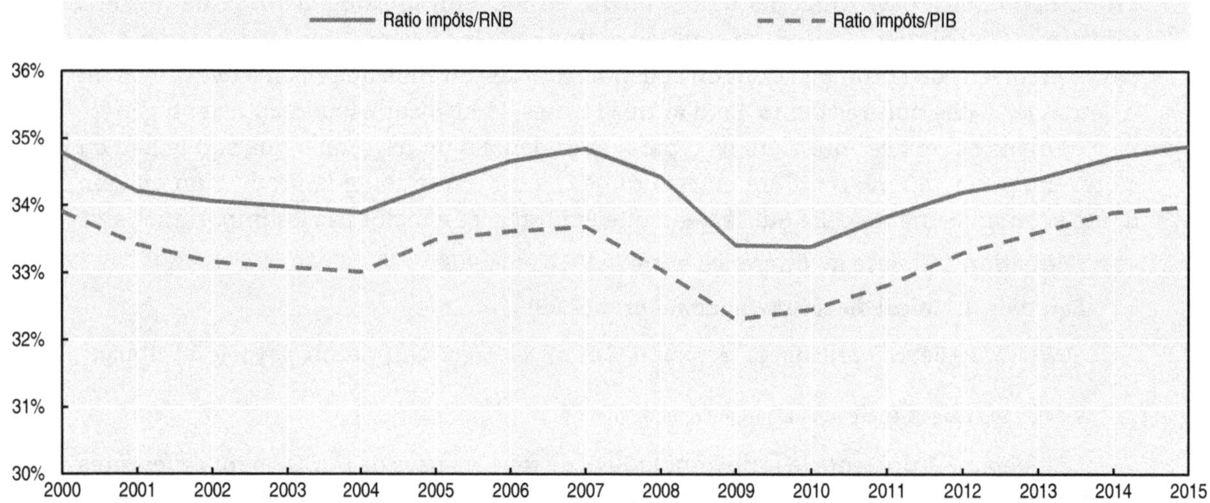

Source : Statistiques des recettes publiques (OCDE, 2017), Comptes nationaux des pays de l'OCDE, (OCDE, 2017, numéro 1).

StatLink http://dx.doi.org/10.1787/888933613729

Alors que la valeur moyenne pour l'OCDE du ratio impôts/RNB a enregistré trois sommets et deux creux pendant la période 2000-15, les ratios nationaux correspondants évoluaient différemment à plusieurs égards.

- Dans plusieurs pays, comme l'Allemagne, la Belgique et la Slovénie, le ratio a peu varié entre 2000 et 2015. Ce niveau quasi-constant reflète une croissance des recettes fiscales à proportion de la hausse du RNB sur la période étudiée.
- En Espagne et en Hongrie, si le ratio a retrouvé en 2015 un niveau proche de celui de 2000, il a cependant connu des variations lors des années marquées par la crise. Dans le même esprit, en Australie, au Danemark, en Estonie, en Lettonie et aux Pays-Bas, le ratio impôts/RNB de 2015 était comparable à celui de 2000, après avoir affiché des fluctuations pendant toute la période examinée.
- Le Canada, la Finlande, Israël, la Nouvelle-Zélande et la République slovaque ont enregistré une baisse d'ensemble de leur ratio impôts/RNB entre 2000 et 2015, malgré la présence de périodes de stabilité, voire de hausse, du ratio.
- La Corée, l'Italie, l'Islande, le Japon et la Pologne ont pour leur part connu une progression globale de leur ratio durant cette période, tandis que le Luxembourg voyait son ratio augmenter fortement. Dans les pays affichant une hausse modérée de leur ratio, sa progression a été plus stable, tandis que les évolutions qui se sont soldées par une forte augmentation sont souvent assorties d'une volatilité plus prononcée. Ce phénomène semble s'expliquer avant tout par des variations du taux de croissance du RNB, plus que par l'évolution du montant les recettes fiscales.

La crise financière a induit une certaine volatilité des recettes fiscales en 2008 et au cours des années suivantes. Le ratio impôts/RNB, en valeur moyenne pour les pays de l'OCDE, a reflué, quittant le sommet d'avant la crise, atteint en 2007, pour afficher son point le plus bas en 2010, avant de progresser à nouveau jusqu'au nouveau sommet relevé en 2015. Dans les pays de l'OCDE, le ratio impôts/RNB a alors suivi une « courbe en U » dans certains pays, mais non dans tous, et quatre principales tendances ont été observées dans le contexte de la crise :

- Au Chili, en Espagne, aux États-Unis, en Grèce, en Israël, au Japon, en Lettonie, en Pologne et au Portugal, le ratio a affiché son point bas d'après la crise dès 2009 et a augmenté par la suite.
- En Allemagne, en Corée, au Danemark, en Finlande, en France, en Irlande, en Italie, au Mexique, en Norvège, en République tchèque, au Royaume-Uni, en Slovénie et en Suède, le ratio impôts/RNB est resté relativement inchangé pendant la crise, avec des hausses ou des baisses inférieures à un point de pourcentage et des creux peu marqués en 2009 ou en 2010.
- Dans un troisième groupe de pays, on observe que le ratio progresse pendant la crise pour dessiner ensuite une « courbe en U inversé ». Dans la plupart des cas, comme en Estonie, aux Pays-Bas et en République slovaque, c'est une baisse du RNB plus rapide que celle des recettes fiscales qui explique cette évolution. En Autriche, les recettes fiscales et le RNB ont augmenté en parallèle, alors qu'au Luxembourg, les recettes fiscales ont progressé sur fond de recul du RNB.
- L'Australie et la Hongrie ont enregistré une baisse constante de leur ratio impôts/RNB pendant la crise.

b. Recettes fiscales par habitant

Le ratio des recettes fiscales par habitant donne une évaluation des recettes fiscales rapportées à la population qui réside dans un pays. Il s'agit d'un indicateur du montant des recettes publiques recouvrées dont les pouvoirs publics disposent, pour chaque résident, en vue de fournir les services et infrastructures à leurs résidents. Cet indicateur est obtenu en divisant les recettes fiscales totales par la population du pays, en incluant toutes les personnes qui résident sur le territoire, quelle que soit leur situation en termes de statut juridique ou de citoyenneté[2].

Les recettes fiscales par habitant reposent sur un socle qui enregistre en règle générale des variations interannuelles plus limitées que les autres indicateurs macroéconomiques. Les recettes fiscales par habitant diffèrent des ratios impôts/RNB et impôts/PIB, qui mettent l'accent respectivement sur le revenu ou la production d'une économie à l'origine des recettes fiscales recouvrées. Le ratio des recettes fiscales par habitant, pour sa part, établit un rapport entre les recettes fiscales d'un pays et ses résidents, sachant que ces derniers contribuent aux recettes fiscales de ce pays et bénéficient, simultanément, de ses services publics.

Le calcul des recettes fiscales par habitant commence par une conversion en USD en PPA qui permet d'ajuster les niveaux de prix dans tous les pays et donc d'égaliser les pouvoirs d'achat des différentes monnaies. Cela renforce la comparabilité de l'indicateur entre des pays qui utilisent des devises différentes et permet de mieux prendre en compte les différences de prix dans l'ensemble de la zone OCDE pour une année donnée.

En 2015, les recettes fiscales par habitant exprimées en PPA différaient considérablement entre les pays de l'OCDE (graphique 2.2, partie droite). La valeur la plus élevée était recensée au Luxembourg qui, avec 38 384 USD, se démarquait largement des pays suivants dans le classement, à savoir la Norvège (23 765 USD) et le Danemark (22 496 USD)[3]. Dans vingt pays, les recettes fiscales par habitant en PPA se situaient entre 10 000 et 20 000 USD, et la valeur moyenne dans la zone OCDE était égale à 14 376 USD. Les recettes fiscales par habitant les moins élevées en 2015 étaient recensées au Mexique (2 095 USD), suivi du Chili (4 757 USD), de la Turquie (6 110 USD) et de la Lettonie (7 223 USD).

Graphique 2.2. **Ratios impôts/RNB (partie gauche) et recettes fiscales par habitant (en USD à PPA, partie droite), en 2015**

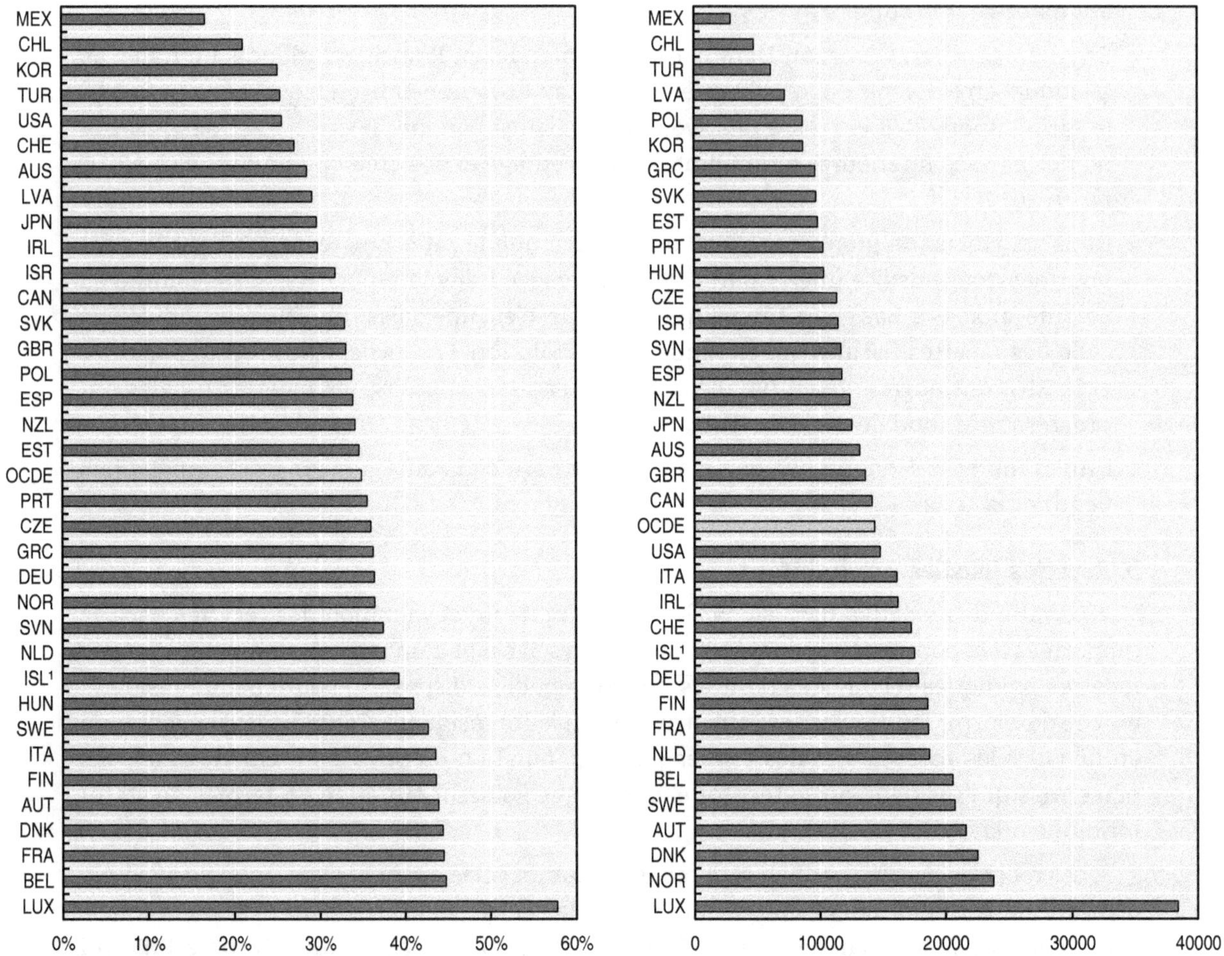

Note : Des ajustements ont été effectués pour les pays dont l'année fiscale diffère entre les Statistiques des recettes publiques et les Comptes nationaux.

1. Pour l'Islande, les données relatives au ratio impôts/RNB concernent l'année 2014 car les données RNB de l'année 2015 n'étaient pas disponibles au moment de la publication.

Source : Statistiques des recettes publiques (OCDE, 2017), Comptes nationaux des pays de l'OCDE, (OCDE, 2017, numéro 1).

StatLink http://dx.doi.org/10.1787/888933613748

De nombreux facteurs influent sur le niveau des recettes fiscales par habitant, comme le niveau d'imposition en pourcentage du PIB et le revenu moyen par habitant (PIB) du pays. Le graphique 2.3 cherche à dissocier les effets de ces deux facteurs pour mieux appréhender les niveaux d'imposition par habitant mesurés par l'indicateur. Pour chaque pays, le ratio impôts/PIB est placé sur l'axe des ordonnées, et le niveau de PIB par habitant sur l'axe des abscisses[4]. L'aire qui figure à gauche et en dessous du point associé à un pays représente ainsi l'impôt acquitté par habitant. Un niveau donné d'imposition par habitant peut donc résulter de différentes combinaisons du ratio impôts/PIB et du PIB par habitant, comme le montrent les courbes ajoutées au graphique. Par exemple, la France et les Pays-Bas affichent des recettes fiscales par habitant d'environ 18 500 USD, mais pour des raisons différentes : c'est sous l'effet d'un PIB par habitant plus élevé aux Pays-Bas, et d'une charge fiscale plus élevée en pourcentage du PIB en France.

Tableau 2.1. **Ratios impôts/RNB et recettes fiscales par habitant (en USD à PPA), 2000-15**

	Ratio impôts/RNB [1] (en %)					Recettes fiscales par habitant (en USD à PPA)				
	2000	2007	2009	2014	2015	2000	2007	2009	2014	2015
Australie	31.3	30.8	26.7	28.1	28.5	8 471	11 337	10 329	12 866	13 172
Autriche	42.8	40.9	41.3	43.0	43.9	12 417	15 974	16 787	20 916	21 579
Belgique	42.5	42.2	42.3	44.8	44.8	12 178	15 755	16 132	20 254	20 548
Canada	35.7	32.6	32.7	31.7	32.5	10 348	12 813	12 525	14 022	14 157
Chili	19.5	25.6	18.6	20.3	21.1	1 794	3 807	2 805	4 465	4 757
République tchèque	33.1	36.6	34.8	35.5	36.0	5 253	8 900	8 893	10 681	11 356
Danemark	47.9	46.2	44.5	46.9	44.4	13 424	18 097	18 161	23 224	22 496
Estonie	32.3	33.6	36.0	33.7	34.6	2 919	6 855	7 167	9 335	9 817
Finlande	46.1	41.4	40.4	43.4	43.6	12 246	15 645	15 508	18 191	18 584
France	42.3	41.5	40.6	44.7	44.5	11 283	14 486	14 377	18 247	18 624
Allemagne	36.5	34.4	35.3	36.1	36.4	9 975	12 919	13 616	17 365	17 846
Grèce	33.1	32.0	31.3	35.8	36.3	6 508	9 135	9 305	9 485	9 595
Hongrie	40.5	42.4	41.0	39.8	40.9	4 577	7 506	8 022	9 715	10 289
Islande[1]	37.3	41.0	38.9	39.2	..	10 677	15 812	13 030	17 137	17 533
Irlande	35.3	35.1	32.8	33.7	29.7	9 273	14 200	11 373	14 730	16 213
Israël	37.2	34.3	30.6	31.5	31.7	8 682	9 358	8 213	10 873	11 437
Italie	40.8	41.7	42.1	43.5	43.5	10 962	14 095	14 424	15 775	16 133
Japon	25.4	26.7	25.3	29.2	29.6	6 982	9 582	8 733	12 073	12 539
Corée	21.6	24.9	23.8	24.5	25.1	3 881	6 898	6 727	8 267	8 658
Lettonie	29.2	29.0	26.0	28.9	29.1	2 334	5 089	4 707	6 882	7 223
Luxembourg	41.6	41.6	56.2	56.6	57.8	20 397	30 237	31 432	37 976	38 384
Mexique	13.4	12.9	13.2	14.6	16.7	1 309	1 780	1 875	2 561	2 905
Pays-Bas	36.6	35.7	35.3	37.6	37.6	11 759	15 669	15 596	18 396	18 711
Nouvelle-Zélande	34.5	36.8	31.6	33.2	34.1	7 070	10 081	9 281	11 941	12 397
Norvège	42.4	42.2	41.0	37.5	36.5	15 471	23 507	22 871	25 523	23 765
Pologne	33.1	35.8	32.2	33.2	33.7	3 514	5 799	6 003	8 121	8 624
Portugal	31.7	32.9	31.1	34.9	35.6	5 856	8 172	7 921	9 862	10 255
République slovaque	33.8	30.1	29.1	31.7	32.8	3 806	6 149	6 624	9 048	9 667
Slovénie	36.6	37.8	36.7	36.5	37.4	6 604	10 228	9 945	11 305	11 685
Espagne	33.4	37.3	30.3	33.8	33.8	7 156	11 851	9 629	11 359	11 749
Suède	49.0	43.6	43.0	41.7	42.6	14 332	18 251	17 498	19 759	20 702
Suisse	25.7	25.9	26.5	26.7	27.1	9 704	12 898	13 893	16 563	17 258
Turquie	..	..	23.8	24.8	25.4	2 222	3 394	3 603	5 704	6 110
Royaume-Uni	33.0	32.8	31.5	32.6	33.0	8 637	11 670	10 878	13 099	13 599
États-Unis	27.8	26.5	22.9	25.3	25.6	10 271	12 819	10 802	14 169	14 797
Moyenne OCDE	**34.8**	**34.8**	**33.4**	**34.7**	**34.9**	**8 351**	**11 736**	**11 391**	**13 997**	**14 376**

StatLink http://dx.doi.org/10.1787/888933613938

2.2. Indicateurs budgétaires

a. Recettes fiscales en pourcentage des recettes publiques totales

Les recettes fiscales exprimées en pourcentage des recettes publiques totales renseignent sur la part des recettes publiques qui est générée par la base d'imposition, le pourcentage restant étant obtenu de sources non fiscales. Parmi les sources de recettes non fiscales figurent les dividendes et intérêts provenant d'actifs publics, les redevances et autres recettes issues de ressources naturelles, ainsi que les amendes et pénalités. La contribution des recettes non fiscales aux finances publiques varie sensiblement à travers la zone OCDE, de même que leur structure lorsqu'elles sont analysées par catégories de revenu.

Graphique 2.3. **Recettes fiscales par habitant (USD), en 2015, décomposées selon le ratio impôts/PIB et le PIB par habitant**

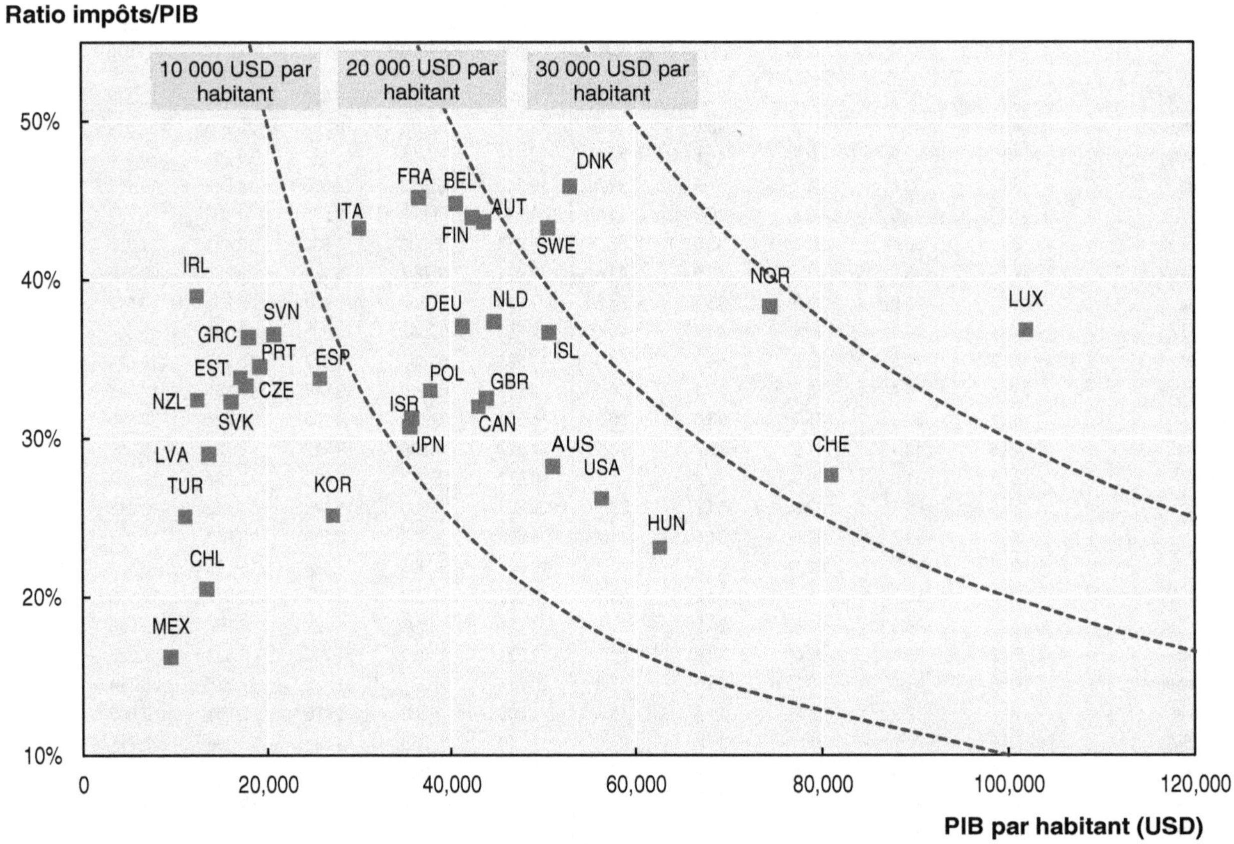

Source : Statistiques des recettes publiques (OCDE, 2017), Comptes nationaux des pays de l'OCDE, (OCDE, 2017, numéro 1).

StatLink http://dx.doi.org/10.1787/888933613767

Le tableau 2.2 présente la part des recettes fiscales en pourcentage des recettes publiques totales pour tous les pays de l'OCDE pour la période allant de 2000 à 2015. Dans l'ensemble de l'OCDE, la moyenne non pondérée des recettes fiscales rapportées aux recettes publiques totales s'élevait à 82.0 % en 2015 (graphique 2.4, partie gauche). Les écarts entre les pourcentages des différents pays de l'OCDE ne sont pas très marqués : dans 23 pays de l'OCDE, la fiscalité représentait en 2015 de 80 à 90 % des recettes publiques, ce nombre atteignant 30 pays pour une fourchette allant de 70 à 90 % des recettes publiques, seuls le Mexique et la Norvège restaient en dessous de 70 %, avec respectivement 68,6 % et 69,9 %, ce qui résulte en partie de recettes non fiscales élevées. Au sein de l'OCDE, toujours en 2015, la contribution des recettes fiscales aux recettes publiques était la plus forte en Italie, avec 91.4 %, suivie par la Nouvelle-Zélande (90.5 %), l'Espagne à (87.3 %) et l'Islande à (87.2 %). Les écarts étaient plus importants entre les pays dans lesquels la fiscalité représentait moins de 75 % des recettes totales : le Mexique affichait le taux le plus bas (68.6 %), suivi de la Norvège (69.9 %), la Turquie (72.9 %) et la Corée (74.9 %).

De 2000 à 2015, le niveau moyen de l'impôt en pourcentage du PIB dans les pays de l'OCDE (sur une base non pondérée pour les pays où les données étaient disponibles) a fluctué. La période allant de 2000 à 2006 s'est caractérisée par une baisse modérée mais constante du ratio entre recettes fiscales et recettes totales, qui est passé de 83.8 % en 2000 à 82.2 % en 2006, avant d'enregistrer une légère augmentation, à 82.6 %, en 2007. Durant la crise financière, la part des recettes fiscales dans le total des recettes publiques a atteint un point bas en 2009, avec 80.4 %. Depuis 2009, la contribution des recettes fiscales aux recettes totales est restée relativement stable dans les pays de l'OCDE, avec une très légère hausse à 82.0 % en 2015. Cependant, ce niveau reste sensiblement inférieur aux 83.8 % relevés en 2000, alors même que le niveau global des recettes fiscales (mesuré en pourcentage du PIB, en moyenne non pondérée) était plus élevé en 2015 qu'en 2000.

En valeurs moyennes calculées pour la zone OCDE, l'évolution des recettes fiscales exprimées en pourcentage des recettes totales est fonction du niveau des recettes fiscales et non fiscales durant la période étudiée. Durant la crise financière (qui a induit une baisse du ratio recettes fiscales/recettes totales entre 2007 et 2009), le ratio impôts/PIB, calculé en moyenne non pondérée dans l'OCDE, a également baissé, passant de 33.7 % en 2007 à 32.3 % en 2009. Dans le même temps, les recettes non fiscales augmentaient de 2.9 p.p. entre 2007 et 2009, avant de rester relativement stables jusqu'en 2013. Depuis 2010, les ratios impôts/PIB ont augmenté, pour atteindre un nouveau point haut en 2015, avec 34.0 %, quand la contribution de la fiscalité aux recettes publiques totales n'a que très peu augmenté : en d'autres termes, depuis 2010, les recettes non fiscales ont enregistré en moyenne le même taux de croissance que les recettes fiscales.

Depuis la crise financière, certains pays ont connu une évolution différente de celle observée en moyenne dans l'OCDE. Si la plupart des pays ont affiché un rapport relativement stable entre leurs recettes fiscales et les recettes publiques totales après un minimum relevé en 2009, dans certains pays de l'OCDE, la contribution de la fiscalité dans les finances publiques s'est accrue depuis 2012 ou 2013. Les principaux éléments à relever dans ces évolutions nationales sont les suivants :

- En Autriche, en Espagne, en Estonie, aux États-Unis, aux Pays-Bas, en Suède et en Suisse, l'évolution a été assez étroitement conforme à la tendance moyenne de l'OCDE pendant la période de la crise financière, même si la Suisse a connu son plus faible rapport entre recettes fiscales et recettes totales en 2008, et si l'Espagne, l'Estonie et les Pays-Bas ont enregistré entre 2013 et 2015 une hausse de ce rapport légèrement plus importante que celle mesurée en moyenne dans l'OCDE. L'Australie, l'Estonie et la République slovaque ont connu une baisse plus marquée du ratio recettes fiscales/recettes totales pendant la crise financière, avec 5.3 p.p. en Australie, 5.1 p.p. en Estonie, et 5.2 p.p. en République slovaque. Au Mexique, ce ratio affichait une certaine volatilité durant la même la période.
- Dans sept pays, la baisse des recettes fiscales en pourcentage des recettes publiques totales s'est étalée sur une période plus longue. Le ratio recettes fiscales/recettes totales a ainsi diminué de 2.0 p.p. en Belgique entre 2007 et 2012 ; de 6.5 p.p. en République tchèque entre 2008 et 2015 ; de 2.6 p.p. au Danemark entre 2005 et 2011 ; de 5.3 p.p. en Finlande de 2000 à 2010 ; de 5.4 p.p. en Hongrie de 2008 à 2011 ; et de 5.6 p.p. en Norvège entre 2004 et 2008.
- Six autres pays n'ont affiché aucune baisse durant la même période. La Grèce a enregistré une augmentation de 2.5 p.p. de 2008 à 2009, et une certaine volatilité durant la période considéré ; l'Italie a connu une hausse de 1.5 p.p. de 2004 à 2008, puis une diminution de 1 p.p. jusqu'en 2014 ; et l'Allemagne a connu pendant toute cette période une hausse de 1.4 p.p.
- Dans plusieurs pays, lorsque les effets de la crise se sont estompés, après 2009, la hausse du ratio a été plus importante que celle suivie par la moyenne de l'OCDE. Cela a notamment été le cas en Corée, en France, en Irlande, en Islande, au Japon, au Portugal et au Royaume-Uni.

Graphique 2.4. **Recettes fiscales exprimées en pourcentage des recettes (partie gauche) et des dépenses (partie droite) publiques totales, en 2015**

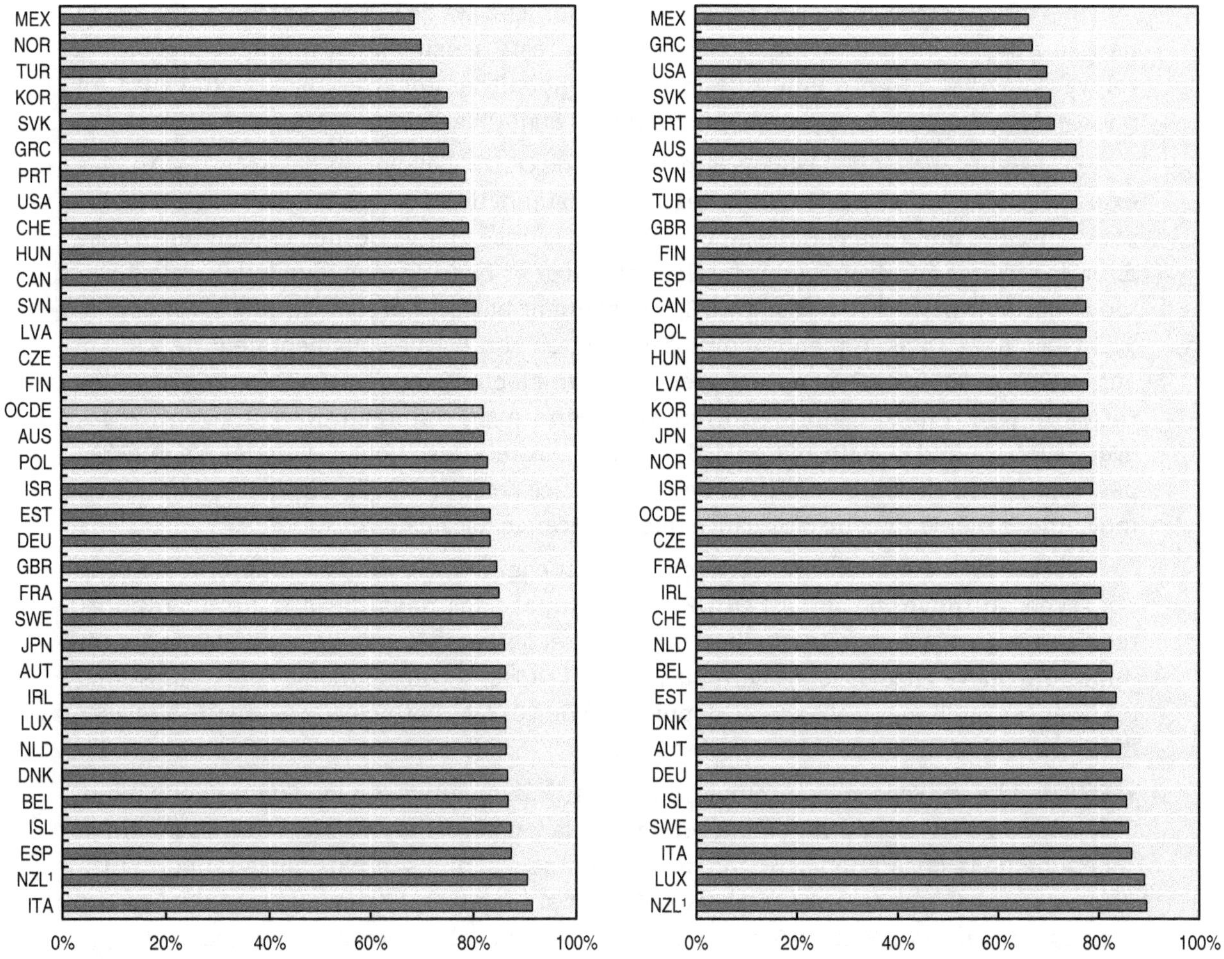

Note : Le Chili ne figure pas dans ce dans la mesure où les données consolidées relatives aux recettes et dépenses publiques ne sont pas disponibles dans les Comptes nationaux.

Dans les Comptes nationaux, le total des recettes publiques inclut les recettes fiscales, les cotisations de sécurité sociale imputées, volontaires et obligatoires, ainsi que les autres recettes non-fiscales. Des ajustements ont été effectués pour tenir compte des différences de traitement des crédits d'impôts récupérables dans les Statistiques des recettes publiques et les Comptes nationaux (voir section 1.4 du chapitre 1 pour plus d'informations), pour tenir compte des recettes des autorités supranationales qui sont incluses dans le total des recettes fiscales dans les Statistiques des recettes publique et pour tenir compte des différences dans les années fiscales entre les Statistiques des recettes publiques et les Comptes nationaux pour certains pays

1. Pour la Nouvelle-Zélande les données décrivant les recettes et dépenses sont celles fournies par Statistics New Zealand dans la mesure où les données consolidées ne sont pas disponibles dans les Comptes nationaux.

Source : Statistiques des recettes publiques (OCDE, 2017), Comptes nationaux des pays de l'OCDE, (OCDE, 2017, numéro 1).

StatLink http://dx.doi.org/10.1787/888933613786

b. Recettes fiscales en pourcentage des dépenses publiques totales

Les recettes fiscales exprimées en pourcentage des dépenses publiques totales sont un indicateur de la part des dépenses financées par le système fiscal et non par des recettes non fiscales ou un recours à l'emprunt. Cet indicateur reflète le degré de couverture des dépenses publiques par les recettes fiscales, sachant qu'il n'est pas nécessairement opportun de rechercher un financement exclusivement issu de l'impôt. Ce ratio apporte un complément utile à l'interprétation des ratios impôts/PIB ou impôts/RNB, en fournissant une indication de l'ampleur des recettes qui seraient nécessaires au financement des services publics.

Tableau 2.2. **Recettes fiscales exprimées en pourcentage des recettes (partie gauche) et des dépenses (partie droite) publiques totales, 2000-15**

	Recettes fiscales en % des recettes publiques totales					Recettes fiscales en % des dépenses publiques totales				
	2000	2007	2009	2014	2015	2000	2007	2009	2014	2015
Australie	86.7	84.6	79.4	81.2	82.1	84.1	86.3	67.7	75.5	75.7
Autriche	87.2	84.7	84.1	86.0	86.1	83.6	82.4	75.8	81.6	84.3
Belgique	88.1	87.6	86.3	86.2	86.7	87.9	87.7	77.7	81.4	82.6
Canada	80.5	78.8	79.7	79.8	80.5	84.6	81.6	72.3	78.4	77.6
République tchèque	88.2	86.9	84.5	81.7	80.8	80.6	85.4	73.8	78.0	79.6
Danemark	85.5	84.6	83.3	86.4	86.6	88.6	93.2	79.2	88.0	83.8
Estonie	85.6	84.4	79.3	83.3	83.3	85.4	91.1	75.5	84.8	83.5
Finlande	83.3	79.7	78.2	79.7	80.8	95.2	88.5	74.6	75.3	76.9
France	86.2	85.1	83.1	85.1	85.0	84.0	81.0	72.6	79.2	79.6
Allemagne	79.1	81.9	82.1	82.6	83.3	80.6	82.3	76.5	83.1	84.6
Grèce	78.4	76.9	78.4	76.2	75.2	71.5	66.0	56.4	70.7	67.0
Hongrie	87.4	87.5	84.8	81.1	80.2	81.8	78.7	77.1	77.6	77.7
Islande	85.2	84.9	82.2	85.4	87.2	87.8	95.1	65.8	85.3	85.5
Irlande	85.5	84.9	83.8	84.7	86.2	99.0	85.5	59.2	76.4	80.5
Israël	78.0	81.6	81.5	83.1	83.2	72.8	80.4	70.7	76.5	78.9
Italie	91.6	91.8	91.4	91.2	91.4	89.0	88.8	82.0	85.7	86.6
Japon	..	85.9	84.2	86.3	86.0	..	78.4	64.2	75.7	78.3
Corée	73.8	73.1	70.8	74.0	74.9	86.8	83.5	68.1	76.9	77.9
Lettonie	84.4	83.8	80.1	79.8	80.6	78.2	82.3	63.4	76.4	77.9
Luxembourg	84.2	85.9	85.8	86.6	86.2	97.3	95.3	84.5	89.5	89.2
Mexique	..	60.6	56.9	59.2	68.6	..	61.0	55.4	57.7	66.2
Pays-Bas	84.5	83.7	82.0	84.6	86.3	88.3	84.1	72.8	80.5	82.4
Nouvelle-Zélande[1]	..	..	79.8	90.0	90.5	..	..	78.1	87.3	89.6
Norvège	73.3	71.9	73.1	71.2	69.9	99.6	101.6	89.5	84.8	78.5
Pologne	84.5	83.6	82.5	82.1	82.8	78.5	80.0	69.2	75.4	77.7
Portugal	78.3	76.4	73.8	76.6	78.4	72.4	71.3	59.4	66.0	71.3
République slovaque	84.1	84.3	79.1	78.9	75.1	64.6	79.8	65.1	73.8	70.6
Slovénie	86.2	87.5	85.2	81.3	80.6	79.4	87.3	74.8	72.6	75.7
Espagne	86.9	88.6	85.2	86.4	87.3	84.6	92.9	64.8	74.9	77.1
Suède	85.9	84.5	83.8	84.9	85.5	91.1	90.1	82.7	82.4	85.9
Suisse	81.3	81.9	79.8	80.5	79.2	80.3	84.4	81.7	79.8	81.7
Turquie	..	..	67.7	72.4	72.9	..	..	57.5	72.9	75.8
Royaume-Uni	89.0	86.5	84.3	84.6	84.5	92.6	80.9	66.6	73.7	75.9
États-Unis	81.7	80.0	76.0	78.1	78.6	83.6	72.3	53.6	68.2	69.8
Moyenne OCDE	**83.8**	**82.6**	**80.4**	**81.5**	**82.0**	**84.5**	**83.7**	**70.8**	**77.8**	**79.0**

StatLink http://dx.doi.org/10.1787/888933613957

Le tableau 2.2 (partie droite) présente le ratio entre les recettes fiscales et les dépenses publiques totales des pays de l'OCDE entre 2000 et 2015. En 2015, la valeur moyenne non pondérée de ce ratio pour la zone OCDE était de 79.0 %, soit près de trois points de pourcentage en dessous du ratio recettes fiscales/recettes totales, qui s'établissait à 82.0 %.

Dans les différents pays de l'OCDE, le ratio a évolué assez conformément à la moyenne non pondérée de la zone (graphique 2.5), même si les écarts nationaux ont été ici plus prononcés que dans le cas des ratios recettes fiscales/recettes totales. En 2015, le taux de couverture le plus élevé des dépenses totales par les recettes fiscales et a été obtenu en Nouvelle-Zélande, avec 89.6 %, au Luxembourg (89.2 %), en Italie (86.6 %) et en Suède (85.9 %). Dans vingt-quatre pays de l'OCDE, le ratio était compris entre 75 et 85 %. En 2015, le ratio le plus bas était celui du Mexique, avec 66.2 %. Les deux autres pays présentant des ratios inférieurs à 70 % étaient la Grèce (67,0 %) et les États-Unis (69,8 %).

Entre 2000 et 2015, dans l'OCDE, la valeur moyenne non pondéré du ratio entre recettes fiscales et dépenses publiques a affiché une certaine volatilité, en particulier durant la crise. Après une période de baisse entre 2000 et 2003, marquée par un recul de 84.4 % à 78.7 %, ce ratio est remonté à 83.7 % en 2007. Néanmoins, durant la crise, il a subi une baisse de 12.9 p.p., atteignant un niveau minimum de 70.8 % sous l'effet de la hausse des dépenses publiques en pourcentage du PIB (graphique 2.5). Depuis 2009, le ratio a connu une progression constante, sans toutefois regagner les niveaux antérieurs à la crise. En 2015, le ratio s'établissait à 79.0 %, soit en dessus du niveau de la période 2000-09, ce qui indique que depuis la crise, le pourcentage des dépenses publiques financé par les recettes fiscales est en moyenne, plus faible qu'auparavant. Cependant, l'augmentation du ratio entre recettes fiscales et dépenses publiques depuis 2009 découle d'une diminution des dépenses exprimées en pourcentage du PIB tandis que le ratio impôts/PIB a augmenté lentement durant cette période (graphique 2.5).

Cette baisse du ratio entre les recettes fiscales et les dépenses publiques pendant la crise financière, et l'incapacité du ratio à retrouver les niveaux d'avant la crise sont observées dans quasiment tous les pays de l'OCDE. C'est en Irlande que le décrochage entre le niveau maximum antérieur à la crise et le niveau le plus bas après celle-ci est le plus prononcé : entre 2006 et 2010, le ratio a reculé de 50.1 p.p. L'Islande a connu la chute la plus brutale, avec une baisse de 35.2 p.p. entre 2006 et 2008, année où le ratio a atteint un plancher de 63.3 %. À l'opposé, la plus faible diminution a été enregistrée en Suisse (4.0 p.p. entre 2007 et 2010), unique pays ayant limité à moins de cinq points de pourcentage l'écart entre les ratios calculés avant et après la crise.

En 2015, le ratio avait renoué avec les niveaux antérieurs à la crise dans cinq pays seulement : Allemagne, Autriche, Grèce, Mexique et Portugal ; dans tous les autres pays, le ratio entre recettes fiscales et dépenses publiques était plus faible en 2015 qu'en 2007. L'Allemagne, l'Autriche, Israël, la République slovaque et la Suisse sont les seuls pays à avoir un ratio plus élevé en 2015 qu'en l'an 2000.

2.3. Conclusion

Le ratio impôts/PIB est un indicateur fondamental et utilisé internationalement du niveau des recettes fiscales collectées par une économie. Il permet de comparer les niveaux d'imposition et de mettre en évidence les changements entre les pays et dans le temps. Ce ratio continuera d'être l'indicateur principal utilisé dans les *Statistiques des recettes publiques*. Les indicateurs supplémentaires décrits dans cette étude spéciale offrent une perspective complémentaire de la manière dont les données relatives aux recettes fiscales présentées dans les *Statistiques des recettes publiques* se rapportent à l'économie qui en est à l'origine, ainsi qu'à la situation des finances publiques dans chaque pays concerné.

- Le ratio impôts/RNB met en rapport les recettes fiscales et le revenu brut d'un pays, qui est souvent considéré comme permettant de mieux appréhender le niveau de bien-être de ce pays que la production brute (mesurée dans le PIB). Ce ratio, qui affiche des niveaux sensiblement différents à travers les pays de l'OCDE, a enregistré successivement une baisse, entre l'éclatement de la crise financière mondiale et 2010, puis une hausse qui l'a ramené en 2014 et 2015 au-dessus des niveaux maximums connus avant la crise.

Graphique 2.5. **Recettes fiscales exprimées en pourcentage des recettes et des dépenses publiques totales (partie gauche) ; recettes fiscales, recettes publiques totales et dépenses publiques totales en pourcentage du PIB (partie droite), moyenne OCDE non pondérée, 2000-15**

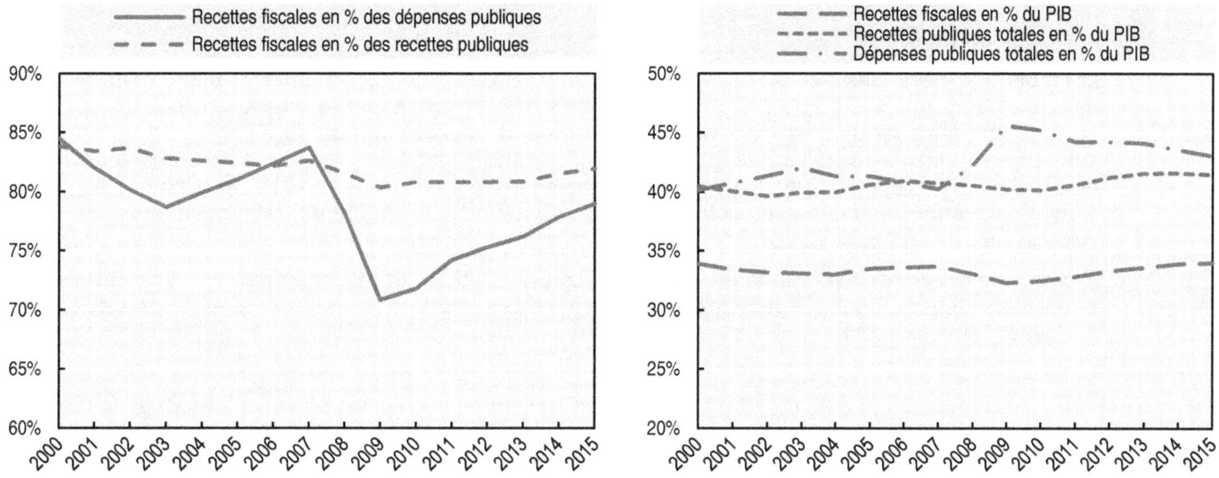

Note : Le Chili ne figure pas dans ce dans la mesure où les données consolidées relatives aux recettes et dépenses publiques ne sont pas disponibles dans les Comptes nationaux.

Les données concernant la Nouvelle Zélande sont celles fournies directement par Statistics New Zealand dans la mesure où les données consolidées ne sont pas disponibles dans les Comptes nationaux.

Dans les Comptes nationaux, le total des recettes publiques inclut les recettes fiscales, les cotisations de sécurité sociale imputées, volontaires et obligatoires, ainsi que les autres recettes non-fiscales. Des ajustements ont été effectués pour tenir compte des différences de traitement des crédits d'impôts récupérables dans les Statistiques des recettes publiques et les Comptes nationaux (voir section 1.4 du chapitre 1 pour plus d'informations), pour tenir compte des recettes des autorités supranationales qui sont incluses dans le total des recettes fiscales dans les Statistiques des recettes publique et pour tenir compte des différences dans les années fiscales entre les Statistiques des recettes publiques et les Comptes nationaux pour certains pays.

Source : Statistiques des recettes publiques (OCDE, 2017), Comptes nationaux des pays de l'OCDE, (OCDE, 2017, numéro 1).

StatLink http://dx.doi.org/10.1787/888933613805

- Les recettes fiscales par habitant permettent de rapporter les recettes fiscales à la population résidente, c'est-à-dire les personnes qui bénéficient des services publics d'un pays et contribuent à ses recettes fiscales. La valeur de cet indicateur varie fortement dans les différents pays de l'OCDE, ce qui résulte en partie des écarts dans les niveaux du PIB par habitant et du ratio impôts/PIB.
- Les recettes fiscales exprimées en pourcentage des recettes publiques totales renseignent sur la part des recettes publiques qui est générée par la base d'imposition, le reste provenant de sources non fiscales. En 2015, cet indicateur affichait des valeurs relativement homogènes dans les pays de l'OCDE. Après une baisse modérée mais constante pendant les années qui ont précédé la crise financière mondiale, la valeur moyenne de l'OCDE a reculé en 2008 et 2009 reste relativement stable jusqu'en 2013 et augmente légèrement en 2014 et 2015 sans retrouver son niveau d'avant crise.
- Les recettes fiscales exprimées en pourcentage des dépenses publiques indiquent quelle partie des dépenses publiques est financée par le système fiscal. Si la situation des pays de l'OCDE était relativement homogène en 2015 au regard de ce ratio, les écarts entre les pays étaient tout de même plus prononcés que dans le cas du rapport entre les recettes fiscales et les recettes publiques. Durant la crise, le ratio recettes fiscales/dépenses publiques a enregistré une baisse accusée, et n'a pas depuis lors retrouvé ses niveaux d'avant la crise, ce qui indique que les recettes fiscales financent encore une fraction moindre des dépenses publiques qu'elles ne le faisaient avant la crise.

Notes

1. Des précautions sont requises pour interpréter la moyenne non-pondérée qui est influencée par le nombre des petites économies ouvertes dans l'OCDE, lesquelles tendent à avoir des flux financiers sortants nets. Les moyennes pondérées des ratios impôts/PIB et impôts/RNB sont à des niveaux similaires depuis 2009.
2. SCN 2008, section 19.10.
3. Les montants élevés des recettes fiscales par habitant au Luxembourg sont affectés par le nombre de travailleurs non-résidents qui payent l'impôt sur le revenu s'appliquant à leur salaire au Luxembourg mais résident et sont comptabilisés dans la population d'un pays voisin. Le portail statistique du Luxembourg estime qu'au troisième trimestre 2016, il y avait 177,000 travailleurs non-résidents au Luxembourg pour une population de 576,000 résidents en 2016. Au contraire, il y a un impact moindre sur les recettes fiscales dans les pays ou ces travailleurs résident en raison de l'importance de leur population.
4. Aux fins de cohérence avec les ratios recettes fiscales / PIB figurant aux chapitres 1 et 3 de cette publication, le graphique 2.4 présente des données aux taux de change du marché et non des données ajustées en PPA.

Chapitre 3

Niveaux et structures des impôts, 1965-2015

Dans tous les tableaux suivants, le symbole (..) signifie que l'information n'est pas disponible ou qu'elle n'est pas applicable. Les données dans ce chapitre couvrent les années 1965 à 2016 (données provisoires). Pour des raisons d'espace, une sélection d'années est reportée dans ce chapitre. Une série complète est, cependant, disponible en ligne. Des séries complètes sont, cependant, disponible en ligne. La partie V dans l'édition 1998 de ce Rapport fournit des données pour les années 1955 et 1960 (pour dix-neuf pays de l'OCDE).

Les chiffres du Produit Intérieur Brut (PIB) se fondent sur le Système de comptabilité nationale de 2008 (SCN 2008) pour tous les pays membres de l'OCDE.

Traitements des transferts en capital. Les notes de bas de page des tableaux 3.1 à 3.18 se réfèrent au traitement des transferts en capital que certains pays effectuent pour tenir compte des impôts qui ont été évalués mais non recouvrés. Le transfert en capital a été soustrait des recettes fiscales totales et cette réduction a été répartie entre les différentes rubriques en pourcentage de leurs recettes.

C'est le cas pour les pays suivants :

- Danemark à partir de 1971.
- France à partir de 1992.
- Grèce pour 1999 et 2000.
- Espagne à partir de 1995.

Tableau 3.1. **Total des recettes fiscales en % du PIB**

	1965	1990	2000	2007	2010	2012	2013	2014	2015	2016p
Australie	20.6	28.0	30.4	29.5	25.4	27.1	27.3	27.6	28.2	..
Autriche	33.6	39.4	42.4	40.8	41.1	42.0	42.8	43.1	43.7	42.7
Belgique	30.6	41.2	43.5	42.7	42.6	44.2	45.2	45.0	44.8	44.2
Canada	25.2	35.2	34.8	32.1	30.6	31.0	30.9	31.2	32.0	31.7
Chili	..	16.9	18.8	22.7	19.6	21.3	19.9	19.6	20.5	20.4
République tchèque	..	..	32.4	34.2	32.5	33.7	34.1	33.1	33.3	34.0
Danemark[1]	29.1	44.4	46.9	46.4	44.8	45.5	45.9	48.6	45.9	45.9
Estonie	..	..	31.1	31.3	33.3	31.7	31.7	32.8	33.9	34.7
Finlande	30.0	42.9	45.8	41.5	40.8	42.7	43.6	43.8	43.9	44.1
France[1]	33.6	41.0	43.1	42.4	42.0	44.3	45.2	45.3	45.2	45.3
Allemagne[2]	31.6	34.8	36.2	34.9	35.0	36.4	36.8	36.8	37.1	37.6
Grèce[1]	17.1	25.2	33.4	31.2	32.0	35.5	35.5	35.9	36.4	38.6
Hongrie	..	..	38.6	39.6	37.5	38.5	38.1	38.2	39.0	39.4
Islande	25.5	30.2	36.2	39.0	33.3	35.2	35.8	38.6	36.7	36.4
Irlande	24.5	32.4	30.8	30.4	27.0	27.5	28.2	28.5	23.1	23.0
Israël[3]	..	..	34.9	34.2	30.7	30.0	30.7	31.1	31.3	31.2
Italie	24.7	36.4	40.6	41.7	41.9	43.9	44.1	43.5	43.3	42.9
Japon	17.6	28.2	25.8	27.5	26.5	28.2	28.9	30.3	30.7	..
Corée	..	18.8	21.5	24.8	23.4	24.8	24.3	24.6	25.2	26.3
Lettonie	..	..	29.1	28.1	28.1	28.4	28.5	28.8	29.0	30.2
Luxembourg	26.4	33.5	36.9	36.1	37.4	38.4	38.2	37.4	36.8	37.1
Mexique[4]	..	12.4	13.1	12.6	13.4	13.1	13.8	14.2	16.2	17.2
Pays-Bas	30.9	40.2	37.2	36.0	36.1	36.0	36.5	37.5	37.4	38.8
Nouvelle-Zélande	23.2	36.2	32.5	33.9	30.3	32.1	31.1	32.4	33.0	32.1
Norvège	29.4	40.2	41.9	42.1	42.0	41.5	39.9	38.9	38.3	38.0
Pologne	..	..	32.9	34.6	31.4	32.1	31.9	32.0	32.4	33.6
Portugal	15.7	26.5	31.1	31.8	30.4	31.8	34.1	34.3	34.6	34.4
République slovaque	..	..	33.6	29.2	28.1	28.3	30.2	31.2	32.3	32.7
Slovénie	..	..	36.6	37.1	36.9	36.9	36.7	36.5	36.6	37.0
Espagne[1]	14.3	31.6	33.2	36.4	31.2	32.2	33.1	33.7	33.8	33.5
Suède	31.4	49.5	49.0	45.0	43.2	42.6	42.9	42.6	43.3	44.1
Suisse	16.6	23.6	27.4	26.1	26.5	26.8	26.9	27.0	27.7	27.8
Turquie	10.6	14.5	23.6	23.1	24.8	24.9	25.3	24.6	25.1	25.5
Royaume-Uni	30.1	32.9	33.2	33.2	32.6	32.8	32.6	32.2	32.5	33.2
États-Unis	23.5	26.0	28.2	26.7	23.5	24.1	25.7	25.9	26.2	26.0
Moyenne non pondérée										
Moyenne OCDE[5]	**24.8**	**31.9**	**33.9**	**33.7**	**32.5**	**33.3**	**33.6**	**33.9**	**34.0**	**34.3**

Note : Les séries temporelles complètes sont accessibles sur le site web http://oe.cd/series-temporelles-completes.

1. Le total des recettes fiscales a été diminué du montant de tout transfert en capital représentant les impôts non perçus. Le transfert en capital a été réparti entre les différentes rubriques en proportion des recettes fiscales.
2. Depuis 1991, les chiffres se rapportent à l'Allemagne unifiée.
3. Informations sur les données concernant Israël : http://oe.cd/israel-disclaimer.
4. 2016 : Estimation du Secrétariat, incluant les recettes escomptées collectées par les administrations d'État et locales.
5. 2016 : calculé en appliquant le pourcentage moyen non pondéré de variation pour 2016 dans les 33 pays qui ont communiqué des données pour cette année au ratio moyen global impôts/PIB en 2015.

StatLink http://dx.doi.org/10.1787/888933613976

Tableau 3.2. **Total des recettes fiscales en milliards de dollars des É-U au taux de change du marché**

	1965	1990	2000	2007	2010	2012	2013	2014	2015	2016p
Australie	5.6	90.9	124.2	291.0	328.8	428.8	419.2	400.8	348.0	..
Autriche	..	68.6	83.2	157.6	160.5	171.1	183.3	188.7	164.6	164.9
Belgique	..	89.4	103.6	201.6	206.1	220.0	234.9	239.3	203.9	206.0
Canada	14.2	209.2	262.8	477.2	501.4	570.1	574.8	561.2	499.0	491.1
Chili	..	5.8	14.7	39.4	42.8	57.0	55.3	51.1	49.7	50.4
République tchèque	..	..	20.0	64.8	67.4	70.0	71.4	68.8	62.3	66.5
Danemark[1]	3.0	61.4	76.9	148.3	144.2	149.0	157.6	171.0	138.4	140.9
Estonie	..	..	1.8	7.0	6.5	7.3	7.9	8.6	7.6	8.0
Finlande	..	49.6	57.5	106.0	101.1	109.6	117.7	119.4	102.1	105.2
France[1]	..	550.7	589.3	1 129.0	1 111.0	1 188.9	1 270.2	1 291.9	1 100.6	1 115.9
Allemagne[2]	..	577.4	706.9	1 200.4	1 196.2	1 290.1	1 379.0	1 431.1	1 251.7	1 305.7
Grèce[1]	..	14.6	43.4	99.3	95.9	87.3	85.0	84.7	70.9	75.0
Hongrie	..	..	18.2	55.1	48.8	49.1	51.3	53.2	47.5	49.0
Islande	0.1	2.0	3.2	8.3	4.4	5.0	5.5	6.6	6.2	7.3
Irlande	0.7	15.6	30.7	82.0	60.0	62.0	67.4	73.6	67.2	70.2
Israël[3]	..	..	46.2	61.2	72.0	77.4	90.1	96.1	93.7	99.6
Italie	..	336.6	463.6	918.8	889.5	910.2	938.3	935.1	790.1	792.8
Japon	17.1	903.6	1 263.4	1 242.0	1 509.6	1 749.1	1 500.1	1 482.2	1 351.6	..
Corée	..	52.6	120.5	278.2	256.2	303.2	317.2	347.0	347.9	371.1
Lettonie	..	..	1.8	8.7	6.7	8.0	8.6	9.0	7.8	8.4
Luxembourg	..	4.7	7.9	18.4	19.9	21.8	23.6	24.8	21.4	22.2
Mexique	..	35.9	85.1	131.4	140.3	155.7	173.2	184.4	186.0	..
Pays-Bas	..	132.6	153.7	302.5	301.9	298.7	316.6	330.1	283.3	301.9
Nouvelle-Zélande	1.4	16.4	18.0	47.1	44.9	56.8	60.3	64.6	57.7	60.1
Norvège	2.4	48.2	71.8	168.9	179.9	211.7	208.7	193.7	148.1	140.7
Pologne	..	..	56.6	148.7	150.6	160.7	167.5	174.4	154.8	157.5
Portugal	..	18.8	36.8	76.4	72.5	68.8	77.0	78.7	68.8	70.3
République slovaque	..	..	9.8	25.2	25.1	26.5	29.8	31.4	28.2	29.3
Slovénie	..	..	6.4	17.8	17.7	17.1	17.5	18.1	15.6	16.3
Espagne[1]	..	131.6	197.9	537.9	446.8	430.8	451.1	464.2	403.4	412.4
Suède	7.8	127.7	127.3	219.4	211.2	231.7	248.4	244.4	214.7	225.6
Suisse	2.6	60.8	74.6	124.8	153.8	178.2	184.1	189.7	185.7	183.7
Turquie	1.3	30.2	64.5	156.2	192.0	218.6	240.8	229.6	215.5	218.3
Royaume-Uni	30.6	359.5	542.8	1 016.7	791.5	869.4	885.7	965.5	930.8	869.4
États-Unis	167.0	1 552.4	2 900.5	3 867.4	3 515.8	3 888.5	4 281.9	4 518.4	4 752.4	4 846.3
Moyenne non pondérée										
Moyenne OCDE	..	**205.4**	**239.6**	**383.8**	**373.5**	**409.9**	**425.8**	**438.0**	**410.8**	..

Note : Les séries temporelles complètes sont accessibles sur le site web http://oe.cd/series-temporelles-completes.

1. Le total des recettes fiscales a été diminué du montant de tout transfert en capital représentant les impôts non perçus. Le transfert en capital a été réparti entre les différentes rubriques en proportion des recettes fiscales.
2. Depuis 1991, les chiffres se rapportent à l'Allemagne unifiée.
3. Informations sur les données concernant Israël : http://oe.cd/israel-disclaimer.

StatLink http://dx.doi.org/10.1787/888933613995

Tableau 3.3. **Recettes fiscales sous les principales rubriques en % du PIB, 2015**

	1000 Revenu & bénéfices	2000 Sécurité sociale	3000 Salaires	4000 Patrimoine	5000 Biens & services	6000 Autres	UE droits de douane
Australie	16.0	0.0	1.4	3.0	7.8	0.0	..
Autriche	13.2	14.7	3.0	0.6	11.9	0.2	0.1
Belgique	16.0	14.3	0.0	3.5	10.7	0.0	0.3
Canada	15.3	4.8	0.7	3.8	7.4	0.0	..
Chili	7.5	1.4	0.0	0.9	11.1	-0.4	..
République tchèque	7.2	14.4	0.0	0.5	11.2	0.0	0.2
Danemark[1]	29.0	0.1	0.3	1.9	14.5	0.0	0.2
Estonie	7.9	11.3	0.0	0.3	14.2	0.0	0.2
Finlande	15.4	12.7	0.0	1.4	14.2	0.0	0.1
France[1]	10.6	16.8	1.6	4.0	11.0	1.1	0.1
Allemagne[2]	11.6	14.0	0.0	1.1	10.3	0.0	0.2
Grèce	8.2	10.7	0.0	3.1	14.3	0.0	0.1
Hongrie	7.1	12.6	0.6	1.3	17.1	0.2	0.1
Islande	17.2	3.6	0.3	2.0	11.9	1.7	..
Irlande	9.9	3.9	0.1	1.5	7.5	0.0	0.1
Israël	9.8	5.1	1.2	3.3	11.9	0.0	..
Italie	13.8	13.0	0.0	2.8	11.8	1.7	0.1
Japon	9.6	12.1	0.0	2.5	6.4	0.1	..
Corée	7.6	6.7	0.1	3.1	7.1	0.6	..
Lettonie	7.5	8.3	0.0	1.0	12.0	0.0	0.2
Luxembourg	13.4	10.7	0.0	3.3	9.4	0.1	0.0
Mexique	6.8	2.2	0.4	0.3	6.3	0.2	..
Pays-Bas	10.4	14.1	0.0	1.4	11.1	0.1	0.3
Nouvelle-Zélande	18.3	0.0	0.0	2.0	12.7	0.0	..
Norvège	15.1	10.5	0.0	1.1	11.6	0.0	..
Pologne	6.5	12.5	0.2	1.4	11.7	0.0	0.2
Portugal	10.4	9.0	0.0	1.3	13.3	0.5	0.1
République slovaque	7.0	13.8	0.0	0.4	10.9	0.0	0.2
Slovénie	6.6	14.5	0.1	0.6	14.6	0.0	0.1
Espagne[1]	9.6	11.4	0.0	2.6	10.0	0.0	0.2
Suède	15.5	9.7	4.6	1.0	12.2	0.0	0.1
Suisse	12.9	6.8	0.0	1.9	6.0	0.1	..
Turquie	5.1	7.3	0.0	1.2	11.1	0.4	..
Royaume-Uni	11.5	6.1	0.0	4.1	10.7	0.0	0.2
États-Unis	12.9	6.2	0.0	2.7	4.5	0.0	..
Moyenne non pondérée							
Moyenne OCDE	**11.5**	**9.0**	**0.4**	**1.9**	**10.9**	**0.2**	**0.2**

1. Le total des recettes fiscales a été diminué du montant de tout transfert en capital représentant les impôts non perçus. Le transfert en capital a été réparti entre les différentes rubriques en proportion des recettes fiscales.
2. Depuis 1991, les chiffres se rapportent à l'Allemagne unifiée.

StatLink http://dx.doi.org/10.1787/888933614014

Tableau 3.4. **Recettes fiscales sous les principales rubriques en % du total des recettes fiscales, 2015**

	1000 Revenu & bénéfices	2000 Sécurité sociale	3000 Salaires	4000 Patrimoine	5000 Biens & services	6000 Autres	UE droits de douane
Australie	56.7	0.0	5.0	10.7	27.5	0.0	..
Autriche	30.2	33.6	6.8	1.3	27.3	0.5	0.3
Belgique	35.7	31.9	0.0	7.8	23.8	0.0	0.7
Canada	47.9	15.1	2.0	11.8	23.1	0.1	..
Chili	36.4	6.9	0.0	4.4	54.1	-1.8	..
République tchèque	21.5	43.1	0.0	1.4	33.5	0.0	0.5
Danemark[1]	63.1	0.1	0.6	4.1	31.6	0.0	0.4
Estonie	23.4	33.4	0.0	0.8	41.8	0.0	0.5
Finlande	35.2	28.9	0.0	3.3	32.4	0.1	0.2
France[1]	23.5	37.1	3.5	9.0	24.3	2.5	0.2
Allemagne[2]	31.2	37.6	0.0	2.9	27.8	0.0	0.5
Grèce	22.5	29.4	0.0	8.5	39.4	0.0	0.3
Hongrie	18.3	32.4	1.5	3.3	43.8	0.4	0.3
Islande	46.9	9.8	0.8	5.4	32.4	4.7	..
Irlande	43.0	16.8	0.6	6.4	32.6	0.0	0.5
Israël	31.2	16.4	3.8	10.6	38.0	0.0	..
Italie	31.8	30.1	0.0	6.5	27.3	3.9	0.3
Japon	31.2	39.4	0.0	8.2	21.0	0.3	..
Corée	30.3	26.6	0.3	12.4	28.0	2.5	..
Lettonie	25.9	28.7	0.0	3.4	41.3	0.0	0.6
Luxembourg	36.4	29.0	0.0	8.9	25.5	0.1	0.1
Mexique	41.7	13.9	2.4	2.0	38.6	1.5	..
Pays-Bas	27.7	37.8	0.0	3.8	29.6	0.2	0.9
Nouvelle-Zélande	55.5	0.0	0.0	6.1	38.4	0.0	..
Norvège	39.4	27.3	0.0	2.9	30.4	0.0	..
Pologne	20.1	38.5	0.7	4.2	35.9	0.1	0.5
Portugal	30.2	26.1	0.0	3.7	38.4	1.3	0.3
République slovaque	21.8	42.7	0.0	1.3	33.7	0.0	0.5
Slovénie	18.1	39.7	0.1	1.7	40.0	0.0	0.4
Espagne[1]	28.3	33.8	0.0	7.7	29.7	0.0	0.5
Suède	35.9	22.4	10.7	2.4	28.1	0.1	0.3
Suisse	46.5	24.6	0.0	6.7	21.8	0.4	..
Turquie	20.3	29.0	0.0	4.9	44.3	1.5	..
Royaume-Uni	35.3	18.7	0.0	12.6	32.9	0.0	0.5
États-Unis	49.1	23.7	0.0	10.3	17.0	0.0	..
Moyenne non pondérée							
Moyenne OCDE	**34.1**	**25.8**	**1.1**	**5.8**	**32.4**	**0.5**	**0.4**

1. Le total des recettes fiscales a été diminué du montant de tout transfert en capital représentant les impôts non perçus. Le transfert en capital a été réparti entre les différentes rubriques en proportion des recettes fiscales.
2. Depuis 1991, les chiffres se rapportent à l'Allemagne unifiée.

StatLink http://dx.doi.org/10.1787/888933614033

Tableau 3.5. **Recettes fiscales sous les principales rubriques en % du PIB, 2016p**

	1000 Revenu & bénéfices	2000 Sécurité sociale	3000 Salaires	4000 Patrimoine	5000 Biens & services	6000 Autres	UE droits de douane
Australie	..	..	..	..	..	..	..
Autriche	11.9	14.9	3.0	0.6	12.0	0.2	0.1
Belgique	15.7	13.7	0.0	3.5	10.8	0.0	0.4
Canada	15.1	4.8	0.7	3.8	7.4	0.0	..
Chili	6.8	1.5	0.0	1.0	11.1	-0.1	..
République tchèque	7.4	14.7	0.0	0.5	11.3	0.0	0.2
Danemark[1]	28.7	0.1	0.3	1.9	14.9	0.0	0.1
Estonie	7.8	11.6	0.0	0.3	14.9	0.0	0.2
Finlande	15.3	12.8	0.0	1.4	14.5	0.0	0.1
France[1]	10.6	16.7	1.6	4.1	11.1	1.1	0.1
Allemagne[2]	12.0	14.1	0.0	1.1	10.2	0.0	0.2
Grèce	9.1	11.0	0.0	2.6	15.8	0.0	0.1
Hongrie	7.1	13.6	0.6	1.1	16.7	0.1	0.1
Islande	17.8	3.6	0.3	1.9	12.1	0.6	..
Irlande	10.0	3.9	0.1	1.3	7.5	0.0	0.1
Israël	9.8	5.2	1.2	3.3	11.8	0.0	..
Italie	13.7	13.0	0.0	2.8	12.1	1.2	0.1
Japon	9.5	..	0.0	2.5	6.2	0.1	..
Corée	8.2	6.9	0.1	3.0	7.4	0.7	..
Lettonie	8.0	8.3	0.0	1.1	12.6	0.0	0.2
Luxembourg	13.7	10.6	0.0	3.5	9.1	0.1	0.0
Mexique	7.3	2.2	..	..	..	..	..
Pays-Bas	10.6	14.8	0.0	1.5	11.5	0.0	0.3
Nouvelle-Zélande	17.8	0.0	0.0	2.0	12.3	0.0	..
Norvège	14.0	10.6	0.0	1.2	12.1	0.0	..
Pologne	6.7	12.8	0.0	1.4	10.7	1.8	0.2
Portugal	9.9	9.2	0.0	1.3	13.6	0.4	0.1
République slovaque	7.3	14.1	0.0	0.4	10.7	0.0	0.2
Slovénie	6.9	14.7	0.1	0.6	14.6	0.0	0.1
Espagne[1]	9.4	11.4	0.0	2.6	9.8	0.1	0.2
Suède	15.7	10.0	4.7	1.1	12.4	0.0	0.1
Suisse	13.0	6.8	0.0	1.9	6.0	0.1	..
Turquie	5.4	7.3	0.0	1.2	11.1	0.4	..
Royaume-Uni	11.9	6.3	0.0	4.2	10.7	0.0	0.2
États-Unis	12.7	6.2	0.0	2.7	4.4	0.0	..

1. Le total des recettes fiscales a été diminué du montant de tout transfert en capital représentant les impôts non perçus. Le transfert en capital a été réparti entre les différentes rubriques en proportion des recettes fiscales.
2. Depuis 1991, les chiffres se rapportent à l'Allemagne unifiée.

StatLink http://dx.doi.org/10.1787/888933614052

Tableau 3.6. **Recettes fiscales sous les principales rubriques en % du total des recettes fiscales, 2016p**

	1000 Revenu & bénéfices	2000 Sécurité sociale	3000 Salaires	4000 Patrimoine	5000 Biens & services	6000 Autres	UE droits de douane
Australie	..	..	..	..	..	..	..
Autriche	28.0	34.8	7.0	1.3	28.1	0.5	0.3
Belgique	35.6	31.0	0.0	8.0	24.5	0.0	0.8
Canada	47.5	15.0	2.1	11.9	23.3	0.1	..
Chili	33.6	7.2	0.0	5.0	54.6	-0.3	..
République tchèque	21.8	43.1	0.0	1.4	33.2	0.0	0.5
Danemark[1]	62.5	0.1	0.6	4.0	32.3	0.0	0.3
Estonie	22.4	33.4	0.0	0.8	42.9	0.0	0.5
Finlande	34.6	29.0	0.0	3.2	32.9	0.1	0.2
France[1]	23.5	37.0	3.4	9.1	24.5	2.4	0.2
Allemagne[2]	31.9	37.7	0.0	2.8	27.1	0.0	0.4
Grèce	23.6	28.5	0.0	6.7	40.9	0.0	0.3
Hongrie	17.9	34.6	1.6	2.9	42.4	0.4	0.3
Islande	49.1	9.9	0.8	5.3	33.2	1.7	..
Irlande	43.3	17.0	0.6	5.8	32.5	0.0	0.5
Israël	31.5	16.6	3.7	10.5	37.7	0.0	..
Italie	32.0	30.2	0.0	6.5	28.1	2.9	0.3
Japon	..	..	..	..	..	..	..
Corée	31.2	26.2	0.3	11.6	28.1	2.6	..
Lettonie	26.6	27.6	0.0	3.5	41.7	0.0	0.6
Luxembourg	37.1	28.7	0.0	9.3	24.7	0.2	0.1
Mexique	..	..	..	..	..	..	..
Pays-Bas	27.3	38.2	0.0	3.9	29.6	0.1	0.9
Nouvelle-Zélande	55.6	0.0	0.0	6.1	38.3	0.0	..
Norvège	36.8	28.0	0.0	3.2	32.0	0.0	..
Pologne	20.0	38.1	0.0	4.1	31.8	5.4	0.5
Portugal	28.8	26.6	0.0	3.7	39.5	1.0	0.3
République slovaque	22.4	43.1	0.0	1.3	32.7	0.0	0.5
Slovénie	18.6	39.7	0.1	1.7	39.4	0.0	0.4
Espagne[1]	28.2	34.1	0.0	7.7	29.3	0.2	0.5
Suède	35.7	22.8	10.6	2.4	28.2	0.1	0.3
Suisse	46.6	24.6	0.0	6.7	21.7	0.4	..
Turquie	21.2	28.8	0.0	4.8	43.6	1.6	..
Royaume-Uni	35.7	18.9	0.0	12.6	32.2	0.0	0.5
États-Unis	48.8	24.0	0.0	10.2	17.0	0.0	..

1. Le total des recettes fiscales a été diminué du montant de tout transfert en capital représentant les impôts non perçus. Le transfert en capital a été réparti entre les différentes rubriques en proportion des recettes fiscales.
2. Depuis 1991, les chiffres se rapportent à l'Allemagne unifiée.

StatLink http://dx.doi.org/10.1787/888933614071

Tableau 3.7. **Impôts sur le revenu et les bénéfices (1000) en % du PIB et en % du total des recettes fiscales**

	% du PIB					% du total des recettes fiscales				
	1990	2000	2010	2014	2015	1990	2000	2010	2014	2015
Australie	16.0	17.6	14.3	15.9	16.0	57.1	58.0	56.4	57.6	56.7
Autriche	10.1	12.0	11.5	12.6	13.2	25.5	28.3	28.1	29.3	30.2
Belgique	15.2	16.8	14.6	16.1	16.0	36.9	38.6	34.2	35.8	35.7
Canada	17.1	17.4	14.3	15.0	15.3	48.6	50.1	46.6	48.2	47.9
Chili	3.9	4.4	7.5	6.5	7.5	23.2	23.3	38.1	33.0	36.4
République tchèque	..	7.4	6.6	7.1	7.2	..	22.8	20.2	21.4	21.5
Danemark[1]	27.1	28.8	27.5	31.7	29.0	61.2	61.4	61.5	65.2	63.1
Estonie	..	7.7	6.6	7.5	7.9	..	24.8	19.8	22.8	23.4
Finlande	16.8	19.7	14.5	15.3	15.4	39.2	43.1	35.5	35.0	35.2
France[1]	6.6	10.7	9.5	10.8	10.6	16.1	24.9	22.7	23.8	23.5
Allemagne[2]	11.3	10.9	10.0	11.4	11.6	32.4	30.1	28.5	30.9	31.2
Grèce[1]	5.0	9.0	7.0	8.5	8.2	19.9	26.8	22.0	23.7	22.5
Hongrie	..	9.4	7.7	6.9	7.1	..	24.3	20.7	18.1	18.3
Islande	9.0	14.4	14.8	18.0	17.2	29.7	39.9	44.4	46.6	46.9
Irlande	12.3	13.4	10.5	11.5	9.9	38.0	43.6	38.7	40.3	43.0
Israël	..	13.8	9.0	9.5	9.8	..	39.6	29.1	30.6	31.2
Italie	13.3	13.5	13.7	13.9	13.8	36.5	33.2	32.6	31.9	31.8
Japon	14.2	9.0	8.0	9.6	9.6	50.2	34.8	30.2	31.8	31.2
Corée	6.2	6.2	6.6	7.2	7.6	32.8	28.8	28.0	29.1	30.3
Lettonie	..	7.0	7.2	7.5	7.5	..	24.1	25.6	25.9	25.9
Luxembourg	13.5	13.5	13.6	12.9	13.4	40.2	36.5	36.4	34.6	36.4
Mexique	4.2	4.5	5.2	5.7	6.8	34.0	34.4	38.6	39.9	41.7
Pays-Bas	13.0	9.7	10.1	9.6	10.4	32.3	25.9	27.9	25.6	27.7
Nouvelle-Zélande	21.6	19.5	16.3	17.9	18.3	59.6	60.0	53.8	55.4	55.5
Norvège	14.2	18.8	19.8	16.5	15.1	35.2	45.0	47.1	42.4	39.4
Pologne	..	6.7	6.3	6.3	6.5	..	20.4	20.0	19.8	20.1
Portugal	6.8	9.1	8.1	10.5	10.4	25.7	29.3	26.8	30.8	30.2
République slovaque	..	6.9	5.3	6.5	7.0	..	20.5	19.0	20.9	21.8
Slovénie	..	6.8	7.4	6.5	6.6	..	18.5	20.1	17.9	18.1
Espagne[1]	9.7	9.4	8.8	9.6	9.6	30.6	28.3	28.1	28.6	28.3
Suède	20.6	20.0	15.3	14.9	15.5	41.6	40.8	35.5	34.9	35.9
Suisse	11.2	12.2	12.1	12.3	12.9	47.4	44.3	45.6	45.7	46.5
Turquie	4.9	7.0	5.3	5.2	5.1	33.5	29.5	21.3	21.1	20.3
Royaume-Uni	12.9	13.2	12.2	11.3	11.5	39.3	39.7	37.6	35.1	35.3
États-Unis	11.7	14.1	10.0	12.5	12.9	45.2	50.1	42.4	48.1	49.1
Moyenne non pondérée										
Moyenne OCDE	**12.2**	**12.0**	**10.8**	**11.5**	**11.5**	**37.5**	**35.0**	**33.2**	**33.8**	**34.1**

Note : Les séries temporelles complètes sont accessibles sur le site web http://oe.cd/series-temporelles-completes.

1. Le total des recettes fiscales a été diminué du montant de tout transfert en capital représentant les impôts non perçus. Le transfert en capital a été réparti entre les différentes rubriques en proportion des recettes fiscales.
2. Depuis 1991, les chiffres se rapportent à l'Allemagne unifiée.

StatLink http://dx.doi.org/10.1787/888933614090

Tableau 3.8. **Impôts sur le revenu des personnes physiques (1100) en % du PIB et en % du total des recettes fiscales**

	% du PIB					% du total des recettes fiscales				
	1990	2000	2010	2014	2015	1990	2000	2010	2014	2015
Australie	12.1	11.5	9.8	11.4	11.7	43.0	37.8	38.5	41.2	41.5
Autriche	8.3	9.3	9.2	10.1	10.5	21.0	22.0	22.4	23.5	24.1
Belgique	13.2	13.7	12.0	13.0	12.7	32.0	31.4	28.2	28.8	28.3
Canada	14.4	12.8	10.7	11.4	11.8	40.8	36.8	35.0	36.5	36.9
Chili	0.9	1.4	1.3	1.4	2.0	5.6	7.6	6.8	7.3	9.8
République tchèque	..	4.2	3.3	3.6	3.6	..	12.9	10.2	10.8	10.7
Danemark[1]	24.0	24.7	23.2	26.3	25.3	54.0	52.7	51.9	54.1	55.2
Estonie	..	6.8	5.3	5.7	5.8	..	22.0	15.9	17.5	17.2
Finlande	14.9	14.0	12.1	13.4	13.3	34.7	30.6	29.5	30.6	30.2
France[1]	4.4	7.8	7.2	8.5	8.5	10.7	18.0	17.1	18.7	18.9
Allemagne[2]	9.6	9.2	8.5	9.6	9.8	27.6	25.3	24.3	26.2	26.5
Grèce[1]	3.6	4.8	4.0	5.9	5.5	14.1	14.5	12.4	16.5	15.0
Hongrie	..	7.2	6.5	5.3	5.3	..	18.6	17.4	13.8	13.7
Islande	8.1	12.6	12.2	13.5	13.5	26.9	34.8	36.5	34.9	36.7
Irlande	10.7	9.8	8.1	9.1	7.3	33.1	31.9	30.0	32.0	31.6
Israël	..	10.1	5.5	5.7	6.1	..	29.1	18.0	18.3	19.4
Italie	9.6	10.1	11.2	11.2	11.3	26.3	24.8	26.8	25.8	26.0
Japon	7.8	5.4	4.9	5.7	5.8	27.8	21.1	18.6	18.9	18.9
Corée	3.8	3.1	3.3	4.0	4.3	20.0	14.6	14.2	16.3	17.2
Lettonie	..	5.5	6.2	5.9	5.9	..	18.8	22.2	20.5	20.4
Luxembourg	8.1	6.8	7.9	8.7	9.0	24.1	18.5	21.0	23.1	24.5
Mexique	..	..	2.4	3.0	3.3	..	..	17.7	21.0	20.6
Pays-Bas	9.9	5.6	7.8	7.0	7.7	24.7	15.1	21.5	18.7	20.5
Nouvelle-Zélande	17.4	14.0	11.4	12.5	12.6	48.0	43.1	37.7	38.6	38.1
Norvège	10.5	10.1	9.9	9.9	10.7	26.2	24.1	23.6	25.4	27.9
Pologne	..	4.3	4.4	4.6	4.7	..	13.2	13.9	14.3	14.4
Portugal	4.2	5.4	5.4	7.7	7.3	15.9	17.4	17.6	22.5	21.2
République slovaque	..	3.3	2.6	3.0	3.1	..	9.9	9.4	9.6	9.7
Slovénie	..	5.5	5.6	5.1	5.1	..	15.0	15.1	14.0	14.0
Espagne[1]	6.9	6.4	6.8	7.6	7.2	21.7	19.2	21.9	22.4	21.3
Suède	19.1	16.3	12.0	12.2	12.6	38.5	33.2	27.9	28.6	29.1
Suisse	7.7	8.2	8.4	8.4	8.6	32.8	29.8	31.9	31.0	31.1
Turquie	3.9	5.2	3.5	3.6	3.7	26.8	22.2	14.0	14.7	14.6
Royaume-Uni	9.7	9.6	9.4	8.8	9.0	29.4	29.0	28.7	27.3	27.7
États-Unis	9.8	11.9	8.2	10.2	10.6	37.7	42.2	34.8	39.3	40.5
Moyenne non pondérée										
Moyenne OCDE	**9.7**	**8.7**	**7.7**	**8.4**	**8.4**	**28.6**	**24.6**	**23.2**	**24.1**	**24.4**

Note : Les séries temporelles complètes sont accessibles sur le site web http://oe.cd/series-temporelles-completes.

1. Le total des recettes fiscales a été diminué du montant de tout transfert en capital représentant les impôts non perçus. Le transfert en capital a été réparti entre les différentes rubriques en proportion des recettes fiscales.
2. Depuis 1991, les chiffres se rapportent à l'Allemagne unifiée.

StatLink http://dx.doi.org/10.1787/888933614109

Tableau 3.9. **Impôts sur les bénéfices des sociétés (1200) en % du PIB et en % du total des recettes fiscales**

	% du PIB					% du total des recettes fiscales				
	1990	2000	2010	2014	2015	1990	2000	2010	2014	2015
Australie	4.0	6.2	4.5	4.5	4.3	14.1	20.3	17.9	16.4	15.3
Autriche	1.4	2.0	1.9	2.1	2.3	3.6	4.6	4.6	4.9	5.2
Belgique	2.0	3.1	2.5	3.1	3.3	4.8	7.2	5.9	7.0	7.4
Canada	2.5	4.2	3.2	3.3	3.2	7.0	12.2	10.5	10.6	9.9
Chili	2.1	2.1	4.0	4.2	4.3	12.4	11.2	20.4	21.3	21.0
République tchèque	..	3.2	3.2	3.5	3.6	..	9.9	10.0	10.6	10.8
Danemark[1]	1.7	3.2	2.3	2.8	2.6	3.8	6.8	5.0	5.7	5.6
Estonie	..	0.9	1.3	1.7	2.1	..	2.8	4.0	5.3	6.2
Finlande	1.9	5.7	2.4	1.9	2.2	4.5	12.5	6.0	4.4	4.9
France[1]	2.2	3.0	2.3	2.3	2.1	5.3	6.9	5.6	5.1	4.6
Allemagne[2]	1.7	1.8	1.5	1.7	1.7	4.8	4.8	4.3	4.7	4.7
Grèce[1]	1.4	4.0	2.5	1.9	2.2	5.5	12.0	7.9	5.2	5.9
Hongrie	..	2.2	1.2	1.7	1.8	..	5.7	3.3	4.3	4.6
Islande	0.8	1.2	0.9	3.3	2.4	2.8	3.3	2.7	8.6	6.5
Irlande	1.6	3.6	2.4	2.4	2.6	4.9	11.7	8.7	8.3	11.3
Israël	..	3.3	2.6	3.2	3.0	..	9.6	8.6	10.2	9.5
Italie	3.7	2.8	2.3	2.2	2.0	10.0	6.9	5.5	5.0	4.7
Japon	6.3	3.5	3.1	3.9	3.8	22.4	13.7	11.6	12.9	12.3
Corée	2.4	3.0	3.2	3.2	3.3	12.8	14.1	13.8	12.8	13.1
Lettonie	..	1.5	1.0	1.5	1.6	..	5.3	3.5	5.3	5.5
Luxembourg	5.4	6.6	5.8	4.3	4.4	16.1	18.0	15.4	11.4	11.9
Mexique	..	..	1.9	2.6	3.3	..	..	13.9	18.0	20.1
Pays-Bas	3.0	4.0	2.3	2.6	2.7	7.5	10.9	6.4	6.9	7.2
Nouvelle-Zélande	2.3	4.0	3.7	4.3	4.6	6.5	12.4	12.2	13.1	13.8
Norvège	3.6	8.8	9.9	6.6	4.4	9.0	20.9	23.5	17.1	11.5
Pologne	..	2.4	1.9	1.7	1.8	..	7.3	6.2	5.5	5.7
Portugal	2.1	3.7	2.7	2.8	3.1	8.0	11.9	9.0	8.3	9.0
République slovaque	..	2.6	2.5	3.3	3.7	..	7.7	8.7	10.6	11.5
Slovénie	..	1.1	1.8	1.4	1.5	..	3.1	5.0	3.9	4.0
Espagne[1]	2.8	3.0	1.9	2.1	2.4	8.8	9.1	6.2	6.2	7.0
Suède	1.5	3.7	3.3	2.7	3.0	3.1	7.5	7.6	6.3	6.9
Suisse	1.8	2.4	2.7	2.8	3.0	7.4	8.9	10.1	10.4	10.8
Turquie	1.0	1.7	1.8	1.6	1.4	6.7	7.3	7.3	6.4	5.7
Royaume-Uni	3.3	3.5	2.9	2.5	2.5	9.9	10.6	8.9	7.8	7.5
États-Unis	2.0	2.2	1.8	2.3	2.2	7.5	7.9	7.6	8.8	8.5
Moyenne non pondérée										
Moyenne OCDE	**2.5**	**3.2**	**2.7**	**2.8**	**2.8**	**8.1**	**9.6**	**8.8**	**8.8**	**8.9**

Note : Les séries temporelles complètes sont accessibles sur le site web http://oe.cd/series-temporelles-completes.

1. Le total des recettes fiscales a été diminué du montant de tout transfert en capital représentant les impôts non perçus. Le transfert en capital a été réparti entre les différentes rubriques en proportion des recettes fiscales.
2. Depuis 1991, les chiffres se rapportent à l'Allemagne unifiée.

StatLink http://dx.doi.org/10.1787/888933614128

Tableau 3.10. **Cotisations de sécurité sociale (2000) en % du PIB et en % du total des recettes fiscales**

	% du PIB					% du total des recettes fiscales				
	1990	2000	2010	2014	2015	1990	2000	2010	2014	2015
Australie	0.0	0.0	0.0	0.0	0.0	0.0	0.0	0.0	0.0	0.0
Autriche	12.9	14.3	14.1	14.6	14.7	32.9	33.8	34.2	34.0	33.6
Belgique	13.7	13.4	13.8	14.2	14.3	33.2	30.8	32.4	31.7	31.9
Canada	4.3	4.7	4.6	4.7	4.8	12.1	13.6	14.9	15.1	15.1
Chili	1.5	1.4	1.3	1.4	1.4	9.0	7.3	6.8	7.2	6.9
République tchèque	..	14.4	14.5	14.5	14.4	..	44.3	44.8	43.8	43.1
Danemark[1]	0.0	0.6	0.1	0.1	0.1	0.0	1.4	0.2	0.1	0.1
Estonie	..	10.9	12.8	11.0	11.3	..	35.1	38.4	33.6	33.4
Finlande	11.0	11.6	12.1	12.7	12.7	25.6	25.2	29.7	28.9	28.9
France[1]	18.1	15.5	16.1	16.9	16.8	44.1	36.0	38.4	37.4	37.1
Allemagne[2]	13.0	14.1	13.7	13.9	14.0	37.5	39.0	39.2	37.8	37.6
Grèce[1]	7.6	10.1	10.9	10.4	10.7	30.2	30.3	34.2	29.1	29.4
Hongrie	..	11.3	11.8	12.4	12.6	..	29.3	31.4	32.6	32.4
Islande	0.9	2.8	3.9	3.7	3.6	3.1	7.7	11.8	9.5	9.8
Irlande	4.6	3.6	5.0	4.9	3.9	14.1	11.8	18.6	17.3	16.8
Israël	..	5.1	5.2	5.1	5.1	..	14.6	16.9	16.3	16.4
Italie	12.0	11.6	13.0	12.9	13.0	32.9	28.5	31.1	29.8	30.1
Japon	7.5	9.1	10.9	12.0	12.1	26.5	35.2	41.1	39.7	39.4
Corée	1.9	3.6	5.5	6.6	6.7	10.1	16.7	23.3	26.9	26.6
Lettonie	..	9.8	8.7	8.4	8.3	..	33.5	30.8	29.1	28.7
Luxembourg	9.2	9.6	10.8	10.7	10.7	27.5	26.1	29.0	28.5	29.0
Mexique	2.1	2.3	2.1	2.2	2.2	16.8	17.2	15.7	15.4	13.9
Pays-Bas	15.0	14.4	13.1	14.9	14.1	37.4	38.7	36.3	39.6	37.8
Nouvelle-Zélande	0.0	0.0	0.0	0.0	0.0	0.0	0.0	0.0	0.0	0.0
Norvège	10.6	8.8	9.4	10.0	10.5	26.3	20.9	22.4	25.6	27.3
Pologne	..	12.9	10.8	12.2	12.5	..	39.2	34.4	38.2	38.5
Portugal	7.2	7.9	8.6	9.0	9.0	27.2	25.5	28.3	26.3	26.1
République slovaque	..	14.0	12.1	13.4	13.8	..	41.5	43.0	43.0	42.7
Slovénie	..	13.9	14.8	14.4	14.5	..	38.0	40.2	39.4	39.7
Espagne[1]	11.2	11.6	11.7	11.6	11.4	35.4	34.9	37.5	34.5	33.8
Suède	13.5	12.9	10.9	9.9	9.7	27.2	26.3	25.3	23.2	22.4
Suisse	5.6	6.7	6.3	6.7	6.8	23.5	24.3	23.9	24.9	24.6
Turquie	2.9	4.4	6.2	7.0	7.3	19.7	18.7	24.9	28.5	29.0
Royaume-Uni	5.6	5.6	6.2	6.0	6.1	17.0	16.8	19.0	18.6	18.7
États-Unis	6.6	6.6	6.1	6.2	6.2	25.6	23.6	26.1	23.9	23.7
Moyenne non pondérée										
Moyenne OCDE	**7.4**	**8.6**	**8.8**	**9.0**	**9.0**	**22.0**	**24.7**	**26.4**	**26.0**	**25.8**

Note : Les séries temporelles complètes sont accessibles sur le site web http://oe.cd/series-temporelles-completes.

1. Le total des recettes fiscales a été diminué du montant de tout transfert en capital représentant les impôts non perçus. Le transfert en capital a été réparti entre les différentes rubriques en proportion des recettes fiscales.
2. Depuis 1991, les chiffres se rapportent à l'Allemagne unifiée.

StatLink http://dx.doi.org/10.1787/888933614147

Tableau 3.11. **Impôts sur les salaires ou la main-d'oeuvre (3000) en % du PIB et en % du total des recettes fiscales**

	% du PIB					% du total des recettes fiscales				
	1990	2000	2010	2014	2015	1990	2000	2010	2014	2015
Australie	1.7	1.4	1.3	1.4	1.4	6.1	4.5	5.2	5.1	5.0
Autriche	2.4	2.7	2.8	3.0	3.0	6.0	6.4	6.9	6.9	6.8
Belgique	0.0	0.0	0.0	0.0	0.0	0.0	0.0	0.0	0.0	0.0
Canada	0.8	0.7	0.6	0.6	0.7	2.3	2.1	2.1	2.1	2.0
Chili	0.0	0.0	0.0	0.0	0.0	0.0	0.0	0.0	0.0	0.0
République tchèque	..	0.0	0.0	0.0	0.0	..	0.0	0.0	0.0	0.0
Danemark[1]	0.3	0.2	0.2	0.3	0.3	0.7	0.4	0.5	0.6	0.6
Estonie	..	0.0	0.0	0.0	0.0	..	0.0	0.0	0.0	0.0
Finlande	0.0	0.0	0.0	0.0	0.0	0.0	0.0	0.0	0.0	0.0
France[1]	0.8	1.0	1.3	1.6	1.6	1.9	2.3	3.2	3.5	3.5
Allemagne[2]	0.0	0.0	0.0	0.0	0.0	0.0	0.0	0.0	0.0	0.0
Grèce[1]	0.2	0.0	0.0	0.0	0.0	0.7	0.0	0.0	0.0	0.0
Hongrie	..	1.4	0.4	0.6	0.6	..	3.6	1.1	1.5	1.5
Islande	1.1	0.0	0.2	0.3	0.3	3.5	0.1	0.5	0.9	0.8
Irlande	0.4	0.0	0.2	0.2	0.1	1.3	0.0	0.7	0.6	0.6
Israël	..	1.3	1.2	1.2	1.2	..	3.6	3.8	3.9	3.8
Italie	0.1	0.0	0.0	0.0	0.0	0.3	0.0	0.0	0.0	0.0
Japon	0.0	0.0	0.0	0.0	0.0	0.0	0.0	0.0	0.0	0.0
Corée	0.1	0.0	0.1	0.1	0.1	0.4	0.2	0.2	0.3	0.3
Lettonie	..	0.0	0.0	0.0	0.0	..	0.0	0.1	0.0	0.0
Luxembourg	0.0	0.0	0.0	0.0	0.0	0.0	0.0	0.0	0.0	0.0
Mexique	0.2	0.2	0.3	0.4	0.4	1.8	1.4	2.1	2.6	2.4
Pays-Bas	0.0	0.0	0.0	0.0	0.0	0.0	0.0	0.0	0.0	0.0
Nouvelle-Zélande	0.0	0.0	0.0	0.0	0.0	0.0	0.0	0.0	0.0	0.0
Norvège	0.0	0.0	0.0	0.0	0.0	0.0	0.0	0.0	0.0	0.0
Pologne	..	0.2	0.3	0.2	0.2	..	0.7	0.8	0.7	0.7
Portugal	0.0	0.0	0.0	0.0	0.0	0.0	0.0	0.0	0.0	0.0
République slovaque	..	0.0	0.0	0.0	0.0	..	0.0	0.0	0.0	0.0
Slovénie	..	1.5	0.1	0.1	0.1	..	4.2	0.2	0.1	0.1
Espagne[1]	0.0	0.0	0.0	0.0	0.0	0.0	0.0	0.0	0.0	0.0
Suède	1.2	2.1	3.1	4.5	4.6	2.5	4.3	7.1	10.6	10.7
Suisse	0.0	0.0	0.0	0.0	0.0	0.0	0.0	0.0	0.0	0.0
Turquie	0.0	0.0	0.0	0.0	0.0	0.0	0.0	0.0	0.0	0.0
Royaume-Uni	0.0	0.0	0.0	0.0	0.0	0.0	0.0	0.0	0.0	0.0
États-Unis	0.0	0.0	0.0	0.0	0.0	0.0	0.0	0.0	0.0	0.0
Moyenne non pondérée										
Moyenne OCDE	**0.3**	**0.4**	**0.3**	**0.4**	**0.4**	**1.0**	**1.0**	**1.0**	**1.1**	**1.1**

Note : Les séries temporelles complètes sont accessibles sur le site web http://oe.cd/series-temporelles-completes.

1. Le total des recettes fiscales a été diminué du montant de tout transfert en capital représentant les impôts non perçus. Le transfert en capital a été réparti entre les différentes rubriques en proportion des recettes fiscales.
2. Depuis 1991, les chiffres se rapportent à l'Allemagne unifiée.

StatLink http://dx.doi.org/10.1787/888933614166

Tableau 3.12. **Impôts sur le patrimoine (4000) en % du PIB et en % du total des recettes fiscales**

	% du PIB					% du total des recettes fiscales				
	1990	2000	2010	2014	2015	1990	2000	2010	2014	2015
Australie	2.5	2.7	2.4	2.8	3.0	9.0	8.8	9.3	10.2	10.7
Autriche	1.1	0.6	0.5	0.6	0.6	2.7	1.3	1.3	1.4	1.3
Belgique	1.6	2.0	3.1	3.6	3.5	3.8	4.7	7.2	7.9	7.8
Canada	3.5	3.3	3.8	3.7	3.8	10.0	9.5	12.3	11.7	11.8
Chili	1.0	1.3	0.8	0.8	0.9	6.2	7.0	4.1	4.2	4.4
République tchèque	..	0.5	0.4	0.5	0.5	..	1.4	1.3	1.4	1.4
Danemark[1]	1.9	1.6	1.8	1.8	1.9	4.3	3.3	4.1	3.7	4.1
Estonie	..	0.4	0.3	0.3	0.3	..	1.2	1.0	0.9	0.8
Finlande	1.1	1.1	1.1	1.3	1.4	2.4	2.4	2.7	3.0	3.3
France[1]	2.6	2.9	3.5	3.9	4.0	6.3	6.9	8.4	8.6	9.0
Allemagne[2]	1.2	0.8	0.8	1.0	1.1	3.4	2.3	2.3	2.6	2.9
Grèce[1]	1.2	2.0	1.7	2.9	3.1	4.6	6.1	5.2	8.0	8.5
Hongrie	..	0.7	1.2	1.3	1.3	..	1.7	3.1	3.4	3.3
Islande	2.5	2.8	2.3	2.5	2.0	8.4	7.9	7.0	6.4	5.4
Irlande	1.5	1.8	1.4	2.2	1.5	4.6	5.7	5.3	7.6	6.4
Israël	..	3.1	3.3	3.1	3.3	..	9.0	10.7	10.0	10.6
Italie	0.8	1.9	2.0	2.9	2.8	2.3	4.6	4.8	6.6	6.5
Japon	2.7	2.7	2.6	2.6	2.5	9.4	10.5	9.7	8.5	8.2
Corée	2.2	2.7	2.6	2.7	3.1	11.8	12.4	11.3	11.0	12.4
Lettonie	..	1.1	0.9	1.0	1.0	..	3.8	3.1	3.6	3.4
Luxembourg	2.8	3.9	2.6	2.9	3.3	8.4	10.7	7.1	7.8	8.9
Mexique	0.2	0.2	0.3	0.3	0.3	1.9	1.7	2.2	2.2	2.0
Pays-Bas	1.5	2.0	1.4	1.4	1.4	3.7	5.3	3.8	3.9	3.8
Nouvelle-Zélande	2.5	1.7	2.0	2.0	2.0	6.8	5.3	6.6	6.1	6.1
Norvège	1.2	1.0	1.2	1.2	1.1	2.9	2.3	2.8	3.2	2.9
Pologne	..	1.4	1.3	1.4	1.4	..	4.3	4.2	4.4	4.2
Portugal	0.7	1.1	1.1	1.2	1.3	2.7	3.7	3.5	3.6	3.7
République slovaque	..	0.6	0.4	0.4	0.4	..	1.8	1.5	1.4	1.3
Slovénie	..	0.6	0.6	0.6	0.6	..	1.7	1.7	1.7	1.7
Espagne[1]	1.7	2.1	2.1	2.5	2.6	5.5	6.4	6.6	7.4	7.7
Suède	1.7	1.7	1.0	1.1	1.0	3.5	3.4	2.4	2.5	2.4
Suisse	1.9	2.5	1.9	1.8	1.9	8.1	9.0	7.0	6.6	6.7
Turquie	0.3	0.7	1.0	1.2	1.2	2.3	3.2	4.1	4.9	4.9
Royaume-Uni	2.7	3.8	3.9	4.1	4.1	8.2	11.5	12.0	12.7	12.6
États-Unis	3.0	2.9	3.1	2.8	2.7	11.6	10.2	13.1	10.7	10.3
Moyenne non pondérée										
Moyenne OCDE	**1.8**	**1.8**	**1.7**	**1.9**	**1.9**	**5.7**	**5.5**	**5.5**	**5.7**	**5.8**

Note : Les séries temporelles complètes sont accessibles sur le site web http://oe.cd/series-temporelles-completes.

1. Le total des recettes fiscales a été diminué du montant de tout transfert en capital représentant les impôts non perçus. Le transfert en capital a été réparti entre les différentes rubriques en proportion des recettes fiscales.
2. Depuis 1991, les chiffres se rapportent à l'Allemagne unifiée.

StatLink http://dx.doi.org/10.1787/888933614185

Tableau 3.13. **Impôts sur les biens et services (5000) en % du PIB en % du total des recettes fiscales**

	% du PIB					% du total des recettes fiscales				
	1990	2000	2010	2014	2015	1990	2000	2010	2014	2015
Australie	7.8	8.7	7.4	7.5	7.8	27.8	28.7	29.1	27.1	27.5
Autriche	12.4	12.3	11.7	11.9	11.9	31.5	28.9	28.4	27.6	27.3
Belgique	10.7	10.9	10.8	10.8	10.7	26.1	25.0	25.3	23.9	23.8
Canada	9.1	8.4	7.3	7.1	7.4	25.8	24.2	24.0	22.8	23.1
Chili	10.6	12.0	10.0	10.8	11.1	62.9	63.8	51.2	55.3	54.1
République tchèque	..	10.2	10.8	10.9	11.2	..	31.5	33.2	32.9	33.5
Danemark[1]	15.1	15.5	14.9	14.5	14.5	33.9	33.1	33.3	29.9	31.6
Estonie	..	12.1	13.4	13.8	14.2	..	38.8	40.2	42.1	41.8
Finlande	14.0	13.3	13.0	14.4	14.2	32.5	29.0	31.8	32.8	32.4
France[1]	11.6	11.1	10.5	10.9	11.0	28.4	25.9	24.9	24.1	24.3
Allemagne[2]	9.3	10.2	10.3	10.4	10.3	26.7	28.1	29.5	28.2	27.8
Grèce[1]	11.2	12.1	12.3	14.0	14.3	44.5	36.3	38.3	38.9	39.4
Hongrie	..	15.6	16.1	16.7	17.1	..	40.5	42.9	43.7	43.8
Islande	15.5	16.0	11.7	12.0	11.9	51.3	44.1	35.2	31.0	32.4
Irlande	13.6	11.7	9.8	9.6	7.5	41.9	38.2	36.2	33.7	32.6
Israël	..	11.6	12.1	12.2	11.9	..	33.1	39.4	39.1	38.0
Italie	10.2	11.3	11.0	11.8	11.8	28.0	27.9	26.3	27.1	27.3
Japon	3.9	5.0	5.0	6.0	6.4	13.7	19.3	18.7	19.8	21.0
Corée	8.3	8.2	7.9	7.4	7.1	44.3	38.4	33.7	30.0	28.0
Lettonie	..	11.2	11.2	11.8	12.0	..	38.6	39.9	40.9	41.3
Luxembourg	7.9	9.7	10.2	10.8	9.4	23.6	26.3	27.3	28.9	25.5
Mexique	5.4	5.8	5.3	5.5	6.3	44.0	44.3	39.9	38.3	38.6
Pays-Bas	10.6	10.7	11.1	11.1	11.1	26.4	28.9	30.8	29.6	29.6
Nouvelle-Zélande	12.1	11.3	12.0	12.5	12.7	33.6	34.7	39.6	38.5	38.4
Norvège	14.3	13.3	11.6	11.2	11.6	35.5	31.8	27.7	28.8	30.4
Pologne	..	11.6	12.6	11.6	11.7	..	35.3	40.1	36.3	35.9
Portugal	11.7	12.5	12.2	13.0	13.3	44.2	40.3	40.2	38.0	38.4
République slovaque	..	12.2	10.1	10.6	10.9	..	36.2	35.8	34.1	33.7
Slovénie	..	13.8	13.8	14.7	14.6	..	37.6	37.3	40.4	40.0
Espagne[1]	9.0	10.0	8.5	9.8	10.0	28.4	30.0	27.2	29.0	29.7
Suède	12.4	12.1	12.7	12.1	12.2	25.0	24.8	29.3	28.4	28.1
Suisse	4.9	6.1	6.1	6.0	6.0	20.8	22.1	23.1	22.4	21.8
Turquie	4.1	9.9	11.8	10.8	11.1	27.9	42.0	47.7	44.1	44.3
Royaume-Uni	10.2	10.5	10.0	10.7	10.7	31.0	31.6	30.8	33.1	32.9
États-Unis	4.6	4.6	4.3	4.5	4.5	17.6	16.1	18.3	17.3	17.0
Moyenne non pondérée										
Moyenne OCDE	**10.0**	**10.9**	**10.6**	**10.8**	**10.9**	**32.5**	**33.0**	**33.0**	**32.5**	**32.4**

Note : Les séries temporelles complètes sont accessibles sur le site web http://oe.cd/series-temporelles-completes.

1. Le total des recettes fiscales a été diminué du montant de tout transfert en capital représentant les impôts non perçus. Le transfert en capital a été réparti entre les différentes rubriques en proportion des recettes fiscales.
2. Depuis 1991, les chiffres se rapportent à l'Allemagne unifiée.

StatLink http://dx.doi.org/10.1787/888933614204

Tableau 3.14. **Taxes sur la valeur ajoutée (5111) en % du PIB en % du total des recettes fiscales**

	% du PIB					% du total des recettes fiscales				
	1990	2000	2010	2014	2015	1990	2000	2010	2014	2015
Australie	0.0	3.4	3.4	3.5	3.7	0.0	11.1	13.4	12.7	13.0
Autriche	8.2	7.9	7.7	7.7	7.7	20.8	18.7	18.7	17.9	17.7
Belgique	6.8	7.0	6.9	6.9	6.7	16.4	16.1	16.2	15.3	15.0
Canada	0.0	3.2	4.2	4.1	4.2	0.0	9.2	13.7	13.2	13.2
Chili	6.3	7.9	7.5	8.2	8.4	37.4	41.8	38.5	41.6	40.8
République tchèque	..	5.9	6.6	7.4	7.3	..	18.3	20.5	22.4	21.7
Danemark[1]	8.4	9.2	9.4	9.2	9.2	18.9	19.5	21.1	19.0	20.0
Estonie	..	8.4	8.5	8.7	9.2	..	27.1	25.7	26.4	27.3
Finlande	8.3	8.0	8.3	9.2	9.1	19.3	17.4	20.4	21.0	20.6
France[1]	7.6	7.2	6.8	6.9	6.9	18.4	16.7	16.1	15.2	15.3
Allemagne[2]	5.8	6.7	7.0	6.9	7.0	16.6	18.4	20.0	18.9	18.8
Grèce[1]	6.2	6.9	7.1	7.1	7.3	24.6	20.8	22.0	19.9	20.1
Hongrie	..	8.7	8.6	9.3	9.7	..	22.4	22.9	24.4	24.9
Islande	8.6	10.3	7.6	8.0	8.3	28.5	28.5	22.7	20.8	22.6
Irlande	6.6	7.1	6.0	5.9	4.6	20.4	22.9	22.2	20.8	19.7
Israël	..	7.4	7.5	7.9	7.8	..	21.1	24.4	25.5	24.9
Italie	5.3	6.3	6.1	6.0	6.1	14.7	15.4	14.5	13.8	14.2
Japon	1.2	2.3	2.5	3.7	4.2	4.4	9.1	9.6	12.2	13.7
Corée	3.5	3.7	4.1	4.2	3.8	18.7	17.0	17.5	17.2	15.3
Lettonie	..	7.0	6.7	7.6	7.7	..	23.9	23.9	26.3	26.5
Luxembourg	4.0	4.9	6.4	7.4	6.5	12.1	13.4	17.0	19.7	17.6
Mexique	3.2	3.1	3.8	3.9	3.9	26.1	23.6	28.5	27.2	23.9
Pays-Bas	6.6	6.4	6.8	6.4	6.6	16.5	17.3	18.7	17.2	17.6
Nouvelle-Zélande	8.1	8.1	9.3	9.7	9.8	22.4	24.9	30.7	29.9	29.7
Norvège	7.6	8.2	7.8	7.8	8.2	18.8	19.7	18.5	20.0	21.4
Pologne	..	6.9	7.6	7.1	7.0	..	21.0	24.2	22.3	21.6
Portugal	5.2	7.6	7.5	8.5	8.6	19.6	24.4	24.7	24.8	24.8
République slovaque	..	6.9	6.2	6.6	6.9	..	20.4	22.0	21.2	21.3
Slovénie	..	8.5	8.1	8.5	8.4	..	23.3	21.9	23.2	22.9
Espagne[1]	5.0	5.9	5.3	6.2	6.4	15.7	17.7	16.9	18.3	19.0
Suède	7.4	8.3	9.2	9.0	9.1	14.9	16.9	21.2	21.1	20.9
Suisse	2.8	3.6	3.4	3.5	3.4	11.7	13.2	12.8	12.9	12.4
Turquie	2.7	5.7	5.4	5.0	5.2	18.3	24.2	21.7	20.4	20.6
Royaume-Uni	5.5	5.9	6.1	6.8	6.9	16.9	17.9	18.7	21.2	21.2
États-Unis	0.0	0.0	0.0	0.0	0.0	0.0	0.0	0.0	0.0	0.0
Moyenne non pondérée										
Moyenne OCDE	**5.2**	**6.4**	**6.4**	**6.7**	**6.7**	**16.7**	**19.2**	**20.0**	**20.1**	**20.0**

Note : Les séries temporelles complètes sont accessibles sur le site web http://oe.cd/series-temporelles-completes.

1. Le total des recettes fiscales a été diminué du montant de tout transfert en capital représentant les impôts non perçus. Le transfert en capital a été réparti entre les différentes rubriques en proportion des recettes fiscales.
2. Depuis 1991, les chiffres se rapportent à l'Allemagne unifiée.

StatLink http://dx.doi.org/10.1787/888933614223

Tableau 3.15. Recettes fiscales des sous-secteurs de l'administration en % du total des recettes fiscales

	Supranationale			Administration centrale			Administrations d'États fédérés/Régions			Administrations locales			Administrations de sécurité sociale		
	1975	1995	2015	1975	1995	2015	1975	1995	2015	1975	1995	2015	1975	1995	2015
Pays fédéraux															
Australie	..	..	..	80.1	77.5	79.3	15.7	19.0	17.1	4.2	3.4	3.6	0.0	0.0	0.0
Autriche	..	0.0	0.4	51.7	65.1	67.0	10.6	1.8	1.5	12.4	4.1	3.0	25.3	29.0	28.0
Belgique	1.4	1.0	0.9	65.3	60.1	54.3	..	1.8	7.7	4.4	4.8	4.9	28.8	32.2	32.2
Canada	..	..	..	47.6	39.1	40.9	32.5	37.1	39.5	9.9	9.8	10.3	10.0	14.0	9.2
Allemagne	1.2	0.6	0.5	33.5	31.4	30.6	22.3	21.6	23.0	9.0	7.4	8.3	34.0	39.0	37.6
Mexique	..	..	..	..	73.9	80.4	..	2.8	4.2	..	1.5	1.6	..	21.8	13.9
Suisse	..	..	..	30.7	31.6	35.8	27.0	23.8	24.5	20.3	17.6	15.2	22.0	27.0	24.6
États-Unis	..	..	..	45.4	41.4	43.3	19.5	20.0	19.4	14.7	13.3	13.6	20.5	25.2	23.7
Moyenne non pondérée	1.3	0.6	0.6	50.6	52.5	54.0	21.3	16.0	17.1	10.7	7.7	7.5	20.1	23.5	21.1
Pays régional															
Espagne[1,2]	..	0.5	0.5	48.2	51.3	42.5	..	4.8	14.0	4.3	8.8	9.9	47.5	34.6	33.1
Pays unitaires															
Chili	..	..	..	..	89.9	86.9	..	..	..	..	6.5	7.6	..	3.6	5.6
République tchèque	..	..	0.5	..	57.7	55.3	..	..	..	..	0.9	1.2	..	41.4	43.1
Danemark[2]	1.1	0.5	0.4	68.9	68.2	72.8	..	..	..	30.0	31.3	26.8	0.1	0.0	0.1
Estonie	..	..	0.5	..	84.3	82.3	..	..	..	..	0.8	1.0	..	14.9	16.2
Finlande	..	0.4	0.3	56.0	46.6	47.1	..	..	..	23.5	22.3	23.7	20.4	30.8	28.9
France[2]	0.7	0.4	0.2	51.2	42.3	33.3	..	..	..	7.6	11.0	13.2	40.6	46.3	53.3
Grèce[2]	..	0.6	0.3	67.1	66.8	68.6	..	..	..	3.4	0.9	2.4	29.5	31.7	28.7
Hongrie	..	..	0.3	..	63.8	60.8	..	..	..	..	2.5	5.8	..	33.6	33.1
Islande	..	..	..	81.3	79.2	74.4	..	..	..	18.7	20.8	25.6	0.0	0.0	0.0
Irlande	2.3	1.5	0.5	77.4	83.1	83.0	..	..	..	7.3	2.7	2.4	13.1	12.7	14.0
Israël	..	..	..	..	79.6	75.5	..	..	..	..	6.4	8.1	..	14.0	16.4
Italie	..	0.4	0.3	53.2	62.7	53.1	..	..	..	0.9	5.4	16.5	45.9	31.5	30.1
Japon	..	..	..	45.5	41.2	36.7	..	..	..	25.6	25.2	23.9	29.0	33.6	39.4
Corée	..	..	..	89.0	69.2	55.4	..	..	..	10.1	18.7	18.0	0.9	12.1	26.6
Lettonie	..	..	0.6	..	43.5	51.3	..	..	..	..	19.5	19.4	..	36.9	28.7
Luxembourg	0.8	0.4	0.1	63.6	66.5	68.3	..	..	..	6.7	6.5	3.5	29.0	26.6	28.1
Pays-Bas	1.5	1.3	1.0	58.9	56.0	57.4	..	..	..	1.2	3.1	3.8	38.4	39.5	37.8
Nouvelle-Zélande	..	..	..	92.3	94.7	93.2	..	..	..	7.7	5.3	6.8	0.0	0.0	0.0
Norvège	..	..	..	50.6	58.4	84.7	..	..	..	22.4	19.6	15.3	27.0	22.0	0.0
Pologne	..	..	0.5	..	61.9	48.1	..	..	..	..	8.3	12.9	..	29.8	38.5
Portugal	..	0.8	0.3	65.4	72.3	67.8	..	..	..	0.0	5.4	7.2	34.6	21.5	24.7
République slovaque	..	..	0.5	..	62.5	55.8	..	..	..	..	1.3	2.0	..	36.2	41.7
Slovénie	..	..	0.4	..	51.8	50.7	..	..	..	..	6.3	9.6	..	41.9	39.3
Suède	..	0.4	0.3	51.3	46.9	51.3	..	..	..	29.2	30.9	36.0	19.5	21.8	12.4
Turquie	..	..	..	..	75.1	61.3	..	..	..	..	12.8	9.6	..	12.1	29.0
Royaume-Uni	1.0	1.0	0.5	70.5	77.5	75.9	..	..	..	11.1	3.7	4.9	17.5	17.8	18.7
Moyenne non pondérée	1.2	0.7	0.4	65.1	65.5	63.5	..	..	..	12.8	10.7	11.8	21.6	23.5	24.4

1. L'Espagne est constitutionnellement un pays non fédéral mais avec une structure politique très décentralisée.
2. Le total des recettes fiscales a été diminué du montant de tout transfert en capital représentant les impôts non perçus.

StatLink http://dx.doi.org/10.1787/888933614242

Tableau 3.16. **Principales recettes de l'administration centrale en % du total des recettes fiscales de l'administration centrale, 2015**

	1000 Revenu & bénéfices	2000 Sécurité sociale[2]	3000 Salaires	4000 Patrimoine	5000 Biens & services	6000 Autres
Pays fédéraux						
Australie	71.5	0.0	0.2	0.0	28.3	0.0
Autriche	43.9	7.6	6.9	1.3	39.8	0.5
Belgique	57.2	2.3	0.0	1.9	38.6	0.0
Canada	71.1	9.1	0.0	0.0	19.8	0.0
Allemagne	41.7	0.0	0.0	0.6	57.8	0.0
Mexique	51.8	0.0	0.0	0.0	47.0	1.2
Suisse	41.2	0.0	0.0	2.6	56.2	0.0
États-Unis	92.2	0.0	0.0	1.0	6.8	0.0
Moyenne non pondérée	58.8	2.4	0.9	0.9	36.8	0.2
Pays régional						
Espagne[1]	40.3	2.2	0.0	0.7	56.7	0.1
Pays unitaires						
Chili	41.9	1.5	0.0	1.3	57.3	-2.1
République tchèque	38.9	0.0	0.0	1.4	59.6	0.0
Danemark[1]	54.4	0.1	0.8	1.6	43.0	0.0
Estonie	28.5	20.9	0.0	0.0	50.6	0.0
Finlande	28.0	0.0	0.0	3.3	68.6	0.2
France[1]	36.6	2.4	1.4	6.1	52.9	0.6
Grèce	32.7	1.7	0.0	9.0	56.6	0.0
Hongrie	28.7	1.8	2.3	3.6	63.0	0.5
Islande	34.9	13.2	1.1	1.5	43.0	6.4
Irlande	51.8	3.1	0.7	5.0	39.3	0.0
Israël	41.4	0.0	5.0	3.9	49.8	0.0
Italie	51.9	0.0	0.0	5.9	42.2	0.0
Japon	52.7	0.0	0.0	5.0	42.3	0.0
Corée	48.7	0.0	0.0	7.0	42.7	1.6
Lettonie	18.7	0.0	0.1	1.2	80.0	0.0
Luxembourg	48.6	1.3	0.0	12.6	37.2	0.2
Pays-Bas	48.3	0.0	0.0	3.2	48.2	0.3
Nouvelle-Zélande	59.5	0.0	0.0	0.1	40.3	0.0
Norvège	30.7	32.2	0.0	1.4	35.7	0.0
Pologne	25.4	0.0	1.4	0.0	73.2	0.0
Portugal	41.6	5.0	0.0	0.5	51.1	1.9
République slovaque	39.1	1.8	0.0	0.0	59.1	0.0
Slovénie	21.4	0.8	0.3	0.0	77.5	0.0
Suède	1.5	19.5	20.9	3.0	54.9	0.1
Turquie	29.1	0.0	0.0	5.6	64.2	1.1
Royaume-Uni	46.5	0.0	0.0	10.1	43.4	0.0
Moyenne non pondérée	37.7	4.1	1.3	3.6	52.9	0.4

Note : Sont exclues les cotisations de sécurité sociale versées aux administrations de sécurité sociale.

1. Le total des recettes fiscales a été diminué du montant de tout transfert en capital représentant les impôts non perçus. Le transfert en capital a été réparti entre les différentes rubriques en proportion des recettes fiscales.
2. Ne sont incluses que les cotisations de sécurité sociale versées à l'administration centrale.

StatLink *http://dx.doi.org/10.1787/888933614261*

Tableau 3.17. **Principaux impôts des administrations d'États fédérés en % du total des recettes fiscales des administrations d'États fédérés, 2015**

	1000 Revenu & bénéfices	2000 Sécurité sociale	3000 Salaires	4000 Patrimoine	5000 Biens & services	6000 Autres
Pays fédéraux						
Australie	0.0	0.0	28.7	41.7	29.6	0.0
Autriche[1]	47.2	22.2	8.9	1.9	15.1	4.7
Belgique[1]	31.0	0.1	0.0	50.0	18.6	0.3
Canada	47.4	5.5	5.2	4.6	37.4	0.0
Allemagne[1]	51.7	0.0	0.0	6.8	41.6	0.0
Mexique	0.0	0.0	56.8	18.2	19.7	5.2
Suisse	78.4	0.0	0.0	14.5	6.6	0.5
États-Unis	42.3	0.0	0.0	2.0	55.6	0.0
Moyenne non pondérée	37.3	3.5	12.4	17.5	28.0	1.3
Pays régional						
Espagne[1,2,3]	68.1	0.0	0.0	20.7	11.2	0.0
Pays unitaires						
Chili	..	..	..	..	..	..
République tchèque	..	..	..	..	..	..
Danemark	..	..	..	..	..	..
Estonie	..	..	..	..	..	..
Finlande	..	..	..	..	..	..
France	..	..	..	..	..	..
Grèce	..	..	..	..	..	..
Hongrie	..	..	..	..	..	..
Islande	..	..	..	..	..	..
Irlande	..	..	..	..	..	..
Israël	..	..	..	..	..	..
Italie	..	..	..	..	..	..
Japon	..	..	..	..	..	..
Corée	..	..	..	..	..	..
Lettonie	..	..	..	..	..	..
Luxembourg	..	..	..	..	..	..
Pays-Bas	..	..	..	..	..	..
Nouvelle-Zélande	..	..	..	..	..	..
Norvège	..	..	..	..	..	..
Pologne	..	..	..	..	..	..
Portugal	..	..	..	..	..	..
République slovaque	..	..	..	..	..	..
Slovénie	..	..	..	..	..	..
Suède	..	..	..	..	..	..
Turquie	..	..	..	..	..	..
Royaume-Uni	..	..	..	..	..	..
Moyenne non pondérée	..	..	..	..	..	..

1. Les versements à L'Union européenne ne sont pas retenus dans ces comparaisons.
2. Le total des recettes fiscales a été diminué du montant de tout transfert en capital représentant les impôts non perçus. Le transfert en capital a été réparti entre les différentes rubriques en proportion des recettes fiscales.
3. L'Espagne est constitutionnellement un pays non fédéral mais avec une structure politique très décentralisée.

StatLink http://dx.doi.org/10.1787/888933614280

Tableau 3.18. **Principaux impôts locaux en % du total des recettes fiscales des administrations locales, 2015**

	1000 Revenu & bénéfices	2000 Sécurité sociale	3000 Salaires	4000 Patrimoine	5000 Biens & services	6000 Autres
Pays fédéraux						
Australie	0.0	0.0	0.0	100.0	0.0	0.0
Autriche[1]	0.0	6.1	67.7	15.3	8.0	2.9
Belgique[1]	34.2	0.3	0.0	57.6	8.0	0.0
Canada	0.0	0.0	0.0	97.2	1.7	1.1
Allemagne[1]	79.2	0.0	0.0	14.2	6.4	0.2
Mexique	0.0	0.0	0.0	75.3	1.7	23.0
Suisse	82.8	0.0	0.0	14.7	0.5	2.1
États-Unis	6.3	0.0	0.0	69.8	23.8	0.0
Moyenne non pondérée	25.3	0.8	8.5	55.5	6.3	3.7
Pays régional						
Espagne[1,2]	15.6	0.0	0.0	46.0	38.2	0.2
Pays unitaires						
Chili	0.0	0.0	0.0	42.4	57.6	0.0
République tchèque[1]	0.0	0.0	0.0	57.1	42.9	0.0
Danemark[1,3]	88.7	0.0	0.0	11.3	0.0	0.0
Estonie[1]	0.0	0.0	0.0	83.8	16.2	0.0
Finlande[1]	92.6	0.1	0.0	7.3	0.0	0.0
France[1,3]	0.0	0.0	7.1	52.5	23.6	16.8
Grèce[1]	0.0	0.0	0.0	93.8	6.2	0.0
Hongrie[1]	0.0	0.0	0.0	18.9	81.1	0.0
Islande	82.0	0.0	0.0	16.7	1.4	0.0
Irlande[1]	0.0	8.6	0.0	91.4	0.0	0.0
Israël	0.0	0.0	0.0	95.1	4.9	0.0
Italie[1]	25.8	0.0	0.0	20.3	29.9	23.9
Japon	49.5	0.0	0.0	26.6	22.9	1.1
Corée	18.3	0.0	1.6	47.1	24.2	8.7
Lettonie[1]	84.3	0.0	0.0	14.4	1.3	0.0
Luxembourg[1]	90.3	0.0	0.0	8.1	1.4	0.2
Pays-Bas[1]	0.0	0.0	0.0	52.2	47.8	0.0
Nouvelle-Zélande	0.0	0.0	0.0	88.9	11.1	0.0
Norvège	87.4	0.0	0.0	11.5	1.1	0.0
Pologne[1]	60.8	0.0	0.0	32.8	5.5	0.9
Portugal[1]	27.7	0.4	0.0	46.5	25.1	0.3
République slovaque[1]	0.0	0.0	0.0	64.8	35.2	0.0
Slovénie[1]	75.2	0.0	0.0	17.7	7.1	0.0
Suède[1]	97.6	0.0	0.0	2.4	0.0	0.0
Turquie	25.6	0.0	0.0	14.8	50.8	8.8
Royaume-Uni[1]	0.0	0.0	0.0	100.0	0.0	0.0
Moyenne non pondérée	34.8	0.3	0.3	43.0	19.1	2.3

1. Les versements à L'Union européenne ne sont pas retenus dans ces comparaisons.
2. L'Espagne est constitutionnellement un pays non fédéral mais avec une structure politique très décentralisée.
3. Le total des recettes fiscales a été diminué du montant de tout transfert en capital représentant les impôts non perçus. Le transfert en capital a été réparti entre les différentes rubriques en proportion des recettes fiscales.

StatLink http://dx.doi.org/10.1787/888933614299

Tableau 3.19. **Produit intérieur brut pour les années de déclaration fiscale au prix du marché, en milliards de monnaie nationale**

		1965	1990	2000	2007	2010	2012	2013	2014	2015	2016p
Australie[1]	AUD	24.4	415.4	706.0	1 178.8	1 410.4	1 527.5	1 589.9	1 610.8	1 640.9	1 742.3
Autriche	EUR	18.5	137.2	213.2	282.3	294.6	317.1	322.5	330.4	339.9	349.3
Belgique	EUR	21.0	171.0	258.2	344.7	365.1	387.5	391.7	400.8	410.2	421.6
Canada[1]	CAD	60.7	693.5	1 122.2	1 596.1	1 685.6	1 838.2	1 918.5	1 988.9	1 992.5	2 054.7
Chili	CLP	..	10 522.7	42 005.2	90 702.9	111 508.6	129 947.3	137 876.2	148 855.3	158 636.8	167 227.4
République tchèque	CZK	..	..	2 379.4	3 840.1	3 962.5	4 059.9	4 098.1	4 313.8	4 595.8	4 773.2
Danemark	DKK	71.5	855.6	1 326.9	1 738.8	1 810.9	1 895.0	1 929.7	1 977.3	2 027.2	2 064.8
Estonie	EUR	..	..	6.2	16.2	14.7	17.9	18.9	19.8	20.3	20.9
Finlande	EUR	4.5	91.0	136.3	186.6	187.1	199.8	203.3	205.5	209.6	215.6
France	EUR	76.6	1 058.6	1 485.3	1 945.7	1 998.5	2 086.9	2 115.3	2 147.6	2 194.2	2 228.9
Allemagne	EUR	234.8	1 306.7	2 116.5	2 513.2	2 580.1	2 758.3	2 826.2	2 932.5	3 043.7	3 144.1
Grèce	EUR	0.7	45.5	141.2	232.7	226.0	191.2	180.7	177.9	175.7	175.9
Hongrie	HUF	..	..	13 321.5	25 560.4	27 085.9	28 660.5	30 127.3	32 400.1	33 999.0	35 005.4
Islande	ISK	0.2	380.1	703.3	1 364.1	1 620.3	1 778.5	1 891.2	2 005.9	2 214.1	2 422.0
Irlande	EUR	1.3	37.9	108.4	197.2	167.6	175.6	180.3	194.5	262.0	275.6
Israël	ILS	..	..	539.5	734.3	874.0	993.4	1 059.1	1 104.7	1 163.8	1 224.2
Italie	EUR	22.3	728.5	1 239.3	1 609.6	1 604.5	1 613.3	1 604.6	1 621.8	1 645.4	1 672.4
Japon[1]	JPY	35 113.5	463 770.8	528 621.2	531 013.5	499 194.9	494 674.4	507 401.1	517 754.7	531 977.3	537 935.3
Corée	KRW	..	197 712.3	635 184.6	1 043 257.8	1 265 308.0	1 377 456.7	1 429 445.4	1 486 079.3	1 564 123.9	1 637 420.8
Lettonie	EUR	..	..	6.9	22.6	17.9	21.9	22.8	23.6	24.4	25.0
Luxembourg	EUR	1.0	11.0	23.1	37.2	40.2	44.1	46.6	50.0	52.3	54.2
Mexique	MXN	..	825.1	6 132.4	11 399.5	13 266.9	15 599.3	16 079.0	17 217.0	18 194.8	19 472.1
Pays-Bas	EUR	35.2	259.7	448.1	613.3	631.5	645.2	652.7	663.0	683.5	702.6
Nouvelle-Zélande[1]	NZD	4.3	75.9	122.2	189.0	205.9	218.7	236.3	240.8	250.6	269.4
Norvège	NOK	57.2	749.9	1 507.9	2 349.9	2 590.1	2 965.2	3 071.1	3 140.4	3 117.4	3 112.7
Pologne	PLN	..	..	747.0	1 187.6	1 445.3	1 629.4	1 656.8	1 719.7	1 799.3	1 851.2
Portugal	EUR	0.6	56.0	128.5	175.5	179.9	168.4	170.3	173.1	179.5	184.9
République slovaque	EUR	..	..	31.6	63.1	67.6	72.7	74.2	75.9	78.7	81.0
Slovénie	EUR	..	..	18.9	35.2	36.3	36.0	35.9	37.3	38.6	39.8
Espagne	EUR	8.7	327.8	646.3	1 080.8	1 080.9	1 039.8	1 025.6	1 037.0	1 075.6	1 113.9
Suède	SEK	127.5	1 528.0	2 380.4	3 297.1	3 520.0	3 684.8	3 769.9	3 936.8	4 181.1	4 375.2
Suisse	CHF	67.9	357.6	458.8	573.1	606.1	623.6	634.8	643.8	645.6	650.2
Turquie	TRY	0.0	0.5	170.7	880.5	1 160.0	1 569.7	1 809.7	2 044.5	2 337.5	2 590.5
Royaume-Uni	GBP	36.4	615.7	1 080.9	1 530.9	1 572.4	1 675.0	1 739.6	1 822.5	1 872.7	1 939.6
États-Unis	USD	710.7	5 979.6	10 284.8	14 477.6	14 964.4	16 155.3	16 691.5	17 427.6	18 120.7	18 624.5

1. PIB se référant à l'année fiscale.L'année A est calculée (taux annuel) comme la moyenne de: T2(A) à T1(A+1) pour le Canada et le Japon; et T3(A) à T2(A+1) pour l'Australie et la Nouvelle-Zélande.

Source : Comptes nationaux de l'OCDE.

StatLink http://dx.doi.org/10.1787/888933614318

Tableau 3.20. **Taux de change utilisés, unités de monnaie nationale par dollar des É-U au taux de change du marché**

		1965	1990	2000	2007	2010	2012	2013	2014	2015	2016p
Australie	AUD	0.893	1.282	1.727	1.195	1.090	0.966	1.036	1.109	1.331	1.345
Autriche	EUR	..	0.788	1.085	0.730	0.755	0.778	0.753	0.754	0.901	0.904
Belgique	EUR	..	0.788	1.085	0.730	0.755	0.778	0.753	0.754	0.901	0.904
Canada	CAD	1.078	1.167	1.485	1.074	1.030	0.999	1.030	1.105	1.278	1.325
Chili	CLP	..	304.903	539.388	522.228	509.982	485.984	495.282	570.636	654.322	676.540
République tchèque	CZK	..	..	38.637	20.289	19.080	19.538	19.560	20.758	24.593	24.441
Danemark	DKK	6.915	6.186	8.088	5.443	5.622	5.790	5.618	5.619	6.725	6.731
Estonie	EUR	..	..	1.085	0.730	0.755	0.778	0.753	0.754	0.901	0.904
Finlande	EUR	..	0.788	1.085	0.730	0.755	0.778	0.753	0.754	0.901	0.904
France	EUR	..	0.788	1.085	0.730	0.755	0.778	0.753	0.754	0.901	0.904
Allemagne	EUR	..	0.788	1.085	0.730	0.755	0.778	0.753	0.754	0.901	0.904
Grèce	EUR	..	0.788	1.085	0.730	0.755	0.778	0.753	0.754	0.901	0.904
Hongrie	HUF	..	..	282.286	183.595	207.764	224.823	223.582	232.619	279.194	281.521
Islande	ISK	0.431	58.378	78.845	64.075	122.242	125.118	122.167	116.688	131.896	120.835
Irlande	EUR	0.454	0.788	1.085	0.730	0.755	0.778	0.753	0.754	0.901	0.904
Israël	ILS	..	..	4.077	4.109	3.731	3.850	3.609	3.577	3.887	3.839
Italie	EUR	..	0.788	1.085	0.730	0.755	0.778	0.753	0.754	0.901	0.904
Japon	JPY	361.491	144.796	107.835	117.755	87.761	79.814	97.598	105.848	121.002	108.803
Corée	KRW	..	707.995	1 130.640	929.450	1 155.431	1 125.935	1 094.926	1 053.064	1 131.309	1 160.589
Lettonie	EUR	..	..	1.085	0.730	0.755	0.778	0.753	0.754	0.901	0.904
Luxembourg	EUR	..	0.788	1.085	0.730	0.755	0.778	0.753	0.754	0.901	0.904
Mexique	MXN	..	2.841	9.453	10.929	12.632	13.150	12.770	13.305	15.874	18.627
Pays-Bas	EUR	..	0.788	1.085	0.730	0.755	0.778	0.753	0.754	0.901	0.904
Nouvelle-Zélande	NZD	0.722	1.678	2.205	1.361	1.388	1.235	1.220	1.206	1.434	1.437
Norvège	NOK	7.151	6.258	8.797	5.858	6.042	5.815	5.877	6.302	8.064	8.400
Pologne	PLN	..	..	4.346	2.765	3.015	3.252	3.160	3.154	3.770	3.944
Portugal	EUR	..	0.788	1.085	0.730	0.755	0.778	0.753	0.754	0.901	0.904
République slovaque	EUR	..	..	1.085	0.730	0.755	0.778	0.753	0.754	0.901	0.904
Slovénie	EUR	..	..	1.085	0.730	0.755	0.778	0.753	0.754	0.901	0.904
Espagne	EUR	..	0.788	1.085	0.730	0.755	0.778	0.753	0.754	0.901	0.904
Suède	SEK	5.158	5.918	9.161	6.758	7.202	6.769	6.513	6.860	8.429	8.556
Suisse	CHF	4.328	1.389	1.688	1.200	1.043	0.937	0.927	0.915	0.962	0.985
Turquie	TRY	0.000	0.003	0.624	1.300	1.499	1.792	1.905	2.189	2.723	3.022
Royaume-Uni	GBP	0.358	0.563	0.661	0.500	0.647	0.631	0.640	0.607	0.654	0.741
États-Unis	USD	1.000	1.000	1.000	1.000	1.000	1.000	1.000	1.000	1.000	1.000

Source : Indicateurs financiers de l'OCDE.

StatLink http://dx.doi.org/10.1787/888933614337

Statistiques des recettes publiques : 1965-2016

Chapitre 4

Tableaux par pays, 1990-2015

4.1. Recettes fiscales et % du PIB pour une sélection de catégories d'impôts et par niveau d'administration

Dans tous les tableaux suivants, le symbole (..) signifie que l'information n'est pas disponible ou qu'elle n'est pas applicable. Les données dans ce chapitre couvrent les années 1990 à 2015. Pour des raisons d'espace, les chiffres de 1966-1989, 1991-1999, 2001-2009, 2011-2013 ont été omis. Des séries complètes sont, cependant, disponible en ligne. La partie V dans l'édition 1998 de ce Rapport fournit des données pour les années 1955 et 1960 (pour dix-neuf pays de l'OCDE).

Les chiffres du Produit Intérieur Brut (PIB) se fondent sur le Système de comptabilité nationale de 2008 (SCN 2008) pour tous les pays membres de l'OCDE.

Traitements des transferts en capital. Les notes de bas de page de certains tableaux se réfèrent au traitement des transferts en capital que certains pays effectuent pour tenir compte des impôts qui ont été évalués mais non recouvrés. Le transfert en capital a été soustrait des recettes fiscales totales et cette réduction a été répartie entre les différentes rubriques en pourcentage de leurs recettes.

C'est le cas pour les pays suivants :

- Danemark à partir de 1971.
- France à partir de 1992.
- Grèce pour 1999 et 2000.
- Espagne à partir de 1995.

Tableau 4.1. **Australie, recettes fiscales et % du PIB (sélection de catégories d'impôts)**

	Milliard AUD					% du PIB				
	1990	2000	2010	2014	2015	1990	2000	2010	2014	2015
Recettes fiscales totales	**116.5**	**214.5**	**358.5**	**444.6**	**463.1**	**28.0**	**30.4**	**25.4**	**27.6**	**28.2**
1000 Impôts sur le revenu, les bénéfices et les gains en capital	**66.5**	**124.4**	**202.2**	**256.3**	**262.6**	**16.0**	**17.6**	**14.3**	**15.9**	**16.0**
1100 Des personnes physiques	50.1	81.0	138.2	183.3	192.0	12.1	11.5	9.8	11.4	11.7
1200 Des sociétés	16.5	43.4	64.0	73.0	70.7	4.0	6.2	4.5	4.5	4.3
1300 Non-ventilables entre 1100 et 1200	0.0	0.0	0.0	0.0	0.0	0.0	0.0	0.0	0.0	0.0
2000 Cotisations de sécurité sociale	**0.0**	**0.0**	**0.0**	**0.0**	**0.0**	**0.0**	**0.0**	**0.0**	**0.0**	**0.0**
2100 À la charge des salariés	0.0	0.0	0.0	0.0	0.0	0.0	0.0	0.0	0.0	0.0
2200 À la charge des employeurs	0.0	0.0	0.0	0.0	0.0	0.0	0.0	0.0	0.0	0.0
2300 À la charge des indép. ou sans emploi	0.0	0.0	0.0	0.0	0.0	0.0	0.0	0.0	0.0	0.0
2400 Non-ventilables entre 2100, 2200 et 2300	0.0	0.0	0.0	0.0	0.0	0.0	0.0	0.0	0.0	0.0
3000 Sur les salaires ou main d'oeuvre	**7.1**	**9.6**	**18.5**	**22.8**	**23.4**	**1.7**	**1.4**	**1.3**	**1.4**	**1.4**
4000 Impôts sur le patrimoine	**10.4**	**18.8**	**33.5**	**45.3**	**49.6**	**2.5**	**2.7**	**2.4**	**2.8**	**3.0**
4100 Impôts périodiques sur la propriété immobilière	6.1	9.1	19.9	25.1	27.1	1.5	1.3	1.4	1.6	1.7
4200 Impôts périodiques sur l'actif net	0.0	0.0	0.0	0.0	0.0	0.0	0.0	0.0	0.0	0.0
4300 Impôts sur mut. par décès, succ. et donations	0.0	0.0	0.0	0.0	0.0	0.0	0.0	0.0	0.0	0.0
4400 Impôts sur transact. mobilières et immob.	4.3	9.8	13.6	20.2	22.5	1.0	1.4	1.0	1.3	1.4
4500 Impôts non périodiques sur	0.0	0.0	0.0	0.0	0.0	0.0	0.0	0.0	0.0	0.0
4600 Autres impôts périodiques sur patrimoine	0.0	0.0	0.0	0.0	0.0	0.0	0.0	0.0	0.0	0.0
5000 Impôts sur les biens et services	**32.4**	**61.6**	**104.3**	**120.3**	**127.5**	**7.8**	**8.7**	**7.4**	**7.5**	**7.8**
5100 Impôts sur production, vente, transfert, etc.	27.2	56.2	92.0	104.5	110.2	6.6	8.0	6.5	6.5	6.7
5110 Impôts généraux	9.4	25.8	49.3	57.8	61.8	2.3	3.7	3.5	3.6	3.8
5111 Taxes sur la valeur ajoutée	0.0	23.9	48.1	56.5	60.3	0.0	3.4	3.4	3.5	3.7
5120 Impôts sur biens et services déterminés	17.8	30.4	42.7	46.7	48.4	4.3	4.3	3.0	2.9	2.9
5121 Accises	12.0	19.8	26.7	24.5	22.5	2.9	2.8	1.9	1.5	1.4
5200 Impôts sur utilisation des biens et exerc. activités	5.2	5.4	12.3	15.8	17.3	1.3	0.8	0.9	1.0	1.1
5300 Non-ventilables entre 5100 et 5200	0.0	0.0	0.0	0.0	0.0	0.0	0.0	0.0	0.0	0.0
6000 Autres impôts	**0.0**	**0.0**	**0.0**	**0.0**	**0.0**	**0.0**	**0.0**	**0.0**	**0.0**	**0.0**
Crédits d'impôts récupérables										
Crédits d'impôts récupérables contre 1000	..	0.2	6.7	8.8	9.3	..	0.0	0.5	0.5	0.6
Composante transfert	..	0.0	4.4	6.5	6.8	..	0.0	0.3	0.4	0.4
Composante fiscale	..	0.2	2.4	2.3	2.5	..	0.0	0.2	0.1	0.2

Note : Des données et des notes plus détaillées par pays sont disponibles dans le chapitre 5 accessible en ligne : http://dx.doi.org/10.1787/9789264283206-fr. Les séries temporelles complètes sont accessibles sur le site web http://oe.cd/series-temporelles-completes.

Source : Australian Bureau of Statistics.

StatLink http://dx.doi.org/10.1787/888933614356

Tableau 4.2. **Australie, recettes fiscales et % du PIB par niveaux d'administration (principaux impôts)**

	Milliard AUD					% du PIB				
	1990	2000	2010	2014	2015	1990	2000	2010	2014	2015
Administrations fédérale ou centrale										
Recettes fiscales totales	**92.6**	**175.4**	**287.7**	**355.1**	**367.4**	**22.3**	**24.8**	**20.4**	**22.0**	**22.4**
1000 Impôts sur revenu, bénéfices et gains en capital	66.5	124.4	202.2	256.3	262.6	16.0	17.6	14.3	15.9	16.0
2000 Cotisations de sécurité sociale	0.0	0.0	0.0	0.0	0.0	0.0	0.0	0.0	0.0	0.0
3000 Sur salaires ou main d'oeuvre	1.3	0.1	0.5	0.7	0.7	0.3	0.0	0.0	0.0	0.0
4000 Impôts sur le patrimoine	0.2	0.0	0.0	0.0	0.0	0.1	0.0	0.0	0.0	0.0
5000 Impôts sur les biens et services	24.5	50.8	85.0	98.1	104.1	5.9	7.2	6.0	6.1	6.3
6000 Autres impôts	0.0	0.0	0.0	0.0	0.0	0.0	0.0	0.0	0.0	0.0
Administrations d'un État/Régions										
Recettes fiscales totales	**19.7**	**32.7**	**58.4**	**73.7**	**79.1**	**4.7**	**4.6**	**4.1**	**4.6**	**4.8**
1000 Impôts sur revenu, bénéfices et gains en capital	0.0	0.0	0.0	0.0	0.0	0.0	0.0	0.0	0.0	0.0
2000 Cotisations de sécurité sociale	0.0	0.0	0.0	0.0	0.0	0.0	0.0	0.0	0.0	0.0
3000 Sur salaires ou main d'oeuvre	5.8	9.5	18.0	22.1	22.7	1.4	1.3	1.3	1.4	1.4
4000 Impôts sur le patrimoine	6.0	12.4	21.0	29.5	33.0	1.4	1.8	1.5	1.8	2.0
5000 Impôts sur les biens et services	7.9	10.8	19.3	22.2	23.4	1.9	1.5	1.4	1.4	1.4
6000 Autres impôts	0.0	0.0	0.0	0.0	0.0	0.0	0.0	0.0	0.0	0.0
Administrations locales										
Recettes fiscales totales	**4.2**	**6.4**	**12.4**	**15.8**	**16.6**	**1.0**	**0.9**	**0.9**	**1.0**	**1.0**
1000 Impôts sur revenu, bénéfices et gains en capital	0.0	0.0	0.0	0.0	0.0	0.0	0.0	0.0	0.0	0.0
2000 Cotisations de sécurité sociale	0.0	0.0	0.0	0.0	0.0	0.0	0.0	0.0	0.0	0.0
3000 Sur salaires ou main d'oeuvre	0.0	0.0	0.0	0.0	0.0	0.0	0.0	0.0	0.0	0.0
4000 Impôts sur le patrimoine	4.2	6.4	12.4	15.8	16.6	1.0	0.9	0.9	1.0	1.0
5000 Impôts sur les biens et services	0.0	0.0	0.0	0.0	0.0	0.0	0.0	0.0	0.0	0.0
6000 Autres impôts	0.0	0.0	0.0	0.0	0.0	0.0	0.0	0.0	0.0	0.0
Administrations de sécurité sociale										
Recettes fiscales totales	**0.0**	**0.0**	**0.0**	**0.0**	**0.0**	**0.0**	**0.0**	**0.0**	**0.0**	**0.0**
1000 Impôts sur revenu, bénéfices et gains en capital	0.0	0.0	0.0	0.0	0.0	0.0	0.0	0.0	0.0	0.0
2000 Cotisations de sécurité sociale	0.0	0.0	0.0	0.0	0.0	0.0	0.0	0.0	0.0	0.0
3000 Sur salaires ou main d'oeuvre	0.0	0.0	0.0	0.0	0.0	0.0	0.0	0.0	0.0	0.0
4000 Impôts sur le patrimoine	0.0	0.0	0.0	0.0	0.0	0.0	0.0	0.0	0.0	0.0
5000 Impôts sur les biens et services	0.0	0.0	0.0	0.0	0.0	0.0	0.0	0.0	0.0	0.0
6000 Autres impôts	0.0	0.0	0.0	0.0	0.0	0.0	0.0	0.0	0.0	0.0

Note : Des données et des notes plus détaillées par pays sont disponibles dans le chapitre 6 accessible en ligne : http://dx.doi.org/10.1787/9789264283206-fr. Les séries temporelles complètes sont accessibles sur le site web http://oe.cd/series-temporelles-completes.

Source : Australian Bureau of Statistics.

StatLink http://dx.doi.org/10.1787/888933614375

Tableau 4.3. **Autriche, recettes fiscales et % du PIB (sélection de catégories d'impôts)**

	Milliard EUR					% du PIB				
	1990	2000	2010	2014	2015	1990	2000	2010	2014	2015
Recettes fiscales totales	**54.0**	**90.3**	**121.2**	**142.3**	**148.4**	**39.4**	**42.4**	**41.1**	**43.1**	**43.7**
1000 Impôts sur le revenu, les bénéfices et les gains en capital	**13.8**	**25.6**	**34.0**	**41.7**	**44.8**	**10.1**	**12.0**	**11.5**	**12.6**	**13.2**
1100 Des personnes physiques	11.3	19.9	27.1	33.4	35.8	8.3	9.3	9.2	10.1	10.5
1200 Des sociétés	1.9	4.2	5.5	7.0	7.7	1.4	2.0	1.9	2.1	2.3
1300 Non-ventilables entre 1100 et 1200	0.5	1.5	1.4	1.3	1.3	0.4	0.7	0.5	0.4	0.4
2000 Cotisations de sécurité sociale	**17.8**	**30.5**	**41.4**	**48.3**	**49.9**	**12.9**	**14.3**	**14.1**	**14.6**	**14.7**
2100 À la charge des salariés	7.5	12.5	16.8	19.4	20.1	5.5	5.9	5.7	5.9	5.9
2200 À la charge des employeurs	8.8	14.7	19.4	22.6	23.3	6.4	6.9	6.6	6.8	6.9
2300 À la charge des indép. ou sans emploi	1.5	3.4	5.2	6.2	6.5	1.1	1.6	1.8	1.9	1.9
2400 Non-ventilables entre 2100, 2200 et 2300	0.0	0.0	0.0	0.0	0.0	0.0	0.0	0.0	0.0	0.0
3000 Sur les salaires ou main d'oeuvre	**3.3**	**5.8**	**8.4**	**9.8**	**10.0**	**2.4**	**2.7**	**2.8**	**3.0**	**3.0**
4000 Impôts sur le patrimoine	**1.5**	**1.2**	**1.6**	**2.0**	**2.0**	**1.1**	**0.6**	**0.5**	**0.6**	**0.6**
4100 Impôts périodiques sur la propriété immobilière	0.4	0.5	0.7	0.7	0.8	0.3	0.2	0.2	0.2	0.2
4200 Impôts périodiques sur l'actif net	0.6	0.0	0.0	0.0	0.0	0.5	0.0	0.0	0.0	0.0
4300 Impôts sur mut. par décès, succ. et donations	0.1	0.1	0.0	0.0	0.0	0.1	0.1	0.0	0.0	0.0
4400 Impôts sur transact. mobilières et immob.	0.4	0.6	0.8	0.9	1.1	0.3	0.3	0.3	0.3	0.3
4500 Impôts non périodiques sur	0.0	0.0	0.0	0.3	0.1	0.0	0.0	0.0	0.1	0.0
4600 Autres impôts périodiques sur patrimoine	0.0	0.0	0.0	0.0	0.0	0.0	0.0	0.0	0.0	0.0
5000 Impôts sur les biens et services	**17.0**	**26.1**	**34.4**	**39.3**	**40.5**	**12.4**	**12.3**	**11.7**	**11.9**	**11.9**
5100 Impôts sur production, vente, transfert, etc.	16.2	24.3	31.8	35.9	37.1	11.8	11.4	10.8	10.9	10.9
5110 Impôts généraux	11.2	16.9	22.7	25.4	26.3	8.2	7.9	7.7	7.7	7.7
5111 Taxes sur la valeur ajoutée	11.2	16.9	22.7	25.4	26.3	8.2	7.9	7.7	7.7	7.7
5120 Impôts sur biens et services déterminés	4.9	7.4	9.1	10.5	10.8	3.6	3.5	3.1	3.2	3.2
5121 Accises	3.3	5.5	6.9	7.5	7.7	2.4	2.6	2.3	2.3	2.3
5200 Impôts sur utilisation des biens et exerc. activités	0.9	1.9	2.6	3.4	3.4	0.6	0.9	0.9	1.0	1.0
5300 Non-ventilables entre 5100 et 5200	0.0	0.0	0.0	0.0	0.0	0.0	0.0	0.0	0.0	0.0
6000 Autres impôts	**0.7**	**0.8**	**1.1**	**0.8**	**0.8**	**0.5**	**0.4**	**0.4**	**0.2**	**0.2**
Crédits d'impôts récupérables										
Crédits d'impôts récupérables contre 1000	..	0.7	0.7	0.6	0.5	..	0.3	0.2	0.2	0.2
Composante transfert	..	0.1	0.2	0.2	0.2	..	0.0	0.1	0.1	0.1
Composante fiscale	..	0.6	0.4	0.3	0.3	..	0.3	0.1	0.1	0.1

Note : Des données et des notes plus détaillées par pays sont disponibles dans le chapitre 5 accessible en ligne : http://dx.doi.org/10.1787/9789264283206-fr. Les séries temporelles complètes sont accessibles sur le site web http://oe.cd/series-temporelles-completes.
Source : Statistics Austria.

StatLink http://dx.doi.org/10.1787/888933614394

Tableau 4.4. **Autriche, recettes fiscales et % du PIB par niveaux d'administration (principaux impôts)**

	Milliard EUR					% du PIB				
	1990	2000	2010	2014	2015	1990	2000	2010	2014	2015
Administrations fédérale ou centrale										
Recettes fiscales totales	**27.2**	**60.5**	**80.7**	**95.0**	**99.5**	**19.8**	**28.4**	**27.4**	**28.7**	**29.3**
1000 Impôts sur revenu, bénéfices et gains en capital	8.6	24.9	33.1	40.7	43.7	6.3	11.7	11.2	12.3	12.9
2000 Cotisations de sécurité sociale	2.4	5.1	6.3	7.3	7.5	1.7	2.4	2.1	2.2	2.2
3000 Sur salaires ou main d'oeuvre	2.6	3.9	5.8	6.7	6.9	1.9	1.8	2.0	2.0	2.0
4000 Impôts sur le patrimoine	0.9	0.7	0.9	1.3	1.2	0.6	0.3	0.3	0.4	0.4
5000 Impôts sur les biens et services	12.3	25.3	33.7	38.5	39.6	8.9	11.9	11.4	11.6	11.7
6000 Autres impôts	0.5	0.6	0.9	0.6	0.5	0.4	0.3	0.3	0.2	0.2
Administrations d'un État/Régions										
Recettes fiscales totales	**5.8**	**1.4**	**2.0**	**2.2**	**2.3**	**4.2**	**0.7**	**0.7**	**0.7**	**0.7**
1000 Impôts sur revenu, bénéfices et gains en capital	2.8	0.6	0.9	1.0	1.1	2.0	0.3	0.3	0.3	0.3
2000 Cotisations de sécurité sociale	0.2	0.4	0.5	0.5	0.5	0.2	0.2	0.2	0.1	0.1
3000 Sur salaires ou main d'oeuvre	0.0	0.1	0.2	0.2	0.2	0.0	0.1	0.1	0.1	0.1
4000 Impôts sur le patrimoine	0.1	0.0	0.0	0.0	0.0	0.0	0.0	0.0	0.0	0.0
5000 Impôts sur les biens et services	2.7	0.2	0.3	0.4	0.3	2.0	0.1	0.1	0.1	0.1
6000 Autres impôts	0.0	0.1	0.1	0.1	0.1	0.0	0.0	0.0	0.0	0.0
Administrations locales										
Recettes fiscales totales	**6.1**	**3.2**	**3.8**	**4.4**	**4.4**	**4.4**	**1.5**	**1.3**	**1.3**	**1.3**
1000 Impôts sur revenu, bénéfices et gains en capital	2.4	0.0	0.0	0.0	0.0	1.8	0.0	0.0	0.0	0.0
2000 Cotisations de sécurité sociale	0.2	0.3	0.3	0.3	0.3	0.1	0.1	0.1	0.1	0.1
3000 Sur salaires ou main d'oeuvre	0.7	1.8	2.4	2.9	3.0	0.5	0.8	0.8	0.9	0.9
4000 Impôts sur le patrimoine	0.5	0.5	0.6	0.7	0.7	0.4	0.2	0.2	0.2	0.2
5000 Impôts sur les biens et services	2.1	0.6	0.4	0.4	0.4	1.5	0.3	0.1	0.1	0.1
6000 Autres impôts	0.2	0.1	0.1	0.1	0.1	0.1	0.0	0.0	0.0	0.0
Administrations de sécurité sociale										
Recettes fiscales totales	**15.0**	**24.8**	**34.4**	**40.3**	**41.6**	**10.9**	**11.6**	**11.7**	**12.2**	**12.2**
1000 Impôts sur revenu, bénéfices et gains en capital	0.0	0.0	0.0	0.0	0.0	0.0	0.0	0.0	0.0	0.0
2000 Cotisations de sécurité sociale	15.0	24.8	34.4	40.3	41.6	10.9	11.6	11.7	12.2	12.2
3000 Sur salaires ou main d'oeuvre	0.0	0.0	0.0	0.0	0.0	0.0	0.0	0.0	0.0	0.0
4000 Impôts sur le patrimoine	0.0	0.0	0.0	0.0	0.0	0.0	0.0	0.0	0.0	0.0
5000 Impôts sur les biens et services	0.0	0.0	0.0	0.0	0.0	0.0	0.0	0.0	0.0	0.0
6000 Autres impôts	0.0	0.0	0.0	0.0	0.0	0.0	0.0	0.0	0.0	0.0

Note : Des données et des notes plus détaillées par pays sont disponibles dans le chapitre 6 accessible en ligne : http://dx.doi.org/10.1787/9789264283206-fr. Les séries temporelles complètes sont accessibles sur le site web http://oe.cd/series-temporelles-completes.

Source : Statistics Austria.

StatLink http://dx.doi.org/10.1787/888933614413

Tableau 4.5. **Belgique, recettes fiscales et % du PIB (sélection de catégories d'impôts)**

	Milliard EUR					% du PIB				
	1990	2000	2010	2014	2015	1990	2000	2010	2014	2015
Recettes fiscales totales	**70.4**	**112.4**	**155.6**	**180.3**	**183.8**	**41.2**	**43.5**	**42.6**	**45.0**	**44.8**
1000 Impôts sur le revenu, les bénéfices et les gains en capital	**26.0**	**43.4**	**53.2**	**64.6**	**65.7**	**15.2**	**16.8**	**14.6**	**16.1**	**16.0**
1100 Des personnes physiques	22.5	35.3	44.0	51.9	52.1	13.2	13.7	12.0	13.0	12.7
1200 Des sociétés	3.4	8.1	9.2	12.6	13.6	2.0	3.1	2.5	3.1	3.3
1300 Non-ventilables entre 1100 et 1200	0.0	0.1	0.0	0.1	0.1	0.0	0.0	0.0	0.0	0.0
2000 Cotisations de sécurité sociale	**23.4**	**34.6**	**50.4**	**57.1**	**58.6**	**13.7**	**13.4**	**13.8**	**14.2**	**14.3**
2100 À la charge des salariés	7.2	10.9	15.0	16.7	17.0	4.2	4.2	4.1	4.2	4.1
2200 À la charge des employeurs	14.7	20.8	30.8	35.2	36.2	8.6	8.1	8.4	8.8	8.8
2300 À la charge des indép. ou sans emploi	1.5	2.9	4.6	5.2	5.5	0.9	1.1	1.3	1.3	1.3
2400 Non-ventilables entre 2100, 2200 et 2300	0.0	0.0	0.0	0.0	0.0	0.0	0.0	0.0	0.0	0.0
3000 Sur les salaires ou main d'oeuvre	**0.0**	**0.0**	**0.0**	**0.0**	**0.0**	**0.0**	**0.0**	**0.0**	**0.0**	**0.0**
4000 Impôts sur le patrimoine	**2.7**	**5.3**	**11.3**	**14.3**	**14.4**	**1.6**	**2.0**	**3.1**	**3.6**	**3.5**
4100 Impôts périodiques sur la propriété immobilière	0.6	1.2	4.6	5.3	5.4	0.4	0.5	1.3	1.3	1.3
4200 Impôts périodiques sur l'actif net	0.0	0.1	0.2	0.6	0.7	0.0	0.0	0.1	0.2	0.2
4300 Impôts sur mut. par décès, succ. et donations	0.5	1.1	2.3	2.8	3.0	0.3	0.4	0.6	0.7	0.7
4400 Impôts sur transact. mobilières et immob.	1.5	2.7	3.5	4.1	4.4	0.9	1.0	1.0	1.0	1.1
4500 Impôts non périodiques sur	0.0	0.1	0.3	1.1	0.6	0.0	0.0	0.1	0.3	0.2
4600 Autres impôts périodiques sur patrimoine	0.1	0.2	0.3	0.3	0.3	0.1	0.1	0.1	0.1	0.1
5000 Impôts sur les biens et services	**18.4**	**28.1**	**39.4**	**43.1**	**43.8**	**10.7**	**10.9**	**10.8**	**10.8**	**10.7**
5100 Impôts sur production, vente, transfert, etc.	17.4	26.0	37.0	40.7	41.3	10.2	10.1	10.1	10.1	10.1
5110 Impôts généraux	11.6	18.2	25.5	27.7	27.8	6.8	7.1	7.0	6.9	6.8
5111 Taxes sur la valeur ajoutée	11.5	18.1	25.3	27.5	27.5	6.8	7.0	6.9	6.9	6.7
5120 Impôts sur biens et services déterminés	5.8	7.8	11.5	12.9	13.5	3.4	3.0	3.1	3.2	3.3
5121 Accises	3.5	5.7	7.8	8.2	8.6	2.0	2.2	2.1	2.0	2.1
5200 Impôts sur utilisation des biens et exerc. activités	1.0	2.1	2.4	2.5	2.5	0.6	0.8	0.7	0.6	0.6
5300 Non-ventilables entre 5100 et 5200	0.0	0.0	0.0	0.0	0.0	0.0	0.0	0.0	0.0	0.0
6000 Autres impôts	**0.0**	**0.0**	**0.0**	**0.0**	**0.0**	**0.0**	**0.0**	**0.0**	**0.0**	**0.0**
Crédits d'impôts récupérables										
Crédits d'impôts récupérables contre 1000	..	..	1.0	1.1	0.7	..	..	0.3	0.3	0.2
Composante transfert	..	..	0.4	0.3	0.3	..	..	0.1	0.1	0.1
Composante fiscale	..	..	0.6	0.7	0.4	..	..	0.2	0.2	0.1

Note : Des données et des notes plus détaillées par pays sont disponibles dans le chapitre 5 accessible en ligne : http://dx.doi.org/10.1787/9789264283206-fr. Les séries temporelles complètes sont accessibles sur le site web http://oe.cd/series-temporelles-completes.

Source : Service Public Fédéral Finances.

StatLink http://dx.doi.org/10.1787/888933614432

Tableau 4.6. Belgique, recettes fiscales et % du PIB par niveaux d'administration (principaux impôts)

	Milliard EUR					% du PIB				
	1990	2000	2010	2014	2015	1990	2000	2010	2014	2015
Administrations fédérale ou centrale										
Recettes fiscales totales	**42.5**	**69.4**	**87.8**	**103.5**	**99.9**	**24.9**	**26.9**	**24.0**	**25.8**	**24.4**
1000 Impôts sur revenu, bénéfices et gains en capital	23.9	39.6	49.3	60.9	57.1	13.9	15.3	13.5	15.2	13.9
2000 Cotisations de sécurité sociale	0.9	1.3	2.5	2.3	2.3	0.5	0.5	0.7	0.6	0.6
3000 Sur salaires ou main d'oeuvre	0.0	0.0	0.0	0.0	0.0	0.0	0.0	0.0	0.0	0.0
4000 Impôts sur le patrimoine	1.1	2.3	0.9	2.0	1.9	0.6	0.9	0.3	0.5	0.5
5000 Impôts sur les biens et services	16.7	26.3	35.0	38.3	38.6	9.8	10.2	9.6	9.6	9.4
6000 Autres impôts	0.0	0.0	0.0	0.0	0.0	0.0	0.0	0.0	0.0	0.0
Administrations d'un État/Régions										
Recettes fiscales totales	**1.2**	**2.4**	**8.1**	**9.6**	**14.2**	**0.7**	**0.9**	**2.2**	**2.4**	**3.5**
1000 Impôts sur revenu, bénéfices et gains en capital	0.0	0.1	0.0	0.0	4.4	0.0	0.0	0.0	0.0	1.1
2000 Cotisations de sécurité sociale	0.0	0.0	0.0	0.0	0.0	0.0	0.0	0.0	0.0	0.0
3000 Sur salaires ou main d'oeuvre	0.0	0.0	0.0	0.0	0.0	0.0	0.0	0.0	0.0	0.0
4000 Impôts sur le patrimoine	0.9	1.9	5.6	6.9	7.1	0.5	0.7	1.5	1.7	1.7
5000 Impôts sur les biens et services	0.2	0.5	2.4	2.6	2.6	0.1	0.2	0.7	0.6	0.6
6000 Autres impôts	0.0	0.0	0.0	0.0	0.0	0.0	0.0	0.0	0.0	0.0
Administrations locales										
Recettes fiscales totales	**3.1**	**4.6**	**7.9**	**8.3**	**8.9**	**1.8**	**1.8**	**2.2**	**2.1**	**2.2**
1000 Impôts sur revenu, bénéfices et gains en capital	2.1	3.1	2.9	2.6	3.1	1.2	1.2	0.8	0.6	0.7
2000 Cotisations de sécurité sociale	0.1	0.0	0.0	0.0	0.0	0.1	0.0	0.0	0.0	0.0
3000 Sur salaires ou main d'oeuvre	0.0	0.0	0.0	0.0	0.0	0.0	0.0	0.0	0.0	0.0
4000 Impôts sur le patrimoine	0.6	1.0	4.4	5.1	5.1	0.3	0.4	1.2	1.3	1.3
5000 Impôts sur les biens et services	0.3	0.4	0.6	0.7	0.7	0.2	0.2	0.2	0.2	0.2
6000 Autres impôts	0.0	0.0	0.0	0.0	0.0	0.0	0.0	0.0	0.0	0.0
Administrations de sécurité sociale										
Recettes fiscales totales	**22.7**	**34.9**	**50.6**	**57.7**	**59.2**	**13.3**	**13.5**	**13.9**	**14.4**	**14.4**
1000 Impôts sur revenu, bénéfices et gains en capital	0.0	0.6	1.0	1.1	1.1	0.0	0.2	0.3	0.3	0.3
2000 Cotisations de sécurité sociale	22.4	33.3	47.9	54.7	56.2	13.1	12.9	13.1	13.7	13.7
3000 Sur salaires ou main d'oeuvre	0.0	0.0	0.0	0.0	0.0	0.0	0.0	0.0	0.0	0.0
4000 Impôts sur le patrimoine	0.1	0.2	0.3	0.3	0.3	0.1	0.1	0.1	0.1	0.1
5000 Impôts sur les biens et services	0.2	0.8	1.3	1.5	1.6	0.1	0.3	0.4	0.4	0.4
6000 Autres impôts	0.0	0.0	0.0	0.0	0.0	0.0	0.0	0.0	0.0	0.0

Note : Des données et des notes plus détaillées par pays sont disponibles dans le chapitre 6 accessible en ligne : http://dx.doi.org/10.1787/9789264283206-fr. Les séries temporelles complètes sont accessibles sur le site web http://oe.cd/series-temporelles-completes.

Source : Service Public Fédéral Finances.

StatLink http://dx.doi.org/10.1787/888933614451

Tableau 4.7. **Canada, recettes fiscales et % du PIB (sélection de catégories d'impôts)**

	Milliard CAD					% du PIB				
	1990	2000	2010	2014	2015	1990	2000	2010	2014	2015
Recettes fiscales totales	**244.2**	**390.2**	**516.6**	**620.0**	**637.9**	**35.2**	**34.8**	**30.6**	**31.2**	**32.0**
1000 Impôts sur le revenu, les bénéfices et les gains en capital	**118.6**	**195.3**	**241.0**	**298.8**	**305.2**	**17.1**	**17.4**	**14.3**	**15.0**	**15.3**
1100 Des personnes physiques	99.7	143.7	180.9	226.2	235.2	14.4	12.8	10.7	11.4	11.8
1200 Des sociétés	17.2	47.6	54.1	65.9	63.3	2.5	4.2	3.2	3.3	3.2
1300 Non-ventilables entre 1100 et 1200	1.7	4.0	6.0	6.6	6.7	0.2	0.4	0.4	0.3	0.3
2000 Cotisations de sécurité sociale	**29.7**	**53.1**	**76.8**	**93.4**	**96.2**	**4.3**	**4.7**	**4.6**	**4.7**	**4.8**
2100 À la charge des salariés	10.6	21.4	30.6	37.4	38.7	1.5	1.9	1.8	1.9	1.9
2200 À la charge des employeurs	18.4	30.3	43.5	52.8	54.3	2.7	2.7	2.6	2.7	2.7
2300 À la charge des indép. ou sans emploi	0.6	1.4	2.6	3.2	3.3	0.1	0.1	0.2	0.2	0.2
2400 Non-ventilables entre 2100, 2200 et 2300	0.0	0.0	0.0	0.0	0.0	0.0	0.0	0.0	0.0	0.0
3000 Sur les salaires ou main d'oeuvre	**5.5**	**8.0**	**10.8**	**12.8**	**13.0**	**0.8**	**0.7**	**0.6**	**0.6**	**0.7**
4000 Impôts sur le patrimoine	**24.5**	**37.2**	**63.7**	**72.8**	**75.6**	**3.5**	**3.3**	**3.8**	**3.7**	**3.8**
4100 Impôts périodiques sur la propriété immobilière	20.2	30.2	51.7	59.7	61.1	2.9	2.7	3.1	3.0	3.1
4200 Impôts périodiques sur l'actif net	1.9	4.2	1.5	0.4	0.4	0.3	0.4	0.1	0.0	0.0
4300 Impôts sur mut. par décès, succ. et donations	0.0	0.0	0.2	0.2	0.3	0.0	0.0	0.0	0.0	0.0
4400 Impôts sur transact. mobilières et immob.	0.0	0.0	3.1	4.1	5.0	0.0	0.0	0.2	0.2	0.3
4500 Impôts non périodiques sur	2.4	2.7	7.3	8.5	8.9	0.3	0.2	0.4	0.4	0.4
4600 Autres impôts périodiques sur patrimoine	0.0	0.0	0.0	0.0	0.0	0.0	0.0	0.0	0.0	0.0
5000 Impôts sur les biens et services	**63.1**	**94.5**	**123.8**	**141.5**	**147.1**	**9.1**	**8.4**	**7.3**	**7.1**	**7.4**
5100 Impôts sur production, vente, transfert, etc.	59.6	88.9	116.2	133.0	138.4	8.6	7.9	6.9	6.7	6.9
5110 Impôts généraux	34.5	55.3	72.1	84.4	87.4	5.0	4.9	4.3	4.2	4.4
5111 Taxes sur la valeur ajoutée	0.0	35.9	70.7	81.6	84.2	0.0	3.2	4.2	4.1	4.2
5120 Impôts sur biens et services déterminés	25.2	33.6	44.0	48.6	51.0	3.6	3.0	2.6	2.4	2.6
5121 Accises	14.5	18.4	23.3	25.6	26.4	2.1	1.6	1.4	1.3	1.3
5200 Impôts sur utilisation des biens et exerc. activités	3.5	5.6	7.6	8.5	8.7	0.5	0.5	0.5	0.4	0.4
5300 Non-ventilables entre 5100 et 5200	0.0	0.0	0.0	0.0	0.0	0.0	0.0	0.0	0.0	0.0
6000 Autres impôts	**2.9**	**2.2**	**0.6**	**0.7**	**0.7**	**0.4**	**0.2**	**0.0**	**0.0**	**0.0**
Crédits d'impôts récupérables										
Crédits d'impôts récupérables contre 1000	..	3.4	11.1	11.2	11.1	..	0.3	0.7	0.6	0.6
Composante transfert	..	3.1	10.2	10.2	10.1	..	0.3	0.6	0.5	0.5
Composante fiscale	..	0.3	0.9	1.0	1.0	..	0.0	0.1	0.1	0.1

Note : Des données et des notes plus détaillées par pays sont disponibles dans le chapitre 5 accessible en ligne : http://dx.doi.org/10.1787/9789264283206-fr. Les séries temporelles complètes sont accessibles sur le site web http://oe.cd/series-temporelles-completes.
Source : Statistics Canada.

StatLink http://dx.doi.org/10.1787/888933614470

Tableau 4.8. **Canada, recettes fiscales et % du PIB par niveaux d'administration (principaux impôts)**

	Milliard CAD					% du PIB				
	1990	2000	2010	2014	2015	1990	2000	2010	2014	2015
Administrations fédérale ou centrale										
Recettes fiscales totales	**101.7**	**184.4**	**212.8**	**256.2**	**261.1**	**14.7**	**16.4**	**12.6**	**12.9**	**13.1**
1000 Impôts sur revenu, bénéfices et gains en capital	73.6	126.3	148.7	182.5	185.7	10.6	11.3	8.8	9.2	9.3
2000 Cotisations de sécurité sociale	0.0	18.8	17.9	22.9	23.7	0.0	1.7	1.1	1.2	1.2
3000 Sur salaires ou main d'oeuvre	0.0	0.0	0.0	0.0	0.0	0.0	0.0	0.0	0.0	0.0
4000 Impôts sur le patrimoine	0.0	0.0	0.0	0.0	0.0	0.0	0.0	0.0	0.0	0.0
5000 Impôts sur les biens et services	28.1	39.4	46.2	50.8	51.8	4.0	3.5	2.7	2.6	2.6
6000 Autres impôts	0.0	0.0	0.0	0.0	0.0	0.0	0.0	0.0	0.0	0.0
Administrations d'un État/Régions										
Recettes fiscales totales	**89.3**	**148.2**	**201.1**	**242.5**	**252.1**	**12.9**	**13.2**	**11.9**	**12.2**	**12.7**
1000 Impôts sur revenu, bénéfices et gains en capital	44.9	69.0	92.2	116.3	119.6	6.5	6.2	5.5	5.8	6.0
2000 Cotisations de sécurité sociale	0.0	8.3	11.7	13.6	13.8	0.0	0.7	0.7	0.7	0.7
3000 Sur salaires ou main d'oeuvre	5.5	8.0	10.8	12.8	13.0	0.8	0.7	0.6	0.6	0.7
4000 Impôts sur le patrimoine	4.2	8.4	9.8	10.2	11.5	0.6	0.7	0.6	0.5	0.6
5000 Impôts sur les biens et services	34.6	54.5	76.7	89.6	94.2	5.0	4.9	4.5	4.5	4.7
6000 Autres impôts	0.0	0.0	0.0	0.0	0.0	0.0	0.0	0.0	0.0	0.0
Administrations locales										
Recettes fiscales totales	**23.5**	**31.5**	**55.4**	**64.4**	**65.9**	**3.4**	**2.8**	**3.3**	**3.2**	**3.3**
1000 Impôts sur revenu, bénéfices et gains en capital	0.0	0.0	0.0	0.0	0.0	0.0	0.0	0.0	0.0	0.0
2000 Cotisations de sécurité sociale	0.0	0.0	0.0	0.0	0.0	0.0	0.0	0.0	0.0	0.0
3000 Sur salaires ou main d'oeuvre	0.0	0.0	0.0	0.0	0.0	0.0	0.0	0.0	0.0	0.0
4000 Impôts sur le patrimoine	20.3	28.8	53.9	62.6	64.1	2.9	2.6	3.2	3.1	3.2
5000 Impôts sur les biens et services	0.4	0.6	0.9	1.1	1.1	0.1	0.1	0.1	0.1	0.1
6000 Autres impôts	2.9	2.2	0.6	0.7	0.7	0.4	0.2	0.0	0.0	0.0
Administrations de sécurité sociale										
Recettes fiscales totales	**29.7**	**26.0**	**47.2**	**56.9**	**58.8**	**4.3**	**2.3**	**2.8**	**2.9**	**3.0**
1000 Impôts sur revenu, bénéfices et gains en capital	0.0	0.0	0.0	0.0	0.0	0.0	0.0	0.0	0.0	0.0
2000 Cotisations de sécurité sociale	29.7	26.0	47.2	56.9	58.8	4.3	2.3	2.8	2.9	3.0
3000 Sur salaires ou main d'oeuvre	0.0	0.0	0.0	0.0	0.0	0.0	0.0	0.0	0.0	0.0
4000 Impôts sur le patrimoine	0.0	0.0	0.0	0.0	0.0	0.0	0.0	0.0	0.0	0.0
5000 Impôts sur les biens et services	0.0	0.0	0.0	0.0	0.0	0.0	0.0	0.0	0.0	0.0
6000 Autres impôts	0.0	0.0	0.0	0.0	0.0	0.0	0.0	0.0	0.0	0.0

Note : Des données et des notes plus détaillées par pays sont disponibles dans le chapitre 6 accessible en ligne : http://dx.doi.org/10.1787/9789264283206-fr. Les séries temporelles complètes sont accessibles sur le site web http://oe.cd/series-temporelles-completes.
Source : Statistics Canada.

StatLink http://dx.doi.org/10.1787/888933614489

Tableau 4.9. **Chili, recettes fiscales et % du PIB (sélection de catégories d'impôts)**

	Milliard CLP					% du PIB				
	1990	2000	2010	2014	2015	1990	2000	2010	2014	2015
Recettes fiscales totales	**1 777.2**	**7 902.0**	**21 845.7**	**29 145.2**	**32 532.4**	**16.9**	**18.8**	**19.6**	**19.6**	**20.5**
1000 Impôts sur le revenu, les bénéfices et les gains en capital	**413.0**	**1 841.6**	**8 329.1**	**9 628.0**	**11 840.5**	**3.9**	**4.4**	**7.5**	**6.5**	**7.5**
1100 Des personnes physiques	99.2	604.1	1 492.8	2 114.3	3 199.9	0.9	1.4	1.3	1.4	2.0
1200 Des sociétés	219.6	882.9	4 448.7	6 196.1	6 839.1	2.1	2.1	4.0	4.2	4.3
1300 Non-ventilables entre 1100 et 1200	94.2	354.6	2 387.5	1 317.7	1 801.5	0.9	0.8	2.1	0.9	1.1
2000 Cotisations de sécurité sociale	**159.6**	**576.8**	**1 494.0**	**2 110.1**	**2 252.5**	**1.5**	**1.4**	**1.3**	**1.4**	**1.4**
2100 À la charge des salariés	154.0	553.9	1 433.2	2 044.4	2 188.6	1.5	1.3	1.3	1.4	1.4
2200 À la charge des employeurs	5.5	22.8	60.8	65.7	63.9	0.1	0.1	0.1	0.0	0.0
2300 À la charge des indép. ou sans emploi	0.0	0.0	0.0	0.0	0.0	0.0	0.0	0.0	0.0	0.0
2400 Non-ventilables entre 2100, 2200 et 2300	0.0	0.0	0.0	0.0	0.0	0.0	0.0	0.0	0.0	0.0
3000 Sur les salaires ou main d'oeuvre	**0.0**	**0.0**	**0.0**	**0.0**	**0.0**	**0.0**	**0.0**	**0.0**	**0.0**	**0.0**
4000 Impôts sur le patrimoine	**109.3**	**554.0**	**898.6**	**1 229.0**	**1 421.3**	**1.0**	**1.3**	**0.8**	**0.8**	**0.9**
4100 Impôts périodiques sur la propriété immobilière	60.0	302.2	662.4	924.1	1 056.9	0.6	0.7	0.6	0.6	0.7
4200 Impôts périodiques sur l'actif net	0.0	0.0	0.0	0.0	0.0	0.0	0.0	0.0	0.0	0.0
4300 Impôts sur mut. par décès, succ. et donations	3.4	10.9	39.3	31.3	92.2	0.0	0.0	0.0	0.0	0.1
4400 Impôts sur transact. mobilières et immob.	45.9	240.9	196.9	273.6	272.1	0.4	0.6	0.2	0.2	0.2
4500 Impôts non périodiques sur	0.0	0.0	0.0	0.0	0.0	0.0	0.0	0.0	0.0	0.0
4600 Autres impôts périodiques sur patrimoine	0.0	0.0	0.0	0.0	0.0	0.0	0.0	0.0	0.0	0.0
5000 Impôts sur les biens et services	**1 118.7**	**5 041.8**	**11 185.2**	**16 127.9**	**17 597.4**	**10.6**	**12.0**	**10.0**	**10.8**	**11.1**
5100 Impôts sur production, vente, transfert, etc.	1 074.0	4 789.8	10 532.9	15 131.7	16 515.5	10.2	11.4	9.4	10.2	10.4
5110 Impôts généraux	664.4	3 306.4	8 399.9	12 133.7	13 274.0	6.3	7.9	7.5	8.2	8.4
5111 Taxes sur la valeur ajoutée	664.4	3 306.4	8 399.9	12 133.7	13 274.0	6.3	7.9	7.5	8.2	8.4
5120 Impôts sur biens et services déterminés	409.6	1 483.5	2 133.0	2 998.0	3 241.5	3.9	3.5	1.9	2.0	2.0
5121 Accises	166.0	816.2	1 561.2	2 224.2	2 412.8	1.6	1.9	1.4	1.5	1.5
5200 Impôts sur utilisation des biens et exerc. activités	44.7	251.9	652.3	996.2	1 081.9	0.4	0.6	0.6	0.7	0.7
5300 Non-ventilables entre 5100 et 5200	0.0	0.0	0.0	0.0	0.0	0.0	0.0	0.0	0.0	0.0
6000 Autres impôts	**-23.4**	**-112.2**	**-61.1**	**50.3**	**-579.3**	**-0.2**	**-0.3**	**-0.1**	**0.0**	**-0.4**
Crédits d'impôts récupérables										
Crédits d'impôts récupérables contre 1000	0.0	0.0	0.0	184.3	175.5	0.0	0.0	0.0	0.1	0.1
Composante transfert	..	..	..	140.6	129.7	..	..	..	0.1	0.1
Composante fiscale	..	..	..	43.7	45.8	..	..	..	0.0	0.0

Note : Des données et des notes plus détaillées par pays sont disponibles dans le chapitre 5 accessible en ligne : http://dx.doi.org/10.1787/9789264283206-fr. Les séries temporelles complètes sont accessibles sur le site web http://oe.cd/series-temporelles-completes.
Source : Servicio de Impuestos internos (Chile's Tax Service).

StatLink http://dx.doi.org/10.1787/888933614508

Tableau 4.10. **Chili, recettes fiscales et % du PIB par niveaux d'administration (principaux impôts)**

	Milliard CLP					% du PIB				
	1990	2000	2010	2014	2015	1990	2000	2010	2014	2015
Administrations fédérale ou centrale										
Recettes fiscales totales	**1 579.7**	**6 936.8**	**19 214.8**	**25 263.9**	**28 257.2**	**15.0**	**16.5**	**17.2**	**17.0**	**17.8**
1000 Impôts sur revenu, bénéfices et gains en capital	413.0	1 841.6	8 329.1	9 628.0	11 840.5	3.9	4.4	7.5	6.5	7.5
2000 Cotisations de sécurité sociale	66.7	232.7	371.4	431.0	434.7	0.6	0.6	0.3	0.3	0.3
3000 Sur salaires ou main d'oeuvre	0.0	0.0	0.0	0.0	0.0	0.0	0.0	0.0	0.0	0.0
4000 Impôts sur le patrimoine	59.7	255.4	245.0	318.7	379.6	0.6	0.6	0.2	0.2	0.2
5000 Impôts sur les biens et services	1 063.7	4 719.3	10 330.4	14 835.9	16 181.7	10.1	11.2	9.3	10.0	10.2
6000 Autres impôts	-23.4	-112.2	-61.1	50.3	-579.3	-0.2	-0.3	-0.1	0.0	-0.4
Administrations d'un État/Régions										
Recettes fiscales totales	..	..	..	..	..	..	..	..	..	..
1000 Impôts sur revenu, bénéfices et gains en capital	..	..	..	..	..	..	..	..	..	..
2000 Cotisations de sécurité sociale	..	..	..	..	..	..	..	..	..	..
3000 Sur salaires ou main d'oeuvre	..	..	..	..	..	..	..	..	..	..
4000 Impôts sur le patrimoine	..	..	..	..	..	..	..	..	..	..
5000 Impôts sur les biens et services	..	..	..	..	..	..	..	..	..	..
6000 Autres impôts	..	..	..	..	..	..	..	..	..	..
Administrations locales										
Recettes fiscales totales	**104.7**	**621.2**	**1 508.3**	**2 202.2**	**2 457.3**	**1.0**	**1.5**	**1.4**	**1.5**	**1.5**
1000 Impôts sur revenu, bénéfices et gains en capital	0.0	0.0	0.0	0.0	0.0	0.0	0.0	0.0	0.0	0.0
2000 Cotisations de sécurité sociale	0.0	0.0	0.0	0.0	0.0	0.0	0.0	0.0	0.0	0.0
3000 Sur salaires ou main d'oeuvre	0.0	0.0	0.0	0.0	0.0	0.0	0.0	0.0	0.0	0.0
4000 Impôts sur le patrimoine	49.6	298.7	653.6	910.2	1 041.7	0.5	0.7	0.6	0.6	0.7
5000 Impôts sur les biens et services	55.0	322.5	854.8	1 292.0	1 415.7	0.5	0.8	0.8	0.9	0.9
6000 Autres impôts	0.0	0.0	0.0	0.0	0.0	0.0	0.0	0.0	0.0	0.0
Administrations de sécurité sociale										
Recettes fiscales totales	**92.8**	**344.0**	**1 122.6**	**1 679.1**	**1 817.8**	**0.9**	**0.8**	**1.0**	**1.1**	**1.1**
1000 Impôts sur revenu, bénéfices et gains en capital	0.0	0.0	0.0	0.0	0.0	0.0	0.0	0.0	0.0	0.0
2000 Cotisations de sécurité sociale	92.8	344.0	1 122.6	1 679.1	1 817.8	0.9	0.8	1.0	1.1	1.1
3000 Sur salaires ou main d'oeuvre	0.0	0.0	0.0	0.0	0.0	0.0	0.0	0.0	0.0	0.0
4000 Impôts sur le patrimoine	0.0	0.0	0.0	0.0	0.0	0.0	0.0	0.0	0.0	0.0
5000 Impôts sur les biens et services	0.0	0.0	0.0	0.0	0.0	0.0	0.0	0.0	0.0	0.0
6000 Autres impôts	0.0	0.0	0.0	0.0	0.0	0.0	0.0	0.0	0.0	0.0

Note : Des données et des notes plus détaillées par pays sont disponibles dans le chapitre 6 accessible en ligne : http://dx.doi.org/10.1787/9789264283206-fr. Les séries temporelles complètes sont accessibles sur le site web http://oe.cd/series-temporelles-completes.

Source : Servicio de Impuestos internos (Chile's Tax Service).

StatLink http://dx.doi.org/10.1787/888933614527

Tableau 4.11. République tchèque, recettes fiscales et % du PIB (sélection de catégories d'impôts)

	Milliard CZK					% du PIB				
	1990	2000	2010	2014	2015	1990	2000	2010	2014	2015
Recettes fiscales totales	..	**771.6**	**1 286.9**	**1 427.6**	**1 532.5**	..	**32.4**	**32.5**	**33.1**	**33.3**
1000 Impôts sur le revenu, les bénéfices et les gains en capital	..	**175.8**	**259.9**	**305.7**	**329.8**	..	**7.4**	**6.6**	**7.1**	**7.2**
1100 Des personnes physiques	..	99.7	131.7	153.8	164.7	..	4.2	3.3	3.6	3.6
1200 Des sociétés	..	76.2	128.2	151.9	165.1	..	3.2	3.2	3.5	3.6
1300 Non-ventilables entre 1100 et 1200	..	0.0	0.0	0.0	0.0	..	0.0	0.0	0.0	0.0
2000 Cotisations de sécurité sociale	..	**341.5**	**576.0**	**625.5**	**659.7**	..	**14.4**	**14.5**	**14.5**	**14.4**
2100 À la charge des salariés	..	77.3	116.8	126.9	133.9	..	3.2	2.9	2.9	2.9
2200 À la charge des employeurs	..	220.2	363.1	396.0	417.8	..	9.3	9.2	9.2	9.1
2300 À la charge des indép. ou sans emploi	..	44.1	96.1	102.6	108.1	..	1.9	2.4	2.4	2.4
2400 Non-ventilables entre 2100, 2200 et 2300	..	0.0	0.0	0.0	0.0	..	0.0	0.0	0.0	0.0
3000 Sur les salaires ou main d'oeuvre	..	**0.0**	**0.0**	**0.0**	**0.0**	..	**0.0**	**0.0**	**0.0**	**0.0**
4000 Impôts sur le patrimoine	..	**10.9**	**16.4**	**19.5**	**21.9**	..	**0.5**	**0.4**	**0.5**	**0.5**
4100 Impôts périodiques sur la propriété immobilière	..	4.5	8.8	9.9	10.3	..	0.2	0.2	0.2	0.2
4200 Impôts périodiques sur l'actif net	..	0.0	0.0	0.0	0.0	..	0.0	0.0	0.0	0.0
4300 Impôts sur mut. par décès, succ. et donations	..	0.6	0.2	0.0	0.0	..	0.0	0.0	0.0	0.0
4400 Impôts sur transact. mobilières et immob.	..	5.8	7.4	9.6	11.6	..	0.2	0.2	0.2	0.3
4500 Impôts non périodiques sur	..	0.0	0.0	0.0	0.0	..	0.0	0.0	0.0	0.0
4600 Autres impôts périodiques sur patrimoine	..	0.0	0.0	0.0	0.0	..	0.0	0.0	0.0	0.0
5000 Impôts sur les biens et services	..	**243.0**	**427.8**	**469.8**	**512.8**	..	**10.2**	**10.8**	**10.9**	**11.2**
5100 Impôts sur production, vente, transfert, etc.	..	226.4	402.1	444.7	487.4	..	9.5	10.1	10.3	10.6
5110 Impôts généraux	..	141.2	263.5	319.5	333.3	..	5.9	6.6	7.4	7.3
5111 Taxes sur la valeur ajoutée	..	141.2	263.5	319.5	333.3	..	5.9	6.6	7.4	7.3
5120 Impôts sur biens et services déterminés	..	85.1	138.6	125.2	154.1	..	3.6	3.5	2.9	3.4
5121 Accises	..	71.4	138.4	124.9	153.8	..	3.0	3.5	2.9	3.3
5200 Impôts sur utilisation des biens et exerc. activités	..	16.6	25.7	25.2	25.5	..	0.7	0.7	0.6	0.6
5300 Non-ventilables entre 5100 et 5200	..	0.0	0.0	0.0	0.0	..	0.0	0.0	0.0	0.0
6000 Autres impôts	..	**0.4**	**0.1**	**0.1**	**0.4**	..	**0.0**	**0.0**	**0.0**	**0.0**
Crédits d'impôts récupérables										
Crédits d'impôts récupérables contre 1000	..	0.0	28.5	29.0	32.1	..	0.0	0.7	0.7	0.7
Composante transfert	..	..	7.8	8.3	8.9	..	..	0.2	0.2	0.2
Composante fiscale	..	..	20.7	20.7	23.2	..	..	0.5	0.5	0.5

Note : Des données et des notes plus détaillées par pays sont disponibles dans le chapitre 5 accessible en ligne : http://dx.doi.org/10.1787/9789264283206-fr. Les séries temporelles complètes sont accessibles sur le site web http://oe.cd/series-temporelles-completes.
Source : Ministry of Finance, Economic Department.

StatLink http://dx.doi.org/10.1787/888933614546

Tableau 4.12. **République tchèque, recettes fiscales et % du PIB par niveaux d'administration (principaux impôts)**

	Milliard CZK					% du PIB				
	1990	2000	2010	2014	2015	1990	2000	2010	2014	2015
Administrations fédérale ou centrale										
Recettes fiscales totales	..	**423.4**	**687.3**	**777.4**	**846.8**	..	**17.8**	**17.3**	**18.0**	**18.4**
1000 Impôts sur revenu, bénéfices et gains en capital	..	175.8	259.9	305.7	329.8	..	7.4	6.6	7.1	7.2
2000 Cotisations de sécurité sociale	..	0.0	0.0	0.0	0.0	..	0.0	0.0	0.0	0.0
3000 Sur salaires ou main d'oeuvre	..	0.0	0.0	0.0	0.0	..	0.0	0.0	0.0	0.0
4000 Impôts sur le patrimoine	..	6.4	7.6	9.6	11.6	..	0.3	0.2	0.2	0.3
5000 Impôts sur les biens et services	..	241.0	419.6	462.0	505.1	..	10.1	10.6	10.7	11.0
6000 Autres impôts	..	0.1	0.1	0.1	0.4	..	0.0	0.0	0.0	0.0
Administrations d'un État/Régions										
Recettes fiscales totales	..	..	..	..	..	..	..	..	..	..
1000 Impôts sur revenu, bénéfices et gains en capital	..	..	..	..	..	..	..	..	..	..
2000 Cotisations de sécurité sociale	..	..	..	..	..	..	..	..	..	..
3000 Sur salaires ou main d'oeuvre	..	..	..	..	..	..	..	..	..	..
4000 Impôts sur le patrimoine	..	..	..	..	..	..	..	..	..	..
5000 Impôts sur les biens et services	..	..	..	..	..	..	..	..	..	..
6000 Autres impôts	..	..	..	..	..	..	..	..	..	..
Administrations locales										
Recettes fiscales totales	..	**6.7**	**17.0**	**17.7**	**18.1**	..	**0.3**	**0.4**	**0.4**	**0.4**
1000 Impôts sur revenu, bénéfices et gains en capital	..	0.0	0.0	0.0	0.0	..	0.0	0.0	0.0	0.0
2000 Cotisations de sécurité sociale	..	0.0	0.0	0.0	0.0	..	0.0	0.0	0.0	0.0
3000 Sur salaires ou main d'oeuvre	..	0.0	0.0	0.0	0.0	..	0.0	0.0	0.0	0.0
4000 Impôts sur le patrimoine	..	4.5	8.7	9.9	10.3	..	0.2	0.2	0.2	0.2
5000 Impôts sur les biens et services	..	2.0	8.2	7.8	7.7	..	0.1	0.2	0.2	0.2
6000 Autres impôts	..	0.3	0.0	0.0	0.0	..	0.0	0.0	0.0	0.0
Administrations de sécurité sociale										
Recettes fiscales totales	..	**341.5**	**576.0**	**625.5**	**659.7**	..	**14.4**	**14.5**	**14.5**	**14.4**
1000 Impôts sur revenu, bénéfices et gains en capital	..	0.0	0.0	0.0	0.0	..	0.0	0.0	0.0	0.0
2000 Cotisations de sécurité sociale	..	341.5	576.0	625.5	659.7	..	14.4	14.5	14.5	14.4
3000 Sur salaires ou main d'oeuvre	..	0.0	0.0	0.0	0.0	..	0.0	0.0	0.0	0.0
4000 Impôts sur le patrimoine	..	0.0	0.0	0.0	0.0	..	0.0	0.0	0.0	0.0
5000 Impôts sur les biens et services	..	0.0	0.0	0.0	0.0	..	0.0	0.0	0.0	0.0
6000 Autres impôts	..	0.0	0.0	0.0	0.0	..	0.0	0.0	0.0	0.0

Note : Des données et des notes plus détaillées par pays sont disponibles dans le chapitre 6 accessible en ligne : http://dx.doi.org/10.1787/9789264283206-fr. Les séries temporelles complètes sont accessibles sur le site web http://oe.cd/series-temporelles-completes.

Source : Ministry of Finance, Economic Department.

StatLink http://dx.doi.org/10.1787/888933614565

Tableau 4.13. **Danemark, recettes fiscales et % du PIB (sélection de catégories d'impôts)**

	Milliard DKK					% du PIB				
	1990	2000	2010	2014	2015	1990	2000	2010	2014	2015
Recettes fiscales totales	**379.8**	**622.0**	**810.5**	**960.6**	**930.6**	**44.4**	**46.9**	**44.8**	**48.6**	**45.9**
1000 Impôts sur le revenu, les bénéfices et les gains en capital	**232.3**	**382.1**	**498.1**	**626.5**	**587.6**	**27.1**	**28.8**	**27.5**	**31.7**	**29.0**
1100 Des personnes physiques	205.2	327.5	420.9	519.7	513.2	24.0	24.7	23.2	26.3	25.3
1200 Des sociétés	14.6	42.1	40.9	54.8	52.0	1.7	3.2	2.3	2.8	2.6
1300 Non-ventilables entre 1100 et 1200	12.5	12.4	36.4	52.1	22.4	1.5	0.9	2.0	2.6	1.1
2000 Cotisations de sécurité sociale	**0.1**	**8.4**	**1.8**	**1.4**	**1.3**	**0.0**	**0.6**	**0.1**	**0.1**	**0.1**
2100 À la charge des salariés	0.1	8.2	0.9	0.7	0.8	0.0	0.6	0.1	0.0	0.0
2200 À la charge des employeurs	0.0	0.2	0.9	0.7	0.5	0.0	0.0	0.1	0.0	0.0
2300 À la charge des indép. ou sans emploi	0.0	0.0	0.0	0.0	0.0	0.0	0.0	0.0	0.0	0.0
2400 Non-ventilables entre 2100, 2200 et 2300	0.0	0.0	0.0	0.0	0.0	0.0	0.0	0.0	0.0	0.0
3000 Sur les salaires ou main d'oeuvre	**2.5**	**2.3**	**4.1**	**6.2**	**5.8**	**0.3**	**0.2**	**0.2**	**0.3**	**0.3**
4000 Impôts sur le patrimoine	**16.2**	**20.7**	**33.4**	**35.6**	**38.4**	**1.9**	**1.6**	**1.8**	**1.8**	**1.9**
4100 Impôts périodiques sur la propriété immobilière	8.8	13.5	24.1	26.7	27.5	1.0	1.0	1.3	1.3	1.4
4200 Impôts périodiques sur l'actif net	0.9	0.0	0.0	0.0	0.0	0.1	0.0	0.0	0.0	0.0
4300 Impôts sur mut. par décès, succ. et donations	2.2	2.9	3.6	3.8	5.1	0.3	0.2	0.2	0.2	0.3
4400 Impôts sur transact. mobilières et immob.	4.1	4.2	5.7	5.2	5.8	0.5	0.3	0.3	0.3	0.3
4500 Impôts non périodiques sur	0.1	0.1	0.0	0.0	0.0	0.0	0.0	0.0	0.0	0.0
4600 Autres impôts périodiques sur patrimoine	0.0	0.0	0.0	0.0	0.0	0.0	0.0	0.0	0.0	0.0
5000 Impôts sur les biens et services	**128.8**	**205.9**	**269.6**	**287.6**	**293.9**	**15.1**	**15.5**	**14.9**	**14.5**	**14.5**
5100 Impôts sur production, vente, transfert, etc.	122.9	195.1	250.0	265.2	270.7	14.4	14.7	13.8	13.4	13.4
5110 Impôts généraux	80.1	121.6	170.8	182.6	186.1	9.4	9.2	9.4	9.2	9.2
5111 Taxes sur la valeur ajoutée	71.7	121.6	170.8	182.6	186.1	8.4	9.2	9.4	9.2	9.2
5120 Impôts sur biens et services déterminés	42.7	73.5	79.1	82.7	84.6	5.0	5.5	4.4	4.2	4.2
5121 Accises	38.1	68.8	73.7	78.4	80.2	4.5	5.2	4.1	4.0	4.0
5200 Impôts sur utilisation des biens et exerc. activités	4.4	7.4	14.7	15.7	16.2	0.5	0.6	0.8	0.8	0.8
5300 Non-ventilables entre 5100 et 5200	1.6	3.4	4.9	6.7	7.0	0.2	0.3	0.3	0.3	0.3
6000 Autres impôts	**0.0**	**0.4**	**0.2**	**0.2**	**0.3**	**0.0**	**0.0**	**0.0**	**0.0**	**0.0**
Crédits d'impôts récupérables										
Crédits d'impôts récupérables contre 1000	..	..	5.0	5.5	4.2	..	..	0.3	0.3	0.2
Composante transfert	..	..	0.2	0.3	0.2	..	..	0.0	0.0	0.0
Composante fiscale	..	..	4.7	5.3	4.0	..	..	0.3	0.3	0.2

Note : Des données et des notes plus détaillées par pays sont disponibles dans le chapitre 5 accessible en ligne : http://dx.doi.org/10.1787/9789264283206-fr. Les séries temporelles complètes sont accessibles sur le site web http://oe.cd/series-temporelles-completes.
Le total des recettes fiscales a été diminué du montant de tout transfert en capital représentant les impôts non perçus. Le transfert en capital a été réparti entre les différentes rubriques en proportion des recettes fiscales. Par conséquent, les montants des recettes fiscales sont différents de ceux présentés dans le chapitre 5 accessible en ligne.

Source : Danmarks Statistik.

StatLink http://dx.doi.org/10.1787/888933614584

Tableau 4.14. **Danemark, recettes fiscales et % du PIB par niveaux d'administration (principaux impôts)**

	Milliard DKK					% du PIB				
	1990	2000	2010	2014	2015	1990	2000	2010	2014	2015
Administrations fédérale ou centrale										
Recettes fiscales totales	**259.5**	**420.6**	**589.0**	**715.7**	**677.7**	**30.3**	**31.7**	**32.5**	**36.2**	**33.4**
1000 Impôts sur revenu, bénéfices et gains en capital	123.7	204.2	305.4	413.9	368.4	14.5	15.4	16.9	20.9	18.2
2000 Cotisations de sécurité sociale	0.1	1.4	0.9	0.7	0.8	0.0	0.1	0.1	0.0	0.0
3000 Sur salaires ou main d'oeuvre	2.5	2.2	4.1	6.2	5.7	0.3	0.2	0.2	0.3	0.3
4000 Impôts sur le patrimoine	7.5	7.1	9.3	8.9	10.8	0.9	0.5	0.5	0.5	0.5
5000 Impôts sur les biens et services	125.8	205.3	269.1	285.8	291.7	14.7	15.5	14.9	14.5	14.4
6000 Autres impôts	0.0	0.4	0.2	0.2	0.3	0.0	0.0	0.0	0.0	0.0
Administrations d'un État/Régions										
Recettes fiscales totales	..	..	..	..	..	..	..	..	..	..
1000 Impôts sur revenu, bénéfices et gains en capital	..	..	..	..	..	..	..	..	..	..
2000 Cotisations de sécurité sociale	..	..	..	..	..	..	..	..	..	..
3000 Sur salaires ou main d'oeuvre	..	..	..	..	..	..	..	..	..	..
4000 Impôts sur le patrimoine	..	..	..	..	..	..	..	..	..	..
5000 Impôts sur les biens et services	..	..	..	..	..	..	..	..	..	..
6000 Autres impôts	..	..	..	..	..	..	..	..	..	..
Administrations locales										
Recettes fiscales totales	**117.6**	**191.7**	**217.3**	**241.2**	**249.0**	**13.8**	**14.4**	**12.0**	**12.2**	**12.3**
1000 Impôts sur revenu, bénéfices et gains en capital	108.9	178.1	193.1	214.0	220.9	12.7	13.4	10.7	10.8	10.9
2000 Cotisations de sécurité sociale	0.0	0.0	0.0	0.0	0.0	0.0	0.0	0.0	0.0	0.0
3000 Sur salaires ou main d'oeuvre	0.0	0.0	0.0	0.0	0.0	0.0	0.0	0.0	0.0	0.0
4000 Impôts sur le patrimoine	8.7	13.6	24.2	27.2	28.1	1.0	1.0	1.3	1.4	1.4
5000 Impôts sur les biens et services	0.0	0.0	0.0	0.0	0.0	0.0	0.0	0.0	0.0	0.0
6000 Autres impôts	0.0	0.0	0.0	0.0	0.0	0.0	0.0	0.0	0.0	0.0
Administrations de sécurité sociale										
Recettes fiscales totales	**0.0**	**7.1**	**0.9**	**0.7**	**0.5**	**0.0**	**0.5**	**0.1**	**0.0**	**0.0**
1000 Impôts sur revenu, bénéfices et gains en capital	0.0	0.0	0.0	0.0	0.0	0.0	0.0	0.0	0.0	0.0
2000 Cotisations de sécurité sociale	0.0	7.1	0.9	0.7	0.5	0.0	0.5	0.1	0.0	0.0
3000 Sur salaires ou main d'oeuvre	0.0	0.0	0.0	0.0	0.0	0.0	0.0	0.0	0.0	0.0
4000 Impôts sur le patrimoine	0.0	0.0	0.0	0.0	0.0	0.0	0.0	0.0	0.0	0.0
5000 Impôts sur les biens et services	0.0	0.0	0.0	0.0	0.0	0.0	0.0	0.0	0.0	0.0
6000 Autres impôts	0.0	0.0	0.0	0.0	0.0	0.0	0.0	0.0	0.0	0.0

Note : Des données et des notes plus détaillées par pays sont disponibles dans le chapitre 6 accessible en ligne : http://dx.doi.org/10.1787/9789264283206-fr.
Les séries temporelles complètes sont accessibles sur le site web http://oe.cd/series-temporelles-completes.
Le total des recettes fiscales a été diminué du montant de tout transfert en capital représentant les impôts non perçus. Le transfert en capital a été réparti entre les différentes rubriques en proportion des recettes fiscales. Par conséquent, les montants des recettes fiscales sont différents de ceux présentés dans le chapitre 6 accessible en ligne.
Source : Danmarks Statistik.

StatLink http://dx.doi.org/10.1787/888933614603

Tableau 4.15. **Estonie, recettes fiscales et % du PIB (sélection de catégories d'impôts)**

	Milliard EUR					% du PIB				
	1990	2000	2010	2014	2015	1990	2000	2010	2014	2015
Recettes fiscales totales	..	**1.9**	**4.9**	**6.5**	**6.9**	..	**31.1**	**33.3**	**32.8**	**33.9**
1000 Impôts sur le revenu, les bénéfices et les gains en capital	..	**0.5**	**1.0**	**1.5**	**1.6**	..	**7.7**	**6.6**	**7.5**	**7.9**
1100 Des personnes physiques	..	0.4	0.8	1.1	1.2	..	6.8	5.3	5.7	5.8
1200 Des sociétés	..	0.1	0.2	0.3	0.4	..	0.9	1.3	1.7	2.1
1300 Non-ventilables entre 1100 et 1200	..	0.0	0.0	0.0	0.0	..	0.0	0.0	0.0	0.0
2000 Cotisations de sécurité sociale	..	**0.7**	**1.9**	**2.2**	**2.3**	..	**10.9**	**12.8**	**11.0**	**11.3**
2100 À la charge des salariés	..	0.0	0.1	0.1	0.1	..	0.0	0.8	0.6	0.5
2200 À la charge des employeurs	..	0.7	1.7	2.0	2.2	..	10.7	11.8	10.3	10.7
2300 À la charge des indép. ou sans emploi	..	0.0	0.0	0.0	0.0	..	0.2	0.1	0.1	0.1
2400 Non-ventilables entre 2100, 2200 et 2300	..	0.0	0.0	0.0	0.0	..	0.0	0.0	0.0	0.0
3000 Sur les salaires ou main d'oeuvre	..	**0.0**	**0.0**	**0.0**	**0.0**	..	**0.0**	**0.0**	**0.0**	**0.0**
4000 Impôts sur le patrimoine	..	**0.0**	**0.1**	**0.1**	**0.1**	..	**0.4**	**0.3**	**0.3**	**0.3**
4100 Impôts périodiques sur la propriété immobilière	..	0.0	0.1	0.1	0.1	..	0.4	0.3	0.3	0.3
4200 Impôts périodiques sur l'actif net	..	0.0	0.0	0.0	0.0	..	0.0	0.0	0.0	0.0
4300 Impôts sur mut. par décès, succ. et donations	..	0.0	0.0	0.0	0.0	..	0.0	0.0	0.0	0.0
4400 Impôts sur transact. mobilières et immob.	..	0.0	0.0	0.0	0.0	..	0.0	0.0	0.0	0.0
4500 Impôts non périodiques sur	..	0.0	0.0	0.0	0.0	..	0.0	0.0	0.0	0.0
4600 Autres impôts périodiques sur patrimoine	..	0.0	0.0	0.0	0.0	..	0.0	0.0	0.0	0.0
5000 Impôts sur les biens et services	..	**0.7**	**2.0**	**2.7**	**2.9**	..	**12.1**	**13.4**	**13.8**	**14.2**
5100 Impôts sur production, vente, transfert, etc.	..	0.7	1.9	2.6	2.8	..	11.7	13.0	13.2	13.8
5110 Impôts généraux	..	0.5	1.3	1.7	1.9	..	8.4	8.6	8.7	9.2
5111 Taxes sur la valeur ajoutée	..	0.5	1.3	1.7	1.9	..	8.4	8.5	8.7	9.2
5120 Impôts sur biens et services déterminés	..	0.2	0.7	0.9	0.9	..	3.3	4.4	4.5	4.6
5121 Accises	..	0.2	0.6	0.8	0.9	..	3.0	4.2	4.3	4.3
5200 Impôts sur utilisation des biens et exerc. activités	..	0.0	0.1	0.1	0.1	..	0.4	0.4	0.6	0.4
5300 Non-ventilables entre 5100 et 5200	..	0.0	0.0	0.0	0.0	..	0.0	0.0	0.0	0.0
6000 Autres impôts	..	**0.0**	**0.0**	**0.0**	**0.0**	..	**0.0**	**0.0**	**0.0**	**0.0**
Crédits d'impôts récupérables										
Crédits d'impôts récupérables contre 1000	..	..	..	..	..	..	..	..	..	..
Composante transfert	..	..	..	..	..	..	..	..	..	..
Composante fiscale	..	..	..	..	..	..	..	..	..	..

Note : Des données et des notes plus détaillées par pays sont disponibles dans le chapitre 5 accessible en ligne : http://dx.doi.org/10.1787/9789264283206-fr. Les séries temporelles complètes sont accessibles sur le site web http://oe.cd/series-temporelles-completes.

Source : Statistics Estonia.

StatLink http://dx.doi.org/10.1787/888933614622

Tableau 4.16. **Estonie, recettes fiscales et % du PIB par niveaux d'administration (principaux impôts)**

	Milliard EUR					% du PIB				
	1990	2000	2010	2014	2015	1990	2000	2010	2014	2015
Administrations fédérale ou centrale										
Recettes fiscales totales	..	**1.6**	**3.9**	**5.3**	**5.6**	..	**26.3**	**26.7**	**26.9**	**27.9**
1000 Impôts sur revenu, bénéfices et gains en capital	..	0.5	1.0	1.5	1.6	..	7.7	6.6	7.5	7.9
2000 Cotisations de sécurité sociale	..	0.4	1.0	1.1	1.2	..	6.6	6.8	5.6	5.8
3000 Sur salaires ou main d'oeuvre	..	0.0	0.0	0.0	0.0	..	0.0	0.0	0.0	0.0
4000 Impôts sur le patrimoine	..	0.0	0.0	0.0	0.0	..	0.0	0.0	0.0	0.0
5000 Impôts sur les biens et services	..	0.7	2.0	2.7	2.9	..	12.0	13.3	13.8	14.1
6000 Autres impôts	..	0.0	0.0	0.0	0.0	..	0.0	0.0	0.0	0.0
Administrations d'un État/Régions										
Recettes fiscales totales	..	..	..	..	..	..	..	..	..	..
1000 Impôts sur revenu, bénéfices et gains en capital	..	..	..	..	..	..	..	..	..	..
2000 Cotisations de sécurité sociale	..	..	..	..	..	..	..	..	..	..
3000 Sur salaires ou main d'oeuvre	..	..	..	..	..	..	..	..	..	..
4000 Impôts sur le patrimoine	..	..	..	..	..	..	..	..	..	..
5000 Impôts sur les biens et services	..	..	..	..	..	..	..	..	..	..
6000 Autres impôts	..	..	..	..	..	..	..	..	..	..
Administrations locales										
Recettes fiscales totales	..	**0.0**	**0.1**	**0.1**	**0.1**	..	**0.5**	**0.5**	**0.4**	**0.3**
1000 Impôts sur revenu, bénéfices et gains en capital	..	0.0	0.0	0.0	0.0	..	0.0	0.0	0.0	0.0
2000 Cotisations de sécurité sociale	..	0.0	0.0	0.0	0.0	..	0.0	0.0	0.0	0.0
3000 Sur salaires ou main d'oeuvre	..	0.0	0.0	0.0	0.0	..	0.0	0.0	0.0	0.0
4000 Impôts sur le patrimoine	..	0.0	0.1	0.1	0.1	..	0.4	0.3	0.3	0.3
5000 Impôts sur les biens et services	..	0.0	0.0	0.0	0.0	..	0.1	0.1	0.1	0.1
6000 Autres impôts	..	0.0	0.0	0.0	0.0	..	0.0	0.0	0.0	0.0
Administrations de sécurité sociale										
Recettes fiscales totales	..	**0.3**	**0.9**	**1.1**	**1.1**	..	**4.3**	**5.9**	**5.4**	**5.5**
1000 Impôts sur revenu, bénéfices et gains en capital	..	0.0	0.0	0.0	0.0	..	0.0	0.0	0.0	0.0
2000 Cotisations de sécurité sociale	..	0.3	0.9	1.1	1.1	..	4.3	5.9	5.4	5.5
3000 Sur salaires ou main d'oeuvre	..	0.0	0.0	0.0	0.0	..	0.0	0.0	0.0	0.0
4000 Impôts sur le patrimoine	..	0.0	0.0	0.0	0.0	..	0.0	0.0	0.0	0.0
5000 Impôts sur les biens et services	..	0.0	0.0	0.0	0.0	..	0.0	0.0	0.0	0.0
6000 Autres impôts	..	0.0	0.0	0.0	0.0	..	0.0	0.0	0.0	0.0

Note : Des données et des notes plus détaillées par pays sont disponibles dans le chapitre 6 accessible en ligne : http://dx.doi.org/10.1787/9789264283206-fr. Les séries temporelles complètes sont accessibles sur le site web http://oe.cd/series-temporelles-completes.
Source : Statistics Estonia.

StatLink http://dx.doi.org/10.1787/888933614641

Tableau 4.17. **Finlande, recettes fiscales et % du PIB (sélection de catégories d'impôts)**

	Milliard EUR					% du PIB				
	1990	2000	2010	2014	2015	1990	2000	2010	2014	2015
Recettes fiscales totales	**39.1**	**62.4**	**76.3**	**90.0**	**92.1**	**42.9**	**45.8**	**40.8**	**43.8**	**43.9**
1000 Impôts sur le revenu, les bénéfices et les gains en capital	**15.3**	**26.9**	**27.1**	**31.5**	**32.4**	**16.8**	**19.7**	**14.5**	**15.3**	**15.4**
1100 Des personnes physiques	13.6	19.1	22.5	27.5	27.8	14.9	14.0	12.1	13.4	13.3
1200 Des sociétés	1.8	7.8	4.6	4.0	4.5	1.9	5.7	2.4	1.9	2.2
1300 Non-ventilables entre 1100 et 1200	0.0	0.0	0.0	0.0	0.0	0.0	0.0	0.0	0.0	0.0
2000 Cotisations de sécurité sociale	**10.0**	**15.8**	**22.6**	**26.0**	**26.6**	**11.0**	**11.6**	**12.1**	**12.7**	**12.7**
2100 À la charge des salariés	1.2	2.9	4.7	6.1	6.4	1.3	2.1	2.5	3.0	3.0
2200 À la charge des employeurs	8.1	11.6	16.0	17.9	18.2	8.9	8.5	8.6	8.7	8.7
2300 À la charge des indép. ou sans emploi	0.7	1.3	1.9	2.0	2.0	0.8	0.9	1.0	1.0	1.0
2400 Non-ventilables entre 2100, 2200 et 2300	0.0	0.0	0.0	0.0	0.0	0.0	0.0	0.0	0.0	0.0
3000 Sur les salaires ou main d'oeuvre	**0.0**	**0.0**	**0.0**	**0.0**	**0.0**	**0.0**	**0.0**	**0.0**	**0.0**	**0.0**
4000 Impôts sur le patrimoine	**1.0**	**1.5**	**2.1**	**2.7**	**3.0**	**1.1**	**1.1**	**1.1**	**1.3**	**1.4**
4100 Impôts périodiques sur la propriété immobilière	0.1	0.6	1.2	1.5	1.6	0.1	0.4	0.6	0.7	0.8
4200 Impôts périodiques sur l'actif net	0.0	0.2	0.0	0.0	0.0	0.0	0.1	0.0	0.0	0.0
4300 Impôts sur mut. par décès, succ. et donations	0.1	0.4	0.4	0.5	0.6	0.2	0.3	0.2	0.2	0.3
4400 Impôts sur transact. mobilières et immob.	0.7	0.4	0.5	0.7	0.8	0.8	0.3	0.3	0.3	0.4
4500 Impôts non périodiques sur	0.0	0.0	0.0	0.0	0.0	0.0	0.0	0.0	0.0	0.0
4600 Autres impôts périodiques sur patrimoine	0.0	0.0	0.0	0.0	0.0	0.0	0.0	0.0	0.0	0.0
5000 Impôts sur les biens et services	**12.7**	**18.1**	**24.3**	**29.6**	**29.8**	**14.0**	**13.3**	**13.0**	**14.4**	**14.2**
5100 Impôts sur production, vente, transfert, etc.	12.6	17.7	23.5	28.5	28.7	13.8	13.0	12.6	13.9	13.7
5110 Impôts généraux	7.5	10.9	15.5	18.9	19.0	8.3	8.0	8.3	9.2	9.1
5111 Taxes sur la valeur ajoutée	7.5	10.9	15.5	18.9	19.0	8.3	8.0	8.3	9.2	9.1
5120 Impôts sur biens et services déterminés	5.0	6.8	8.0	9.6	9.8	5.5	5.0	4.3	4.7	4.7
5121 Accises	3.8	5.6	6.3	7.4	7.7	4.2	4.1	3.4	3.6	3.7
5200 Impôts sur utilisation des biens et exerc. activités	0.2	0.4	0.8	1.1	1.1	0.2	0.3	0.4	0.5	0.5
5300 Non-ventilables entre 5100 et 5200	0.0	0.0	0.0	0.0	0.0	0.0	0.0	0.0	0.0	0.0
6000 Autres impôts	**0.0**	**0.0**	**0.1**	**0.1**	**0.1**	**0.1**	**0.0**	**0.0**	**0.0**	**0.0**
Crédits d'impôts récupérables										
Crédits d'impôts récupérables contre 1000	..	..	..	..	..	..	..	..	..	..
Composante transfert	..	..	..	..	..	..	..	..	..	..
Composante fiscale	..	..	..	..	..	..	..	..	..	..

Note : Des données et des notes plus détaillées par pays sont disponibles dans le chapitre 5 accessible en ligne : http://dx.doi.org/10.1787/9789264283206-fr. Les séries temporelles complètes sont accessibles sur le site web http://oe.cd/series-temporelles-completes.

Source : Bulletin of Statistics; Central Statistical Office (for Central Government revenues); the Annual report of the National Pension Institute and Official Statistics of Finland Series XXIIA published by the Ministry and Social Affairs (for the Social Security and private pension respectively); supplementary information from unpublished sources.

StatLink http://dx.doi.org/10.1787/888933614660

Tableau 4.18. Finlande, recettes fiscales et % du PIB par niveaux d'administration (principaux impôts)

	Milliard EUR					% du PIB				
	1990	2000	2010	2014	2015	1990	2000	2010	2014	2015
Administrations fédérale ou centrale										
Recettes fiscales totales	**20.7**	**33.1**	**35.0**	**42.7**	**43.3**	**22.7**	**24.3**	**18.7**	**20.8**	**20.7**
1000 Impôts sur revenu, bénéfices et gains en capital	7.0	14.0	9.8	11.8	12.1	7.7	10.3	5.2	5.8	5.8
2000 Cotisations de sécurité sociale	0.0	0.0	0.0	0.0	0.0	0.0	0.0	0.0	0.0	0.0
3000 Sur salaires ou main d'oeuvre	0.0	0.0	0.0	0.0	0.0	0.0	0.0	0.0	0.0	0.0
4000 Impôts sur le patrimoine	0.9	0.9	0.9	1.2	1.4	1.0	0.7	0.5	0.6	0.7
5000 Impôts sur les biens et services	12.7	18.1	24.3	29.6	29.7	14.0	13.3	13.0	14.4	14.2
6000 Autres impôts	0.0	0.0	0.1	0.1	0.1	0.1	0.0	0.0	0.0	0.0
Administrations d'un État/Régions										
Recettes fiscales totales	..	..	..	..	..	..	..	..	..	..
1000 Impôts sur revenu, bénéfices et gains en capital	..	..	..	..	..	..	..	..	..	..
2000 Cotisations de sécurité sociale	..	..	..	..	..	..	..	..	..	..
3000 Sur salaires ou main d'oeuvre	..	..	..	..	..	..	..	..	..	..
4000 Impôts sur le patrimoine	..	..	..	..	..	..	..	..	..	..
5000 Impôts sur les biens et services	..	..	..	..	..	..	..	..	..	..
6000 Autres impôts	..	..	..	..	..	..	..	..	..	..
Administrations locales										
Recettes fiscales totales	**8.4**	**13.5**	**18.5**	**21.2**	**21.9**	**9.2**	**9.9**	**9.9**	**10.3**	**10.4**
1000 Impôts sur revenu, bénéfices et gains en capital	8.3	12.9	17.3	19.6	20.2	9.1	9.5	9.3	9.6	9.7
2000 Cotisations de sécurité sociale	0.0	0.0	0.0	0.0	0.0	0.0	0.0	0.0	0.0	0.0
3000 Sur salaires ou main d'oeuvre	0.0	0.0	0.0	0.0	0.0	0.0	0.0	0.0	0.0	0.0
4000 Impôts sur le patrimoine	0.1	0.6	1.2	1.5	1.6	0.1	0.4	0.6	0.7	0.8
5000 Impôts sur les biens et services	0.0	0.0	0.0	0.0	0.0	0.0	0.0	0.0	0.0	0.0
6000 Autres impôts	0.0	0.0	0.0	0.0	0.0	0.0	0.0	0.0	0.0	0.0
Administrations de sécurité sociale										
Recettes fiscales totales	**10.0**	**15.7**	**22.6**	**26.0**	**26.6**	**11.0**	**11.6**	**12.1**	**12.7**	**12.7**
1000 Impôts sur revenu, bénéfices et gains en capital	0.0	0.0	0.0	0.0	0.0	0.0	0.0	0.0	0.0	0.0
2000 Cotisations de sécurité sociale	10.0	15.7	22.6	26.0	26.6	11.0	11.6	12.1	12.7	12.7
3000 Sur salaires ou main d'oeuvre	0.0	0.0	0.0	0.0	0.0	0.0	0.0	0.0	0.0	0.0
4000 Impôts sur le patrimoine	0.0	0.0	0.0	0.0	0.0	0.0	0.0	0.0	0.0	0.0
5000 Impôts sur les biens et services	0.0	0.0	0.0	0.0	0.0	0.0	0.0	0.0	0.0	0.0
6000 Autres impôts	0.0	0.0	0.0	0.0	0.0	0.0	0.0	0.0	0.0	0.0

Note : Des données et des notes plus détaillées par pays sont disponibles dans le chapitre 6 accessible en ligne : http://dx.doi.org/10.1787/9789264283206-fr. Les séries temporelles complètes sont accessibles sur le site web http://oe.cd/series-temporelles-completes.

Source : Bulletin of Statistics; Central Statistical Office (for Central Government revenues); the Annual report of the National Pension Institute and Official Statistics of Finland Series XXIIA published by the Ministry and Social Affairs (for the Social Security and private pension respectively); supplementary information from unpublished sources.

StatLink http://dx.doi.org/10.1787/888933614679

Tableau 4.19. **France, recettes fiscales et % du PIB (sélection de catégories d'impôts)**

	Milliard EUR					% du PIB				
	1990	2000	2010	2014	2015	1990	2000	2010	2014	2015
Recettes fiscales totales	**433.8**	**639.4**	**838.8**	**973.7**	**992.1**	**41.0**	**43.1**	**42.0**	**45.3**	**45.2**
1000 Impôts sur le revenu, les bénéfices et les gains en capital	**69.6**	**159.4**	**190.0**	**232.1**	**233.2**	**6.6**	**10.7**	**9.5**	**10.8**	**10.6**
1100 Des personnes physiques	46.3	115.2	143.4	182.4	187.3	4.4	7.8	7.2	8.5	8.5
1200 Des sociétés	23.1	44.2	46.7	49.6	45.9	2.2	3.0	2.3	2.3	2.1
1300 Non-ventilables entre 1100 et 1200	0.3	0.0	0.0	0.0	0.0	0.0	0.0	0.0	0.0	0.0
2000 Cotisations de sécurité sociale	**191.1**	**230.5**	**322.0**	**363.8**	**367.9**	**18.1**	**15.5**	**16.1**	**16.9**	**16.8**
2100 À la charge des salariés	57.3	57.3	77.8	90.4	93.1	5.4	3.9	3.9	4.2	4.2
2200 À la charge des employeurs	118.1	158.5	218.4	244.6	246.5	11.2	10.7	10.9	11.4	11.2
2300 À la charge des indép. ou sans emploi	15.7	14.6	25.7	28.7	28.3	1.5	1.0	1.3	1.3	1.3
2400 Non-ventilables entre 2100, 2200 et 2300	0.0	0.0	0.0	0.0	0.0	0.0	0.0	0.0	0.0	0.0
3000 Sur les salaires ou main d'oeuvre	**8.3**	**14.8**	**26.8**	**34.2**	**34.4**	**0.8**	**1.0**	**1.3**	**1.6**	**1.6**
4000 Impôts sur le patrimoine	**27.4**	**43.8**	**70.2**	**83.3**	**88.8**	**2.6**	**2.9**	**3.5**	**3.9**	**4.0**
4100 Impôts périodiques sur la propriété immobilière	14.8	27.2	47.3	55.1	57.1	1.4	1.8	2.4	2.6	2.6
4200 Impôts périodiques sur l'actif net	2.6	2.4	4.4	5.3	5.2	0.2	0.2	0.2	0.2	0.2
4300 Impôts sur mut. par décès, succ. et donations	4.1	6.9	7.7	10.3	12.2	0.4	0.5	0.4	0.5	0.6
4400 Impôts sur transact. mobilières et immob.	5.9	7.3	10.8	12.6	14.3	0.6	0.5	0.5	0.6	0.7
4500 Impôts non périodiques sur	0.0	0.0	0.0	0.0	0.0	0.0	0.0	0.0	0.0	0.0
4600 Autres impôts périodiques sur patrimoine	0.0	0.0	0.0	0.0	0.0	0.0	0.0	0.0	0.0	0.0
5000 Impôts sur les biens et services	**123.2**	**165.6**	**208.9**	**234.9**	**241.5**	**11.6**	**11.1**	**10.5**	**10.9**	**11.0**
5100 Impôts sur production, vente, transfert, etc.	119.2	161.0	202.6	228.1	234.6	11.3	10.8	10.1	10.6	10.7
5110 Impôts généraux	81.3	109.6	140.4	153.7	156.0	7.7	7.4	7.0	7.2	7.1
5111 Taxes sur la valeur ajoutée	80.0	106.9	135.4	148.3	151.6	7.6	7.2	6.8	6.9	6.9
5120 Impôts sur biens et services déterminés	37.9	51.4	62.2	74.4	78.6	3.6	3.5	3.1	3.5	3.6
5121 Accises	26.8	39.6	45.5	52.7	56.4	2.5	2.7	2.3	2.5	2.6
5200 Impôts sur utilisation des biens et exerc. activités	4.0	4.6	6.3	6.8	6.9	0.4	0.3	0.3	0.3	0.3
5300 Non-ventilables entre 5100 et 5200	0.0	0.0	0.0	0.0	0.0	0.0	0.0	0.0	0.0	0.0
6000 Autres impôts	**14.1**	**23.8**	**19.2**	**23.6**	**24.4**	**1.3**	**1.6**	**1.0**	**1.1**	**1.1**
Crédits d'impôts récupérables										
Crédits d'impôts récupérables contre 1000	..	0.5	17.4	21.3	25.8	..	0.0	0.9	1.0	1.2
Composante transfert	..	..	7.9	8.4	10.4	..	..	0.4	0.4	0.5
Composante fiscale	..	..	9.5	12.9	15.4	..	..	0.5	0.6	0.7

Note : Des données et des notes plus détaillées par pays sont disponibles dans le chapitre 5 accessible en ligne : http://dx.doi.org/10.1787/9789264283206-fr. Les séries temporelles complètes sont accessibles sur le site web http://oe.cd/series-temporelles-completes.

Le total des recettes fiscales a été diminué du montant de tout transfert en capital représentant les impôts non perçus. Le transfert en capital a été réparti entre les différentes rubriques en proportion des recettes fiscales. Par conséquent, les montants des recettes fiscales sont différents de ceux présentés dans le chapitre 5 accessible en ligne.

Source : Compte général de l'Administration des finances pour les chiffres de recettes fiscales. OSCE pour les chiffres de sécurité sociale de 1965 à 1969 et SEC pour les années suivantes.

StatLink http://dx.doi.org/10.1787/888933614698

Tableau 4.20. **France, recettes fiscales et % du PIB par niveaux d'administration (principaux impôts)**

	Milliard EUR					% du PIB				
	1990	2000	2010	2014	2015	1990	2000	2010	2014	2015
Administrations fédérale ou centrale										
Recettes fiscales totales	**200.1**	**267.6**	**297.2**	**322.4**	**330.2**	**18.9**	**18.0**	**14.9**	**15.0**	**15.0**
1000 Impôts sur revenu, bénéfices et gains en capital	69.6	94.3	97.1	124.2	120.9	6.6	6.3	4.9	5.8	5.5
2000 Cotisations de sécurité sociale	3.2	5.4	7.6	7.7	7.9	0.3	0.4	0.4	0.4	0.4
3000 Sur salaires ou main d'oeuvre	6.2	10.5	4.2	4.8	4.8	0.6	0.7	0.2	0.2	0.2
4000 Impôts sur le patrimoine	8.6	11.3	13.4	18.1	20.3	0.8	0.8	0.7	0.8	0.9
5000 Impôts sur les biens et services	112.1	143.1	157.4	166.5	174.5	10.6	9.6	7.9	7.8	8.0
6000 Autres impôts	0.4	3.0	17.4	1.1	1.9	0.0	0.2	0.9	0.1	0.1
Administrations d'un État/Régions										
Recettes fiscales totales	..	..	..	..	..	..	..	..	..	..
1000 Impôts sur revenu, bénéfices et gains en capital	..	..	..	..	..	..	..	..	..	..
2000 Cotisations de sécurité sociale	..	..	..	..	..	..	..	..	..	..
3000 Sur salaires ou main d'oeuvre	..	..	..	..	..	..	..	..	..	..
4000 Impôts sur le patrimoine	..	..	..	..	..	..	..	..	..	..
5000 Impôts sur les biens et services	..	..	..	..	..	..	..	..	..	..
6000 Autres impôts	..	..	..	..	..	..	..	..	..	..
Administrations locales										
Recettes fiscales totales	**40.2**	**64.7**	**89.3**	**126.7**	**131.3**	**3.8**	**4.4**	**4.5**	**5.9**	**6.0**
1000 Impôts sur revenu, bénéfices et gains en capital	0.0	0.0	0.1	0.0	0.0	0.0	0.0	0.0	0.0	0.0
2000 Cotisations de sécurité sociale	0.0	0.0	0.0	0.0	0.0	0.0	0.0	0.0	0.0	0.0
3000 Sur salaires ou main d'oeuvre	1.7	3.9	7.5	9.1	9.3	0.2	0.3	0.4	0.4	0.4
4000 Impôts sur le patrimoine	18.8	32.7	57.1	65.6	68.9	1.8	2.2	2.9	3.1	3.1
5000 Impôts sur les biens et services	6.0	7.3	23.0	29.8	31.0	0.6	0.5	1.2	1.4	1.4
6000 Autres impôts	13.7	20.9	1.6	22.2	22.1	1.3	1.4	0.1	1.0	1.0
Administrations de sécurité sociale										
Recettes fiscales totales	**190.9**	**305.2**	**450.3**	**522.6**	**528.4**	**18.0**	**20.5**	**22.5**	**24.3**	**24.1**
1000 Impôts sur revenu, bénéfices et gains en capital	0.0	65.0	92.7	107.5	112.2	0.0	4.4	4.6	5.0	5.1
2000 Cotisations de sécurité sociale	187.9	224.8	313.9	356.1	359.4	17.8	15.1	15.7	16.6	16.4
3000 Sur salaires ou main d'oeuvre	0.4	0.4	15.1	20.4	20.4	0.0	0.0	0.8	0.9	0.9
4000 Impôts sur le patrimoine	0.0	0.0	0.0	0.0	0.0	0.0	0.0	0.0	0.0	0.0
5000 Impôts sur les biens et services	2.5	14.9	28.4	38.2	35.9	0.2	1.0	1.4	1.8	1.6
6000 Autres impôts	0.0	0.1	0.2	0.5	0.6	0.0	0.0	0.0	0.0	0.0

Note : Des données et des notes plus détaillées par pays sont disponibles dans le chapitre 6 accessible en ligne : http://dx.doi.org/10.1787/9789264283206-fr. Les séries temporelles complètes sont accessibles sur le site web http://oe.cd/series-temporelles-completes.
Le total des recettes fiscales a été diminué du montant de tout transfert en capital représentant les impôts non perçus. Le transfert en capital a été réparti entre les différentes rubriques en proportion des recettes fiscales. Par conséquent, les montants des recettes fiscales sont différents de ceux présentés dans le chapitre 6 accessible en ligne.

Source : Compte général de l'Administration des finances pour les chiffres de recettes fiscales. OSCE pour les chiffres de sécurité sociale de 1965 à 1969 et SEC pour les années suivantes.

StatLink http://dx.doi.org/10.1787/888933614717

Tableau 4.21. **Allemagne, recettes fiscales et % du PIB (sélection de catégories d'impôts)**

	Milliard EUR					% du PIB				
	1990	2000	2010	2014	2015	1990	2000	2010	2014	2015
Recettes fiscales totales	**454.8**	**767.0**	**903.2**	**1 078.6**	**1 128.4**	**34.8**	**36.2**	**35.0**	**36.8**	**37.1**
1000 Impôts sur le revenu, les bénéfices et les gains en capital	**147.3**	**231.2**	**257.8**	**333.6**	**352.3**	**11.3**	**10.9**	**10.0**	**11.4**	**11.6**
1100 Des personnes physiques	125.3	194.2	219.4	282.8	299.6	9.6	9.2	8.5	9.6	9.8
1200 Des sociétés	22.0	37.1	38.4	50.8	52.7	1.7	1.8	1.5	1.7	1.7
1300 Non-ventilables entre 1100 et 1200	0.0	0.0	0.0	0.0	0.0	0.0	0.0	0.0	0.0	0.0
2000 Cotisations de sécurité sociale	**170.4**	**299.4**	**354.0**	**407.7**	**424.6**	**13.0**	**14.1**	**13.7**	**13.9**	**14.0**
2100 À la charge des salariés	73.6	131.6	155.3	181.6	188.9	5.6	6.2	6.0	6.2	6.2
2200 À la charge des employeurs	86.7	147.4	167.2	191.4	199.2	6.6	7.0	6.5	6.5	6.5
2300 À la charge des indép. ou sans emploi	10.2	20.4	31.5	34.7	36.5	0.8	1.0	1.2	1.2	1.2
2400 Non-ventilables entre 2100, 2200 et 2300	0.0	0.0	0.0	0.0	0.0	0.0	0.0	0.0	0.0	0.0
3000 Sur les salaires ou main d'oeuvre	**0.0**	**0.0**	**0.0**	**0.0**	**0.0**	**0.0**	**0.0**	**0.0**	**0.0**	**0.0**
4000 Impôts sur le patrimoine	**15.3**	**17.5**	**21.0**	**28.2**	**32.7**	**1.2**	**0.8**	**0.8**	**1.0**	**1.1**
4100 Impôts périodiques sur la propriété immobilière	4.5	8.8	11.3	12.7	13.2	0.3	0.4	0.4	0.4	0.4
4200 Impôts périodiques sur l'actif net	6.2	0.4	0.0	0.7	1.9	0.5	0.0	0.0	0.0	0.1
4300 Impôts sur mut. par décès, succ. et donations	1.5	3.0	4.4	5.5	6.3	0.1	0.1	0.2	0.2	0.2
4400 Impôts sur transact. mobilières et immob.	3.1	5.2	5.3	9.3	11.2	0.2	0.2	0.2	0.3	0.4
4500 Impôts non périodiques sur	0.0	0.0	0.0	0.0	0.0	0.0	0.0	0.0	0.0	0.0
4600 Autres impôts périodiques sur patrimoine	0.0	0.0	0.0	0.0	0.0	0.0	0.0	0.0	0.0	0.0
5000 Impôts sur les biens et services	**121.6**	**215.3**	**266.1**	**304.4**	**313.4**	**9.3**	**10.2**	**10.3**	**10.4**	**10.3**
5100 Impôts sur production, vente, transfert, etc.	117.2	208.1	256.9	285.4	294.3	9.0	9.8	10.0	9.7	9.7
5110 Impôts généraux	75.5	140.9	180.5	203.4	211.9	5.8	6.7	7.0	6.9	7.0
5111 Taxes sur la valeur ajoutée	75.5	140.9	180.5	203.4	211.9	5.8	6.7	7.0	6.9	7.0
5120 Impôts sur biens et services déterminés	41.7	67.2	76.1	81.7	82.0	3.2	3.2	2.9	2.8	2.7
5121 Accises	31.2	57.2	63.5	65.1	65.3	2.4	2.7	2.5	2.2	2.1
5200 Impôts sur utilisation des biens et exerc. activités	4.4	7.2	9.2	19.0	19.1	0.3	0.3	0.4	0.6	0.6
5300 Non-ventilables entre 5100 et 5200	0.0	0.0	0.0	0.0	0.0	0.0	0.0	0.0	0.0	0.0
6000 Autres impôts	**0.2**	**0.2**	**0.1**	**0.2**	**0.2**	**0.0**	**0.0**	**0.0**	**0.0**	**0.0**
Crédits d'impôts récupérables										
Crédits d'impôts récupérables contre 1000	..	39.3	46.3	41.5	42.2	..	1.9	1.8	1.4	1.4
Composante transfert	..	..	17.7	15.8	15.7	..	..	0.7	0.5	0.5
Composante fiscale	..	..	28.6	25.8	26.4	..	..	1.1	0.9	0.9

Note : Des données et des notes plus détaillées par pays sont disponibles dans le chapitre 5 accessible en ligne : http://dx.doi.org/10.1787/9789264283206-fr. Les séries temporelles complètes sont accessibles sur le site web http://oe.cd/series-temporelles-completes.
Source : Finanzbericht, Bonn; Tax Statistics. Unpublished estimates by the Ministry of Finance.

StatLink http://dx.doi.org/10.1787/888933614736

Tableau 4.22. **Allemagne, recettes fiscales et % du PIB par niveaux d'administration (principaux impôts)**

	Milliard EUR					% du PIB				
	1990	2000	2010	2014	2015	1990	2000	2010	2014	2015
Administrations fédérale ou centrale										
Recettes fiscales totales	**143.9**	**234.8**	**283.0**	**334.5**	**345.4**	**11.0**	**11.1**	**11.0**	**11.4**	**11.4**
1000 Impôts sur revenu, bénéfices et gains en capital	58.2	97.9	104.5	136.5	144.0	4.5	4.6	4.1	4.7	4.7
2000 Cotisations de sécurité sociale	0.0	0.0	0.0	0.0	0.0	0.0	0.0	0.0	0.0	0.0
3000 Sur salaires ou main d'oeuvre	0.0	0.0	0.0	0.0	0.0	0.0	0.0	0.0	0.0	0.0
4000 Impôts sur le patrimoine	1.2	0.0	0.0	0.7	1.9	0.1	0.0	0.0	0.0	0.1
5000 Impôts sur les biens et services	84.6	136.9	178.5	197.4	199.5	6.5	6.5	6.9	6.7	6.6
6000 Autres impôts	0.0	0.0	0.0	0.0	0.0	0.0	0.0	0.0	0.0	0.0
Administrations d'un État/Régions										
Recettes fiscales totales	**97.8**	**172.1**	**190.6**	**243.9**	**259.7**	**7.5**	**8.1**	**7.4**	**8.3**	**8.5**
1000 Impôts sur revenu, bénéfices et gains en capital	58.2	88.9	97.6	127.3	134.2	4.5	4.2	3.8	4.3	4.4
2000 Cotisations de sécurité sociale	0.0	0.0	0.0	0.0	0.0	0.0	0.0	0.0	0.0	0.0
3000 Sur salaires ou main d'oeuvre	0.0	0.0	0.0	0.0	0.0	0.0	0.0	0.0	0.0	0.0
4000 Impôts sur le patrimoine	7.0	8.5	9.7	14.8	17.5	0.5	0.4	0.4	0.5	0.6
5000 Impôts sur les biens et services	32.6	74.6	83.4	101.8	107.9	2.5	3.5	3.2	3.5	3.5
6000 Autres impôts	0.0	0.0	0.0	0.0	0.0	0.0	0.0	0.0	0.0	0.0
Administrations locales										
Recettes fiscales totales	**38.4**	**57.0**	**71.4**	**88.0**	**93.4**	**2.9**	**2.7**	**2.8**	**3.0**	**3.1**
1000 Impôts sur revenu, bénéfices et gains en capital	30.9	44.4	55.7	69.9	74.0	2.4	2.1	2.2	2.4	2.4
2000 Cotisations de sécurité sociale	0.0	0.0	0.0	0.0	0.0	0.0	0.0	0.0	0.0	0.0
3000 Sur salaires ou main d'oeuvre	0.0	0.0	0.0	0.0	0.0	0.0	0.0	0.0	0.0	0.0
4000 Impôts sur le patrimoine	7.2	9.0	11.3	12.7	13.2	0.5	0.4	0.4	0.4	0.4
5000 Impôts sur les biens et services	0.3	3.4	4.3	5.2	5.9	0.0	0.2	0.2	0.2	0.2
6000 Autres impôts	0.2	0.1	0.1	0.2	0.2	0.0	0.0	0.0	0.0	0.0
Administrations de sécurité sociale										
Recettes fiscales totales	**170.4**	**299.4**	**354.0**	**407.7**	**424.6**	**13.0**	**14.1**	**13.7**	**13.9**	**14.0**
1000 Impôts sur revenu, bénéfices et gains en capital	0.0	0.0	0.0	0.0	0.0	0.0	0.0	0.0	0.0	0.0
2000 Cotisations de sécurité sociale	170.4	299.4	354.0	407.7	424.6	13.0	14.1	13.7	13.9	14.0
3000 Sur salaires ou main d'oeuvre	0.0	0.0	0.0	0.0	0.0	0.0	0.0	0.0	0.0	0.0
4000 Impôts sur le patrimoine	0.0	0.0	0.0	0.0	0.0	0.0	0.0	0.0	0.0	0.0
5000 Impôts sur les biens et services	0.0	0.0	0.0	0.0	0.0	0.0	0.0	0.0	0.0	0.0
6000 Autres impôts	0.0	0.0	0.0	0.0	0.0	0.0	0.0	0.0	0.0	0.0

Note : Des données et des notes plus détaillées par pays sont disponibles dans le chapitre 6 accessible en ligne : http://dx.doi.org/10.1787/9789264283206-fr. Les séries temporelles complètes sont accessibles sur le site web http://oe.cd/series-temporelles-completes.

Source : Finanzbericht, Bonn; Tax Statistics. Unpublished estimates by the Ministry of Finance.

StatLink http://dx.doi.org/10.1787/888933614755

Tableau 4.23. **Grèce, recettes fiscales et % du PIB (sélection de catégories d'impôts)**

	Milliard EUR					% du PIB				
	1990	2000	2010	2014	2015	1990	2000	2010	2014	2015
Recettes fiscales totales	**11.5**	**47.1**	**72.4**	**63.8**	**64.0**	**25.2**	**33.4**	**32.0**	**35.9**	**36.4**
1000 Impôts sur le revenu, les bénéfices et les gains en capital	**2.3**	**12.6**	**15.9**	**15.1**	**14.4**	**5.0**	**9.0**	**7.0**	**8.5**	**8.2**
1100 Des personnes physiques	1.6	6.8	9.0	10.6	9.6	3.6	4.8	4.0	5.9	5.5
1200 Des sociétés	0.6	5.6	5.7	3.3	3.8	1.4	4.0	2.5	1.9	2.2
1300 Non-ventilables entre 1100 et 1200	0.0	0.2	1.2	1.2	0.9	0.1	0.1	0.5	0.7	0.5
2000 Cotisations de sécurité sociale	**3.5**	**14.3**	**24.7**	**18.6**	**18.8**	**7.6**	**10.1**	**10.9**	**10.4**	**10.7**
2100 À la charge des salariés	1.7	5.6	13.3	10.6	11.1	3.8	4.0	5.9	6.0	6.3
2200 À la charge des employeurs	1.7	6.7	11.5	8.0	7.7	3.8	4.7	5.1	4.5	4.4
2300 À la charge des indép. ou sans emploi	0.0	2.0	0.0	0.0	0.0	0.0	1.4	0.0	0.0	0.0
2400 Non-ventilables entre 2100, 2200 et 2300	0.0	0.0	0.0	0.0	0.0	0.0	0.0	0.0	0.0	0.0
3000 Sur les salaires ou main d'oeuvre	**0.1**	**0.0**	**0.0**	**0.0**	**0.0**	**0.2**	**0.0**	**0.0**	**0.0**	**0.0**
4000 Impôts sur le patrimoine	**0.5**	**2.9**	**3.7**	**5.1**	**5.4**	**1.2**	**2.0**	**1.7**	**2.9**	**3.1**
4100 Impôts périodiques sur la propriété immobilière	0.0	0.2	0.6	3.3	3.6	0.0	0.2	0.2	1.9	2.0
4200 Impôts périodiques sur l'actif net	0.0	0.1	1.3	1.0	1.1	0.0	0.0	0.6	0.6	0.6
4300 Impôts sur mut. par décès, succ. et donations	0.1	0.4	0.2	0.1	0.1	0.3	0.3	0.1	0.1	0.1
4400 Impôts sur transact. mobilières et immob.	0.4	2.0	1.1	0.6	0.5	0.8	1.4	0.5	0.3	0.3
4500 Impôts non périodiques sur	0.0	0.0	0.0	0.0	0.0	0.0	0.0	0.0	0.0	0.0
4600 Autres impôts périodiques sur patrimoine	0.0	0.2	0.6	0.1	0.1	0.0	0.1	0.3	0.1	0.0
5000 Impôts sur les biens et services	**5.1**	**17.1**	**27.7**	**24.8**	**25.2**	**11.2**	**12.1**	**12.3**	**14.0**	**14.3**
5100 Impôts sur production, vente, transfert, etc.	4.9	15.6	25.2	21.3	21.3	10.7	11.0	11.2	12.0	12.1
5110 Impôts généraux	3.0	10.1	16.8	13.3	13.4	6.7	7.2	7.4	7.5	7.6
5111 Taxes sur la valeur ajoutée	2.8	9.8	16.0	12.7	12.9	6.2	6.9	7.1	7.1	7.3
5120 Impôts sur biens et services déterminés	1.8	5.4	8.4	7.9	7.8	3.9	3.8	3.7	4.4	4.5
5121 Accises	1.4	4.2	7.3	6.8	6.7	3.0	3.0	3.2	3.8	3.8
5200 Impôts sur utilisation des biens et exerc. activités	0.2	1.3	1.7	3.0	3.2	0.5	0.9	0.7	1.7	1.8
5300 Non-ventilables entre 5100 et 5200	0.0	0.3	0.8	0.4	0.7	0.0	0.2	0.3	0.3	0.4
6000 Autres impôts	**0.0**	**0.0**	**0.0**	**0.0**	**0.0**	**0.0**	**0.0**	**0.0**	**0.0**	**0.0**
Crédits d'impôts récupérables										
Crédits d'impôts récupérables contre 1000	..	..	..	..	..	..	..	..	..	..
Composante transfert	..	..	..	..	..	..	..	..	..	..
Composante fiscale	..	..	..	..	..	..	..	..	..	..

Note : Des données et des notes plus détaillées par pays sont disponibles dans le chapitre 5 accessible en ligne : http://dx.doi.org/10.1787/9789264283206-fr. Les séries temporelles complètes sont accessibles sur le site web http://oe.cd/series-temporelles-completes.

Le total des recettes fiscales a été diminué du montant de tout transfert en capital représentant les impôts non perçus. Le transfert en capital a été réparti entre les différentes rubriques en proportion des recettes fiscales. Par conséquent, les montants des recettes fiscales sont différents de ceux présentés dans le chapitre 5 accessible en ligne.

Source : Ministry of Finance, General accounting Office, 20th Directorate of Budget except the heading 2000 provided by the National Statistics Bureau.

StatLink http://dx.doi.org/10.1787/888933614774

Tableau 4.24. **Grèce, recettes fiscales et % du PIB par niveaux d'administration (principaux impôts)**

	Milliard EUR					% du PIB				
	1990	2000	2010	2014	2015	1990	2000	2010	2014	2015
Administrations fédérale ou centrale										
Recettes fiscales totales	**7.8**	**32.4**	**46.5**	**43.8**	**43.9**	**17.1**	**23.0**	**20.6**	**24.6**	**25.0**
1000 Impôts sur revenu, bénéfices et gains en capital	2.3	12.7	15.9	15.1	14.4	5.0	9.0	7.0	8.5	8.2
2000 Cotisations de sécurité sociale	0.0	0.7	1.3	0.7	0.7	0.1	0.5	0.6	0.4	0.4
3000 Sur salaires ou main d'oeuvre	0.0	0.0	0.0	0.0	0.0	0.0	0.0	0.0	0.0	0.0
4000 Impôts sur le patrimoine	0.5	2.4	2.1	3.7	3.9	1.2	1.7	0.9	2.1	2.2
5000 Impôts sur les biens et services	4.9	16.7	27.1	24.3	24.9	10.9	11.8	12.0	13.7	14.1
6000 Autres impôts	0.0	0.0	0.0	0.0	0.0	0.0	0.0	0.0	0.0	0.0
Administrations d'un État/Régions										
Recettes fiscales totales	..	..	..	..	..	..	..	..	..	..
1000 Impôts sur revenu, bénéfices et gains en capital	..	..	..	..	..	..	..	..	..	..
2000 Cotisations de sécurité sociale	..	..	..	..	..	..	..	..	..	..
3000 Sur salaires ou main d'oeuvre	..	..	..	..	..	..	..	..	..	..
4000 Impôts sur le patrimoine	..	..	..	..	..	..	..	..	..	..
5000 Impôts sur les biens et services	..	..	..	..	..	..	..	..	..	..
6000 Autres impôts	..	..	..	..	..	..	..	..	..	..
Administrations locales										
Recettes fiscales totales	**0.1**	**0.4**	**1.7**	**1.6**	**1.5**	**0.3**	**0.3**	**0.8**	**0.9**	**0.9**
1000 Impôts sur revenu, bénéfices et gains en capital	0.0	0.0	0.0	0.0	0.0	0.0	0.0	0.0	0.0	0.0
2000 Cotisations de sécurité sociale	0.0	0.0	0.0	0.0	0.0	0.0	0.0	0.0	0.0	0.0
3000 Sur salaires ou main d'oeuvre	0.1	0.0	0.0	0.0	0.0	0.2	0.0	0.0	0.0	0.0
4000 Impôts sur le patrimoine	0.0	0.3	1.5	1.4	1.4	0.0	0.2	0.7	0.8	0.8
5000 Impôts sur les biens et services	0.1	0.1	0.2	0.1	0.1	0.1	0.1	0.1	0.1	0.1
6000 Autres impôts	0.0	0.0	0.0	0.0	0.0	0.0	0.0	0.0	0.0	0.0
Administrations de sécurité sociale										
Recettes fiscales totales	**3.4**	**14.1**	**24.0**	**18.3**	**18.3**	**7.5**	**10.0**	**10.6**	**10.3**	**10.4**
1000 Impôts sur revenu, bénéfices et gains en capital	0.0	0.0	0.0	0.0	0.0	0.0	0.0	0.0	0.0	0.0
2000 Cotisations de sécurité sociale	3.4	13.6	23.4	17.8	18.1	7.5	9.6	10.4	10.0	10.3
3000 Sur salaires ou main d'oeuvre	0.0	0.0	0.0	0.0	0.0	0.0	0.0	0.0	0.0	0.0
4000 Impôts sur le patrimoine	0.0	0.2	0.1	0.0	0.0	0.0	0.1	0.1	0.0	0.0
5000 Impôts sur les biens et services	0.0	0.3	0.4	0.4	0.2	0.0	0.2	0.2	0.2	0.1
6000 Autres impôts	0.0	0.0	0.0	0.0	0.0	0.0	0.0	0.0	0.0	0.0

Note : Des données et des notes plus détaillées par pays sont disponibles dans le chapitre 6 accessible en ligne : http://dx.doi.org/10.1787/9789264283206-fr. Les séries temporelles complètes sont accessibles sur le site web http://oe.cd/series-temporelles-completes.
Le total des recettes fiscales a été diminué du montant de tout transfert en capital représentant les impôts non perçus. Le transfert en capital a été réparti entre les différentes rubriques en proportion des recettes fiscales. Par conséquent, les montants des recettes fiscales sont différents de ceux présentés dans le chapitre 6 accessible en ligne.

Source : Ministry of Finance, General accounting Office, 20th Directorate of Budget except the heading 2000 provided by the National Statistics Bureau.

StatLink http://dx.doi.org/10.1787/888933614793

Tableau 4.25. **Hongrie, recettes fiscales et % du PIB (sélection de catégories d'impôts)**

	Milliard HUF					% du PIB				
	1990	2000	2010	2014	2015	1990	2000	2010	2014	2015
Recettes fiscales totales	..	**5 140.6**	**10 145.5**	**12 364.5**	**13 261.9**	..	**38.6**	**37.5**	**38.2**	**39.0**
1000 Impôts sur le revenu, les bénéfices et les gains en capital	..	**1 247.4**	**2 098.6**	**2 239.8**	**2 428.4**	..	**9.4**	**7.7**	**6.9**	**7.1**
1100 Des personnes physiques	..	954.7	1 768.8	1 705.1	1 814.9	..	7.2	6.5	5.3	5.3
1200 Des sociétés	..	292.7	329.7	534.7	613.5	..	2.2	1.2	1.7	1.8
1300 Non-ventilables entre 1100 et 1200	..	0.0	0.0	0.0	0.0	..	0.0	0.0	0.0	0.0
2000 Cotisations de sécurité sociale	..	**1 506.8**	**3 184.2**	**4 025.3**	**4 293.7**	..	**11.3**	**11.8**	**12.4**	**12.6**
2100 À la charge des salariés	..	275.3	1 069.1	1 660.5	1 784.5	..	2.1	3.9	5.1	5.2
2200 À la charge des employeurs	..	1 213.2	2 047.6	2 337.1	2 480.1	..	9.1	7.6	7.2	7.3
2300 À la charge des indép. ou sans emploi	..	0.9	21.2	0.0	0.0	..	0.0	0.1	0.0	0.0
2400 Non-ventilables entre 2100, 2200 et 2300	..	17.4	46.3	27.7	29.1	..	0.1	0.2	0.1	0.1
3000 Sur les salaires ou main d'oeuvre	..	**183.4**	**116.0**	**180.5**	**199.3**	..	**1.4**	**0.4**	**0.6**	**0.6**
4000 Impôts sur le patrimoine	..	**89.0**	**312.1**	**417.4**	**438.4**	..	**0.7**	**1.2**	**1.3**	**1.3**
4100 Impôts périodiques sur la propriété immobilière	..	30.8	92.5	191.2	201.4	..	0.2	0.3	0.6	0.6
4200 Impôts périodiques sur l'actif net	..	0.0	135.7	138.1	136.3	..	0.0	0.5	0.4	0.4
4300 Impôts sur mut. par décès, succ. et donations	..	5.5	6.3	6.2	7.4	..	0.0	0.0	0.0	0.0
4400 Impôts sur transact. mobilières et immob.	..	52.8	77.6	81.9	93.4	..	0.4	0.3	0.3	0.3
4500 Impôts non périodiques sur	..	0.0	0.0	0.0	0.0	..	0.0	0.0	0.0	0.0
4600 Autres impôts périodiques sur patrimoine	..	0.0	0.0	0.0	0.0	..	0.0	0.0	0.0	0.0
5000 Impôts sur les biens et services	..	**2 081.1**	**4 350.3**	**5 408.8**	**5 806.2**	..	**15.6**	**16.1**	**16.7**	**17.1**
5100 Impôts sur production, vente, transfert, etc.	..	2 052.4	4 238.8	5 282.2	5 670.4	..	15.4	15.6	16.3	16.7
5110 Impôts généraux	..	1 340.6	3 010.8	3 748.2	4 097.5	..	10.1	11.1	11.6	12.1
5111 Taxes sur la valeur ajoutée	..	1 153.7	2 325.6	3 011.2	3 307.3	..	8.7	8.6	9.3	9.7
5120 Impôts sur biens et services déterminés	..	711.8	1 228.0	1 534.0	1 572.9	..	5.3	4.5	4.7	4.6
5121 Accises	..	533.5	929.9	1 027.6	1 119.2	..	4.0	3.4	3.2	3.3
5200 Impôts sur utilisation des biens et exerc. activités	..	28.7	111.6	126.7	135.8	..	0.2	0.4	0.4	0.4
5300 Non-ventilables entre 5100 et 5200	..	0.0	0.0	0.0	0.0	..	0.0	0.0	0.0	0.0
6000 Autres impôts	..	**32.9**	**59.4**	**60.8**	**56.8**	..	**0.2**	**0.2**	**0.2**	**0.2**
Crédits d'impôts récupérables										
Crédits d'impôts récupérables contre 1000	..	..	..	..	..	..	..	..	..	..
Composante transfert	..	..	..	..	..	..	..	..	..	..
Composante fiscale	..	..	..	..	..	..	..	..	..	..

Note : Des données et des notes plus détaillées par pays sont disponibles dans le chapitre 5 accessible en ligne : http://dx.doi.org/10.1787/9789264283206-fr. Les séries temporelles complètes sont accessibles sur le site web http://oe.cd/series-temporelles-completes.

Source : Ministry of Finance, Economic Department.

StatLink http://dx.doi.org/10.1787/888933614812

Tableau 4.26. **Hongrie, recettes fiscales et % du PIB par niveaux d'administration (principaux impôts)**

	Milliard HUF					% du PIB				
	1990	2000	2010	2014	2015	1990	2000	2010	2014	2015
Administrations fédérale ou centrale										
Recettes fiscales totales	..	**3 316.0**	**6 391.5**	**7 544.8**	**8 061.6**	..	**24.9**	**23.6**	**23.3**	**23.7**
1000 Impôts sur revenu, bénéfices et gains en capital	..	1 230.8	2 064.3	2 132.6	2 311.9	..	9.2	7.6	6.6	6.8
2000 Cotisations de sécurité sociale	..	136.6	182.0	155.6	148.0	..	1.0	0.7	0.5	0.4
3000 Sur salaires ou main d'oeuvre	..	15.4	103.1	170.7	189.1	..	0.1	0.4	0.5	0.6
4000 Impôts sur le patrimoine	..	29.1	182.8	281.2	293.0	..	0.2	0.7	0.9	0.9
5000 Impôts sur les biens et services	..	1 878.3	3 799.9	4 759.2	5 076.8	..	14.1	14.0	14.7	14.9
6000 Autres impôts	..	25.8	59.4	45.4	42.8	..	0.2	0.2	0.1	0.1
Administrations d'un État/Régions										
Recettes fiscales totales	..	..	..	..	..	..	..	..	..	..
1000 Impôts sur revenu, bénéfices et gains en capital	..	..	..	..	..	..	..	..	..	..
2000 Cotisations de sécurité sociale	..	..	..	..	..	..	..	..	..	..
3000 Sur salaires ou main d'oeuvre	..	..	..	..	..	..	..	..	..	..
4000 Impôts sur le patrimoine	..	..	..	..	..	..	..	..	..	..
5000 Impôts sur les biens et services	..	..	..	..	..	..	..	..	..	..
6000 Autres impôts	..	..	..	..	..	..	..	..	..	..
Administrations locales										
Recettes fiscales totales	..	**266.0**	**652.2**	**698.5**	**771.0**	..	**2.0**	**2.4**	**2.2**	**2.3**
1000 Impôts sur revenu, bénéfices et gains en capital	..	2.2	0.1	0.0	0.0	..	0.0	0.0	0.0	0.0
2000 Cotisations de sécurité sociale	..	0.0	0.0	0.0	0.0	..	0.0	0.0	0.0	0.0
3000 Sur salaires ou main d'oeuvre	..	1.2	1.2	0.0	0.0	..	0.0	0.0	0.0	0.0
4000 Impôts sur le patrimoine	..	59.9	129.3	136.2	145.4	..	0.5	0.5	0.4	0.4
5000 Impôts sur les biens et services	..	202.8	521.6	562.3	625.6	..	1.5	1.9	1.7	1.8
6000 Autres impôts	..	0.0	0.0	0.0	0.0	..	0.0	0.0	0.0	0.0
Administrations de sécurité sociale										
Recettes fiscales totales	..	**1 558.6**	**3 076.2**	**4 088.5**	**4 389.5**	..	**11.7**	**11.4**	**12.6**	**12.9**
1000 Impôts sur revenu, bénéfices et gains en capital	..	14.5	34.2	107.1	116.5	..	0.1	0.1	0.3	0.3
2000 Cotisations de sécurité sociale	..	1 370.2	3 002.2	3 869.7	4 145.7	..	10.3	11.1	11.9	12.2
3000 Sur salaires ou main d'oeuvre	..	166.9	11.7	9.7	10.3	..	1.3	0.0	0.0	0.0
4000 Impôts sur le patrimoine	..	0.0	0.0	0.0	0.0	..	0.0	0.0	0.0	0.0
5000 Impôts sur les biens et services	..	0.0	28.1	86.6	103.1	..	0.0	0.1	0.3	0.3
6000 Autres impôts	..	7.0	0.0	15.4	14.0	..	0.1	0.0	0.0	0.0

Note : Des données et des notes plus détaillées par pays sont disponibles dans le chapitre 6 accessible en ligne : http://dx.doi.org/10.1787/9789264283206-fr. Les séries temporelles complètes sont accessibles sur le site web http://oe.cd/series-temporelles-completes.

Source : Ministry of Finance, Economic Department.

StatLink http://dx.doi.org/10.1787/888933614831

Tableau 4.27. **Islande, recettes fiscales et % du PIB (sélection de catégories d'impôts)**

	Milliard ISK					% du PIB				
	1990	2000	2010	2014	2015	1990	2000	2010	2014	2015
Recettes fiscales totales	**114.9**	**254.6**	**540.3**	**774.3**	**812.0**	**30.2**	**36.2**	**33.3**	**38.6**	**36.7**
1000 Impôts sur le revenu, les bénéfices et les gains en capital	**34.1**	**101.5**	**239.7**	**360.5**	**381.0**	**9.0**	**14.4**	**14.8**	**18.0**	**17.2**
1100 Des personnes physiques	30.9	88.5	197.3	270.6	298.0	8.1	12.6	12.2	13.5	13.5
1200 Des sociétés	3.2	8.4	14.6	66.8	52.5	0.8	1.2	0.9	3.3	2.4
1300 Non-ventilables entre 1100 et 1200	0.0	4.6	27.7	23.1	30.5	0.0	0.7	1.7	1.2	1.4
2000 Cotisations de sécurité sociale	**3.6**	**19.7**	**63.6**	**73.4**	**79.7**	**0.9**	**2.8**	**3.9**	**3.7**	**3.6**
2100 À la charge des salariés	0.3	..	..	..	..	0.1	..	..	..	..
2200 À la charge des employeurs	3.3	..	..	..	..	0.9	..	..	..	..
2300 À la charge des indép. ou sans emploi	0.0	..	..	..	..	0.0	..	..	..	..
2400 Non-ventilables entre 2100, 2200 et 2300	0.0	19.7	63.6	73.4	79.7	0.0	2.8	3.9	3.7	3.6
3000 Sur les salaires ou main d'oeuvre	**4.1**	**0.2**	**2.8**	**7.0**	**6.6**	**1.1**	**0.0**	**0.2**	**0.3**	**0.3**
4000 Impôts sur le patrimoine	**9.7**	**20.0**	**38.1**	**49.6**	**43.5**	**2.5**	**2.8**	**2.3**	**2.5**	**2.0**
4100 Impôts périodiques sur la propriété immobilière	4.1	10.1	28.5	32.3	34.9	1.1	1.4	1.8	1.6	1.6
4200 Impôts périodiques sur l'actif net	2.4	5.2	3.8	10.8	0.7	0.6	0.7	0.2	0.5	0.0
4300 Impôts sur mut. par décès, succ. et donations	0.2	0.8	2.6	2.5	2.9	0.1	0.1	0.2	0.1	0.1
4400 Impôts sur transact. mobilières et immob.	2.9	3.1	2.7	3.5	4.3	0.8	0.4	0.2	0.2	0.2
4500 Impôts non périodiques sur	0.0	0.1	0.1	0.2	0.4	0.0	0.0	0.0	0.0	0.0
4600 Autres impôts périodiques sur patrimoine	0.0	0.7	0.3	0.3	0.3	0.0	0.1	0.0	0.0	0.0
5000 Impôts sur les biens et services	**58.9**	**112.2**	**190.1**	**239.9**	**262.8**	**15.5**	**16.0**	**11.7**	**12.0**	**11.9**
5100 Impôts sur production, vente, transfert, etc.	56.6	100.7	179.0	228.7	250.1	14.9	14.3	11.0	11.4	11.3
5110 Impôts généraux	37.1	72.7	122.4	160.9	183.7	9.8	10.3	7.6	8.0	8.3
5111 Taxes sur la valeur ajoutée	32.7	72.7	122.4	160.9	183.7	8.6	10.3	7.6	8.0	8.3
5120 Impôts sur biens et services déterminés	19.5	28.0	56.6	67.8	66.4	5.1	4.0	3.5	3.4	3.0
5121 Accises	2.3	23.6	46.7	57.5	56.9	0.6	3.4	2.9	2.9	2.6
5200 Impôts sur utilisation des biens et exerc. activités	2.4	11.6	11.1	11.2	12.7	0.6	1.6	0.7	0.6	0.6
5300 Non-ventilables entre 5100 et 5200	0.0	0.0	0.0	0.0	0.0	0.0	0.0	0.0	0.0	0.0
6000 Autres impôts	**4.5**	**1.0**	**6.0**	**43.8**	**38.4**	**1.2**	**0.1**	**0.4**	**2.2**	**1.7**
Crédits d'impôts récupérables										
Crédits d'impôts récupérables contre 1000	..	..	..	1.2	1.2	..	..	..	0.1	0.1
Composante transfert	..	..	..	1.0	1.0	..	..	..	0.1	0.0
Composante fiscale	..	..	..	0.2	0.2	..	..	..	0.0	0.0

Note : Des données et des notes plus détaillées par pays sont disponibles dans le chapitre 5 accessible en ligne : http://dx.doi.org/10.1787/9789264283206-fr. Les séries temporelles complètes sont accessibles sur le site web http://oe.cd/series-temporelles-completes.

Source : Ministry of Finance, Economic Department.

StatLink http://dx.doi.org/10.1787/888933614850

Tableau 4.28. **Islande, recettes fiscales et % du PIB par niveaux d'administration (principaux impôts)**

	Milliard ISK					% du PIB				
	1990	2000	2010	2014	2015	1990	2000	2010	2014	2015
Administrations fédérale ou centrale										
Recettes fiscales totales	**91.6**	**195.1**	**402.3**	**584.4**	**604.0**	**24.1**	**27.7**	**24.8**	**29.1**	**27.3**
1000 Impôts sur revenu, bénéfices et gains en capital	19.9	55.5	132.9	204.3	210.5	5.2	7.9	8.2	10.2	9.5
2000 Cotisations de sécurité sociale	3.6	19.7	63.6	73.4	79.7	0.9	2.8	3.9	3.7	3.6
3000 Sur salaires ou main d'oeuvre	4.1	0.2	2.8	7.0	6.6	1.1	0.0	0.2	0.3	0.3
4000 Impôts sur le patrimoine	6.0	9.9	9.7	17.5	8.8	1.6	1.4	0.6	0.9	0.4
5000 Impôts sur les biens et services	57.7	108.9	187.4	238.5	260.0	15.2	15.5	11.6	11.9	11.7
6000 Autres impôts	0.4	1.0	6.0	43.8	38.4	0.1	0.1	0.4	2.2	1.7
Administrations d'un État/Régions										
Recettes fiscales totales	..	..	..	..	..	..	..	..	..	..
1000 Impôts sur revenu, bénéfices et gains en capital	..	..	..	..	..	..	..	..	..	..
2000 Cotisations de sécurité sociale	..	..	..	..	..	..	..	..	..	..
3000 Sur salaires ou main d'oeuvre	..	..	..	..	..	..	..	..	..	..
4000 Impôts sur le patrimoine	..	..	..	..	..	..	..	..	..	..
5000 Impôts sur les biens et services	..	..	..	..	..	..	..	..	..	..
6000 Autres impôts	..	..	..	..	..	..	..	..	..	..
Administrations locales										
Recettes fiscales totales	**23.3**	**59.4**	**138.0**	**189.8**	**208.0**	**6.1**	**8.5**	**8.5**	**9.5**	**9.4**
1000 Impôts sur revenu, bénéfices et gains en capital	14.2	46.0	106.8	156.2	170.4	3.7	6.5	6.6	7.8	7.7
2000 Cotisations de sécurité sociale	0.0	0.0	0.0	0.0	0.0	0.0	0.0	0.0	0.0	0.0
3000 Sur salaires ou main d'oeuvre	0.0	0.0	0.0	0.0	0.0	0.0	0.0	0.0	0.0	0.0
4000 Impôts sur le patrimoine	3.7	10.1	28.4	32.2	34.7	1.0	1.4	1.8	1.6	1.6
5000 Impôts sur les biens et services	1.2	3.3	2.8	1.4	2.8	0.3	0.5	0.2	0.1	0.1
6000 Autres impôts	4.1	0.0	0.0	0.0	0.0	1.1	0.0	0.0	0.0	0.0
Administrations de sécurité sociale										
Recettes fiscales totales	**0.0**	**0.0**	**0.0**	**0.0**	**0.0**	**0.0**	**0.0**	**0.0**	**0.0**	**0.0**
1000 Impôts sur revenu, bénéfices et gains en capital	0.0	0.0	0.0	0.0	0.0	0.0	0.0	0.0	0.0	0.0
2000 Cotisations de sécurité sociale	0.0	0.0	0.0	0.0	0.0	0.0	0.0	0.0	0.0	0.0
3000 Sur salaires ou main d'oeuvre	0.0	0.0	0.0	0.0	0.0	0.0	0.0	0.0	0.0	0.0
4000 Impôts sur le patrimoine	0.0	0.0	0.0	0.0	0.0	0.0	0.0	0.0	0.0	0.0
5000 Impôts sur les biens et services	0.0	0.0	0.0	0.0	0.0	0.0	0.0	0.0	0.0	0.0
6000 Autres impôts	0.0	0.0	0.0	0.0	0.0	0.0	0.0	0.0	0.0	0.0

Note : Des données et des notes plus détaillées par pays sont disponibles dans le chapitre 6 accessible en ligne : http://dx.doi.org/10.1787/9789264283206-fr. Les séries temporelles complètes sont accessibles sur le site web http://oe.cd/series-temporelles-completes.

Source : Ministry of Finance, Economic Department.

StatLink http://dx.doi.org/10.1787/888933614869

Tableau 4.29. **Irlande, recettes fiscales et % du PIB (sélection de catégories d'impôts)**

	Milliard EUR					% du PIB				
	1990	2000	2010	2014	2015	1990	2000	2010	2014	2015
Recettes fiscales totales	**12.3**	**33.3**	**45.3**	**55.5**	**60.6**	**32.4**	**30.8**	**27.0**	**28.5**	**23.1**
1000 Impôts sur le revenu, les bénéfices et les gains en capital	**4.7**	**14.6**	**17.5**	**22.3**	**26.0**	**12.3**	**13.4**	**10.5**	**11.5**	**9.9**
1100 Des personnes physiques	4.1	10.6	13.6	17.7	19.2	10.7	9.8	8.1	9.1	7.3
1200 Des sociétés	0.6	3.9	3.9	4.6	6.9	1.6	3.6	2.4	2.4	2.6
1300 Non-ventilables entre 1100 et 1200	0.0	0.0	0.0	0.0	0.0	0.0	0.0	0.0	0.0	0.0
2000 Cotisations de sécurité sociale	**1.7**	**3.9**	**8.4**	**9.6**	**10.2**	**4.6**	**3.6**	**5.0**	**4.9**	**3.9**
2100 À la charge des salariés	0.6	0.9	3.2	3.4	3.5	1.5	0.9	1.9	1.7	1.3
2200 À la charge des employeurs	1.1	2.8	4.9	5.8	6.2	2.9	2.6	2.9	3.0	2.4
2300 À la charge des indép. ou sans emploi	0.1	0.2	0.3	0.4	0.5	0.2	0.2	0.2	0.2	0.2
2400 Non-ventilables entre 2100, 2200 et 2300	0.0	0.0	0.0	0.0	0.0	0.0	0.0	0.0	0.0	0.0
3000 Sur les salaires ou main d'oeuvre	**0.2**	**0.0**	**0.3**	**0.3**	**0.4**	**0.4**	**0.0**	**0.2**	**0.2**	**0.1**
4000 Impôts sur le patrimoine	**0.6**	**1.9**	**2.4**	**4.2**	**3.9**	**1.5**	**1.8**	**1.4**	**2.2**	**1.5**
4100 Impôts périodiques sur la propriété immobilière	0.3	0.6	1.3	1.9	1.8	0.8	0.5	0.8	1.0	0.7
4200 Impôts périodiques sur l'actif net	0.0	0.0	0.0	0.7	0.2	0.0	0.0	0.0	0.4	0.1
4300 Impôts sur mut. par décès, succ. et donations	0.0	0.2	0.2	0.4	0.4	0.1	0.2	0.1	0.2	0.2
4400 Impôts sur transact. mobilières et immob.	0.2	1.1	0.8	1.2	1.5	0.6	1.0	0.5	0.6	0.6
4500 Impôts non périodiques sur	0.0	0.0	0.0	0.0	0.0	0.0	0.0	0.0	0.0	0.0
4600 Autres impôts périodiques sur patrimoine	0.0	0.0	0.0	0.0	0.0	0.0	0.0	0.0	0.0	0.0
5000 Impôts sur les biens et services	**5.1**	**12.7**	**16.4**	**18.7**	**19.8**	**13.6**	**11.7**	**9.8**	**9.6**	**7.5**
5100 Impôts sur production, vente, transfert, etc.	4.9	12.2	15.1	17.0	17.8	13.0	11.2	9.0	8.8	6.8
5110 Impôts généraux	2.5	7.6	10.1	11.5	12.0	6.6	7.1	6.0	5.9	4.6
5111 Taxes sur la valeur ajoutée	2.5	7.6	10.1	11.5	12.0	6.6	7.1	6.0	5.9	4.6
5120 Impôts sur biens et services déterminés	2.4	4.5	5.0	5.5	5.9	6.4	4.2	3.0	2.8	2.2
5121 Accises	2.1	4.4	4.9	5.2	5.5	5.5	4.1	2.9	2.7	2.1
5200 Impôts sur utilisation des biens et exerc. activités	0.2	0.6	1.3	1.6	1.9	0.5	0.5	0.8	0.8	0.7
5300 Non-ventilables entre 5100 et 5200	0.0	0.0	0.0	0.0	0.0	0.0	0.0	0.0	0.0	0.0
6000 Autres impôts	**0.0**	**0.0**	**0.0**	**0.0**	**0.0**	**0.0**	**0.0**	**0.0**	**0.0**	**0.0**
Crédits d'impôts récupérables										
Crédits d'impôts récupérables contre 1000	..	..	1.1	0.7	0.5	..	..	0.6	0.3	0.2
Composante transfert	..	..	..	..	..	..	..	..	..	..
Composante fiscale	..	..	1.1	0.7	0.5	..	..	0.6	0.3	0.2

Note : Des données et des notes plus détaillées par pays sont disponibles dans le chapitre 5 accessible en ligne : http://dx.doi.org/10.1787/9789264283206-fr. Les séries temporelles complètes sont accessibles sur le site web http://oe.cd/series-temporelles-completes.
Source : Annual Report of he Revenue Commissioners, Financial Accounts and National Income and Expenditure Accounts.

StatLink http://dx.doi.org/10.1787/888933614888

Tableau 4.30. **Irlande, recettes fiscales et % du PIB par niveaux d'administration (principaux impôts)**

	Milliard EUR					% du PIB				
	1990	2000	2010	2014	2015	1990	2000	2010	2014	2015
Administrations fédérale ou centrale										
Recettes fiscales totales	**10.1**	**28.7**	**36.8**	**45.7**	**50.3**	**26.7**	**26.5**	**22.0**	**23.5**	**19.2**
1000 Impôts sur revenu, bénéfices et gains en capital	4.7	14.6	17.5	22.3	26.0	12.3	13.4	10.5	11.5	9.9
2000 Cotisations de sécurité sociale	0.1	0.1	1.5	1.5	1.6	0.2	0.1	0.9	0.8	0.6
3000 Sur salaires ou main d'oeuvre	0.2	0.0	0.3	0.3	0.4	0.4	0.0	0.2	0.2	0.1
4000 Impôts sur le patrimoine	0.3	1.3	1.1	2.8	2.5	0.7	1.2	0.6	1.5	1.0
5000 Impôts sur les biens et services	5.0	12.7	16.4	18.7	19.8	13.1	11.7	9.8	9.6	7.5
6000 Autres impôts	0.0	0.0	0.0	0.0	0.0	0.0	0.0	0.0	0.0	0.0
Administrations d'un État/Régions										
Recettes fiscales totales	..	..	..	..	..	..	..	..	..	..
1000 Impôts sur revenu, bénéfices et gains en capital	..	..	..	..	..	..	..	..	..	..
2000 Cotisations de sécurité sociale	..	..	..	..	..	..	..	..	..	..
3000 Sur salaires ou main d'oeuvre	..	..	..	..	..	..	..	..	..	..
4000 Impôts sur le patrimoine	..	..	..	..	..	..	..	..	..	..
5000 Impôts sur les biens et services	..	..	..	..	..	..	..	..	..	..
6000 Autres impôts	..	..	..	..	..	..	..	..	..	..
Administrations locales										
Recettes fiscales totales	**0.3**	**0.7**	**1.5**	**1.5**	**1.5**	**0.9**	**0.6**	**0.9**	**0.8**	**0.6**
1000 Impôts sur revenu, bénéfices et gains en capital	0.0	0.0	0.0	0.0	0.0	0.0	0.0	0.0	0.0	0.0
2000 Cotisations de sécurité sociale	0.0	0.1	0.2	0.1	0.1	0.1	0.1	0.1	0.1	0.0
3000 Sur salaires ou main d'oeuvre	0.0	0.0	0.0	0.0	0.0	0.0	0.0	0.0	0.0	0.0
4000 Impôts sur le patrimoine	0.3	0.6	1.3	1.4	1.3	0.8	0.5	0.8	0.7	0.5
5000 Impôts sur les biens et services	0.0	0.0	0.0	0.0	0.0	0.0	0.0	0.0	0.0	0.0
6000 Autres impôts	0.0	0.0	0.0	0.0	0.0	0.0	0.0	0.0	0.0	0.0
Administrations de sécurité sociale										
Recettes fiscales totales	**1.6**	**3.7**	**6.7**	**7.9**	**8.5**	**4.3**	**3.5**	**4.0**	**4.1**	**3.2**
1000 Impôts sur revenu, bénéfices et gains en capital	0.0	0.0	0.0	0.0	0.0	0.0	0.0	0.0	0.0	0.0
2000 Cotisations de sécurité sociale	1.6	3.7	6.7	7.9	8.5	4.3	3.5	4.0	4.1	3.2
3000 Sur salaires ou main d'oeuvre	0.0	0.0	0.0	0.0	0.0	0.0	0.0	0.0	0.0	0.0
4000 Impôts sur le patrimoine	0.0	0.0	0.0	0.0	0.0	0.0	0.0	0.0	0.0	0.0
5000 Impôts sur les biens et services	0.0	0.0	0.0	0.0	0.0	0.0	0.0	0.0	0.0	0.0
6000 Autres impôts	0.0	0.0	0.0	0.0	0.0	0.0	0.0	0.0	0.0	0.0

Note : Des données et des notes plus détaillées par pays sont disponibles dans le chapitre 6 accessible en ligne : http://dx.doi.org/10.1787/9789264283206-fr. Les séries temporelles complètes sont accessibles sur le site web http://oe.cd/series-temporelles-completes.

Source : Annual Report of he Revenue Commissioners, Financial Accounts and National Income and Expenditure Accounts.

StatLink http://dx.doi.org/10.1787/888933614907

Tableau 4.31. **Israël, recettes fiscales et % du PIB (sélection de catégories d'impôts)**

	Milliard ILS					% du PIB				
	1990	2000	2010	2014	2015	1990	2000	2010	2014	2015
Recettes fiscales totales	..	**188.3**	**268.5**	**343.8**	**364.1**	..	**34.9**	**30.7**	**31.1**	**31.3**
1000 Impôts sur le revenu, les bénéfices et les gains en capital	..	**74.6**	**78.3**	**105.0**	**113.7**	..	**13.8**	**9.0**	**9.5**	**9.8**
1100 Des personnes physiques	..	54.8	48.2	62.8	70.6	..	10.1	5.5	5.7	6.1
1200 Des sociétés	..	18.0	23.1	35.0	34.7	..	3.3	2.6	3.2	3.0
1300 Non-ventilables entre 1100 et 1200	..	1.8	6.9	7.3	8.4	..	0.3	0.8	0.7	0.7
2000 Cotisations de sécurité sociale	..	**27.6**	**45.3**	**56.1**	**59.6**	..	**5.1**	**5.2**	**5.1**	**5.1**
2100 À la charge des salariés	..	15.8	27.8	32.8	34.7	..	2.9	3.2	3.0	3.0
2200 À la charge des employeurs	..	8.2	11.4	16.2	17.2	..	1.5	1.3	1.5	1.5
2300 À la charge des indép. ou sans emploi	..	3.6	6.1	7.2	7.6	..	0.7	0.7	0.7	0.7
2400 Non-ventilables entre 2100, 2200 et 2300	..	0.0	0.0	0.0	0.0	..	0.0	0.0	0.0	0.0
3000 Sur les salaires ou main d'oeuvre	..	**6.8**	**10.3**	**13.6**	**13.8**	..	**1.3**	**1.2**	**1.2**	**1.2**
4000 Impôts sur le patrimoine	..	**16.9**	**28.8**	**34.5**	**38.7**	..	**3.1**	**3.3**	**3.1**	**3.3**
4100 Impôts périodiques sur la propriété immobilière	..	11.3	18.8	22.5	23.7	..	2.1	2.1	2.0	2.0
4200 Impôts périodiques sur l'actif net	..	0.0	0.0	0.0	0.0	..	0.0	0.0	0.0	0.0
4300 Impôts sur mut. par décès, succ. et donations	..	0.0	0.0	0.0	0.0	..	0.0	0.0	0.0	0.0
4400 Impôts sur transact. mobilières et immob.	..	3.2	4.1	5.0	6.7	..	0.6	0.5	0.5	0.6
4500 Impôts non périodiques sur	..	2.4	6.0	7.0	8.3	..	0.5	0.7	0.6	0.7
4600 Autres impôts périodiques sur patrimoine	..	0.0	0.0	0.0	0.0	..	0.0	0.0	0.0	0.0
5000 Impôts sur les biens et services	..	**62.4**	**105.9**	**134.6**	**138.3**	..	**11.6**	**12.1**	**12.2**	**11.9**
5100 Impôts sur production, vente, transfert, etc.	..	57.9	98.1	125.6	128.3	..	10.7	11.2	11.4	11.0
5110 Impôts généraux	..	49.9	79.9	105.7	107.8	..	9.2	9.1	9.6	9.3
5111 Taxes sur la valeur ajoutée	..	39.8	65.5	87.8	90.8	..	7.4	7.5	7.9	7.8
5120 Impôts sur biens et services déterminés	..	8.0	18.1	19.9	20.5	..	1.5	2.1	1.8	1.8
5121 Accises	..	6.6	15.5	17.1	17.6	..	1.2	1.8	1.5	1.5
5200 Impôts sur utilisation des biens et exerc. activités	..	4.5	7.8	9.0	10.0	..	0.8	0.9	0.8	0.9
5300 Non-ventilables entre 5100 et 5200	..	0.0	0.0	0.0	0.0	..	0.0	0.0	0.0	0.0
6000 Autres impôts	..	**0.0**	**0.0**	**0.0**	**0.0**	..	**0.0**	**0.0**	**0.0**	**0.0**
Crédits d'impôts récupérables										
Crédits d'impôts récupérables contre 1000	..	0.0	0.1	0.6	1.4	..	0.0	0.0	0.1	0.1
Composante transfert	..	..	0.1	0.6	1.3	..	..	0.0	0.1	0.1
Composante fiscale	..	..	0.0	0.0	0.1	..	..	0.0	0.0	0.0

Note : Des données et des notes plus détaillées par pays sont disponibles dans le chapitre 5 accessible en ligne : http://dx.doi.org/10.1787/9789264283206-fr.
Les séries temporelles complètes sont accessibles sur le site web http://oe.cd/series-temporelles-completes.
Les données statistiques concernant Israël sont fournies par et sous la responsabilité des autorités israéliennes compétentes. L'utilisation de ces données par l'OCDE est sans préjudice du statut des hauteurs du Golan, de Jérusalem Est et des colonies de peuplement israéliennes en Cisjordanie aux termes du droit international.
Source : Israel Central Bureau of Statistics and Israel Ministry of Finance.

StatLink http://dx.doi.org/10.1787/888933614926

Tableau 4.32. **Israël, recettes fiscales et % du PIB par niveaux d'administration (principaux impôts)**

	Milliard ILS					% du PIB				
	1990	2000	2010	2014	2015	1990	2000	2010	2014	2015
Administrations fédérale ou centrale										
Recettes fiscales totales	..	**148.0**	**199.8**	**259.6**	**274.9**	..	**27.4**	**22.9**	**23.5**	**23.6**
1000 Impôts sur revenu, bénéfices et gains en capital	..	74.6	78.3	105.0	113.7	..	13.8	9.0	9.5	9.8
2000 Cotisations de sécurité sociale	..	0.0	0.0	0.0	0.0	..	0.0	0.0	0.0	0.0
3000 Sur salaires ou main d'oeuvre	..	6.8	10.3	13.6	13.8	..	1.3	1.2	1.2	1.2
4000 Impôts sur le patrimoine	..	4.8	6.6	7.8	10.6	..	0.9	0.8	0.7	0.9
5000 Impôts sur les biens et services	..	61.8	104.7	133.2	136.8	..	11.5	12.0	12.1	11.8
6000 Autres impôts	..	0.0	0.0	0.0	0.0	..	0.0	0.0	0.0	0.0
Administrations d'un État/Régions										
Recettes fiscales totales	..	..	..	..	..	..	..	..	..	..
1000 Impôts sur revenu, bénéfices et gains en capital	..	..	..	..	..	..	..	..	..	..
2000 Cotisations de sécurité sociale	..	..	..	..	..	..	..	..	..	..
3000 Sur salaires ou main d'oeuvre	..	..	..	..	..	..	..	..	..	..
4000 Impôts sur le patrimoine	..	..	..	..	..	..	..	..	..	..
5000 Impôts sur les biens et services	..	..	..	..	..	..	..	..	..	..
6000 Autres impôts	..	..	..	..	..	..	..	..	..	..
Administrations locales										
Recettes fiscales totales	..	**12.7**	**23.4**	**28.0**	**29.6**	..	**2.4**	**2.7**	**2.5**	**2.5**
1000 Impôts sur revenu, bénéfices et gains en capital	..	0.0	0.0	0.0	0.0	..	0.0	0.0	0.0	0.0
2000 Cotisations de sécurité sociale	..	0.0	0.0	0.0	0.0	..	0.0	0.0	0.0	0.0
3000 Sur salaires ou main d'oeuvre	..	0.0	0.0	0.0	0.0	..	0.0	0.0	0.0	0.0
4000 Impôts sur le patrimoine	..	12.1	22.2	26.7	28.1	..	2.2	2.5	2.4	2.4
5000 Impôts sur les biens et services	..	0.6	1.1	1.4	1.4	..	0.1	0.1	0.1	0.1
6000 Autres impôts	..	0.0	0.0	0.0	0.0	..	0.0	0.0	0.0	0.0
Administrations de sécurité sociale										
Recettes fiscales totales	..	**27.6**	**45.3**	**56.1**	**59.6**	..	**5.1**	**5.2**	**5.1**	**5.1**
1000 Impôts sur revenu, bénéfices et gains en capital	..	0.0	0.0	0.0	0.0	..	0.0	0.0	0.0	0.0
2000 Cotisations de sécurité sociale	..	27.6	45.3	56.1	59.6	..	5.1	5.2	5.1	5.1
3000 Sur salaires ou main d'oeuvre	..	0.0	0.0	0.0	0.0	..	0.0	0.0	0.0	0.0
4000 Impôts sur le patrimoine	..	0.0	0.0	0.0	0.0	..	0.0	0.0	0.0	0.0
5000 Impôts sur les biens et services	..	0.0	0.0	0.0	0.0	..	0.0	0.0	0.0	0.0
6000 Autres impôts	..	0.0	0.0	0.0	0.0	..	0.0	0.0	0.0	0.0

Note : Des données et des notes plus détaillées par pays sont disponibles dans le chapitre 6 accessible en ligne : http://dx.doi.org/10.1787/9789264283206-fr.
Les séries temporelles complètes sont accessibles sur le site web http://oe.cd/series-temporelles-completes.
Les données statistiques concernant Israël sont fournies par et sous la responsabilité des autorités israéliennes compétentes. L'utilisation de ces données par l'OCDE est sans préjudice du statut des hauteurs du Golan, de Jérusalem Est et des colonies de peuplement israéliennes en Cisjordanie aux termes du droit international.
Source : Israel Central Bureau of Statistics and Israel Ministry of Finance.

StatLink http://dx.doi.org/10.1787/888933614945

Tableau 4.33. **Italie, recettes fiscales et % du PIB (sélection de catégories d'impôts)**

	Milliard EUR					% du PIB				
	1990	2000	2010	2014	2015	1990	2000	2010	2014	2015
Recettes fiscales totales	**265.1**	**503.1**	**671.6**	**704.8**	**712.3**	**36.4**	**40.6**	**41.9**	**43.5**	**43.3**
1000 Impôts sur le revenu, les bénéfices et les gains en capital	**96.7**	**166.9**	**219.3**	**225.0**	**226.6**	**13.3**	**13.5**	**13.7**	**13.9**	**13.8**
1100 Des personnes physiques	69.7	124.9	180.2	182.1	185.2	9.6	10.1	11.2	11.2	11.3
1200 Des sociétés	26.6	34.7	36.7	35.2	33.6	3.7	2.8	2.3	2.2	2.0
1300 Non-ventilables entre 1100 et 1200	0.4	7.3	2.3	7.7	7.8	0.1	0.6	0.1	0.5	0.5
2000 Cotisations de sécurité sociale	**87.3**	**143.6**	**209.1**	**209.7**	**214.4**	**12.0**	**11.6**	**13.0**	**12.9**	**13.0**
2100 À la charge des salariés	16.8	27.3	37.6	38.6	39.8	2.3	2.2	2.3	2.4	2.4
2200 À la charge des employeurs	62.5	99.9	144.3	141.2	143.3	8.6	8.1	9.0	8.7	8.7
2300 À la charge des indép. ou sans emploi	8.0	16.4	27.2	29.9	31.3	1.1	1.3	1.7	1.8	1.9
2400 Non-ventilables entre 2100, 2200 et 2300	0.0	0.0	0.0	0.0	0.0	0.0	0.0	0.0	0.0	0.0
3000 Sur les salaires ou main d'oeuvre	**0.9**	**0.0**	**0.0**	**0.0**	**0.0**	**0.1**	**0.0**	**0.0**	**0.0**	**0.0**
4000 Impôts sur le patrimoine	**6.0**	**23.4**	**32.4**	**46.9**	**46.2**	**0.8**	**1.9**	**2.0**	**2.9**	**2.8**
4100 Impôts périodiques sur la propriété immobilière	0.0	9.4	9.7	25.2	25.6	0.0	0.8	0.6	1.6	1.6
4200 Impôts périodiques sur l'actif net	0.0	0.0	2.1	0.8	0.2	0.0	0.0	0.1	0.1	0.0
4300 Impôts sur mut. par décès, succ. et donations	0.4	1.0	0.5	0.6	0.7	0.1	0.1	0.0	0.0	0.0
4400 Impôts sur transact. mobilières et immob.	5.6	12.3	17.4	18.0	17.4	0.8	1.0	1.1	1.1	1.1
4500 Impôts non périodiques sur	0.0	0.1	0.9	0.1	0.3	0.0	0.0	0.1	0.0	0.0
4600 Autres impôts périodiques sur patrimoine	0.0	0.6	1.9	2.1	2.0	0.0	0.0	0.1	0.1	0.1
5000 Impôts sur les biens et services	**74.3**	**140.3**	**176.6**	**190.9**	**194.7**	**10.2**	**11.3**	**11.0**	**11.8**	**11.8**
5100 Impôts sur production, vente, transfert, etc.	67.1	125.7	158.5	168.2	172.3	9.2	10.1	9.9	10.4	10.5
5110 Impôts généraux	38.9	77.5	97.6	97.1	101.0	5.3	6.3	6.1	6.0	6.1
5111 Taxes sur la valeur ajoutée	38.9	77.5	97.6	97.1	101.0	5.3	6.3	6.1	6.0	6.1
5120 Impôts sur biens et services déterminés	28.0	48.3	61.0	71.2	71.3	3.9	3.9	3.8	4.4	4.3
5121 Accises	20.3	31.5	36.4	48.7	46.2	2.8	2.5	2.3	3.0	2.8
5200 Impôts sur utilisation des biens et exerc. activités	4.5	8.5	10.5	11.4	11.2	0.6	0.7	0.7	0.7	0.7
5300 Non-ventilables entre 5100 et 5200	2.7	6.1	7.6	11.2	11.2	0.4	0.5	0.5	0.7	0.7
6000 Autres impôts	**0.0**	**27.3**	**31.9**	**30.4**	**28.1**	**0.0**	**2.2**	**2.0**	**1.9**	**1.7**
Crédits d'impôts récupérables										
Crédits d'impôts récupérables contre 1000	..	..	0.3	12.6	14.7	..	..	0.0	0.8	0.9
Composante transfert	..	..	0.1	7.6	6.0	..	..	0.0	0.5	0.4
Composante fiscale	..	..	0.2	5.0	8.6	..	..	0.0	0.3	0.5

Note : Des données et des notes plus détaillées par pays sont disponibles dans le chapitre 5 accessible en ligne : http://dx.doi.org/10.1787/9789264283206-fr. Les séries temporelles complètes sont accessibles sur le site web http://oe.cd/series-temporelles-completes.
Source : Ministero dell'economia e delle finanze; Istituto nazionale di statistica.

StatLink http://dx.doi.org/10.1787/888933614964

Tableau 4.34. **Italie, recettes fiscales et % du PIB par niveaux d'administration (principaux impôts)**

	Milliard EUR					% du PIB				
	1990	2000	2010	2014	2015	1990	2000	2010	2014	2015
Administrations fédérale ou centrale										
Recettes fiscales totales	**168.9**	**280.8**	**357.0**	**376.5**	**378.2**	**23.2**	**22.7**	**22.3**	**23.2**	**23.0**
1000 Impôts sur revenu, bénéfices et gains en capital	92.7	154.2	193.6	196.2	196.3	12.7	12.4	12.1	12.1	11.9
2000 Cotisations de sécurité sociale	0.0	0.0	0.0	0.0	0.0	0.0	0.0	0.0	0.0	0.0
3000 Sur salaires ou main d'oeuvre	0.9	0.0	0.0	0.0	0.0	0.1	0.0	0.0	0.0	0.0
4000 Impôts sur le patrimoine	6.0	12.9	21.0	23.2	22.3	0.8	1.0	1.3	1.4	1.4
5000 Impôts sur les biens et services	69.3	113.6	142.5	157.0	159.6	9.5	9.2	8.9	9.7	9.7
6000 Autres impôts	0.0	0.0	0.0	0.0	0.0	0.0	0.0	0.0	0.0	0.0
Administrations d'un État/Régions										
Recettes fiscales totales	..	..	..	..	..	..	..	..	..	..
1000 Impôts sur revenu, bénéfices et gains en capital	..	..	..	..	..	..	..	..	..	..
2000 Cotisations de sécurité sociale	..	..	..	..	..	..	..	..	..	..
3000 Sur salaires ou main d'oeuvre	..	..	..	..	..	..	..	..	..	..
4000 Impôts sur le patrimoine	..	..	..	..	..	..	..	..	..	..
5000 Impôts sur les biens et services	..	..	..	..	..	..	..	..	..	..
6000 Autres impôts	..	..	..	..	..	..	..	..	..	..
Administrations locales										
Recettes fiscales totales	**7.7**	**77.2**	**103.2**	**116.6**	**117.4**	**1.1**	**6.2**	**6.4**	**7.2**	**7.1**
1000 Impôts sur revenu, bénéfices et gains en capital	4.0	12.7	25.6	28.8	30.3	0.6	1.0	1.6	1.8	1.8
2000 Cotisations de sécurité sociale	0.0	0.0	0.0	0.0	0.0	0.0	0.0	0.0	0.0	0.0
3000 Sur salaires ou main d'oeuvre	0.0	0.0	0.0	0.0	0.0	0.0	0.0	0.0	0.0	0.0
4000 Impôts sur le patrimoine	0.0	10.5	11.5	23.6	23.9	0.0	0.8	0.7	1.5	1.5
5000 Impôts sur les biens et services	3.7	26.7	34.2	33.9	35.1	0.5	2.2	2.1	2.1	2.1
6000 Autres impôts	0.0	27.3	31.9	30.4	28.1	0.0	2.2	2.0	1.9	1.7
Administrations de sécurité sociale										
Recettes fiscales totales	**87.3**	**143.6**	**209.1**	**209.7**	**214.4**	**12.0**	**11.6**	**13.0**	**12.9**	**13.0**
1000 Impôts sur revenu, bénéfices et gains en capital	0.0	0.0	0.0	0.0	0.0	0.0	0.0	0.0	0.0	0.0
2000 Cotisations de sécurité sociale	87.3	143.6	209.1	209.7	214.4	12.0	11.6	13.0	12.9	13.0
3000 Sur salaires ou main d'oeuvre	0.0	0.0	0.0	0.0	0.0	0.0	0.0	0.0	0.0	0.0
4000 Impôts sur le patrimoine	0.0	0.0	0.0	0.0	0.0	0.0	0.0	0.0	0.0	0.0
5000 Impôts sur les biens et services	0.0	0.0	0.0	0.0	0.0	0.0	0.0	0.0	0.0	0.0
6000 Autres impôts	0.0	0.0	0.0	0.0	0.0	0.0	0.0	0.0	0.0	0.0

Note : Des données et des notes plus détaillées par pays sont disponibles dans le chapitre 6 accessible en ligne : http://dx.doi.org/10.1787/9789264283206-fr. Les séries temporelles complètes sont accessibles sur le site web http://oe.cd/series-temporelles-completes.

Source : Ministero dell'economia e delle finanze; Istituto nazionale di statistica.

StatLink http://dx.doi.org/10.1787/888933614983

Tableau 4.35. **Japon, recettes fiscales et % du PIB (sélection de catégories d'impôts)**

	Milliard JPY					% du PIB				
	1990	2000	2010	2014	2015	1990	2000	2010	2014	2015
Recettes fiscales totales	**130 842.7**	**136 235.8**	**132 484.3**	**156 886.4**	**163 545.1**	**28.2**	**25.8**	**26.5**	**30.3**	**30.7**
1000 Impôts sur le revenu, les bénéfices et les gains en capital	**65 681.6**	**47 398.2**	**40 034.3**	**49 939.2**	**50 968.7**	**14.2**	**9.0**	**8.0**	**9.6**	**9.6**
1100 Des personnes physiques	36 393.6	28 677.3	24 662.7	29 655.0	30 862.5	7.8	5.4	4.9	5.7	5.8
1200 Des sociétés	29 288.0	18 720.9	15 371.6	20 284.2	20 106.2	6.3	3.5	3.1	3.9	3.8
1300 Non-ventilables entre 1100 et 1200	0.0	0.0	0.0	0.0	0.0	0.0	0.0	0.0	0.0	0.0
2000 Cotisations de sécurité sociale	**34 612.6**	**47 968.3**	**54 460.6**	**62 251.8**	**64 477.2**	**7.5**	**9.1**	**10.9**	**12.0**	**12.1**
2100 À la charge des salariés	13 895.0	19 829.9	23 592.6	27 168.1	28 216.2	3.0	3.8	4.7	5.2	5.3
2200 À la charge des employeurs	16 648.8	22 455.5	24 674.2	28 373.9	29 527.8	3.6	4.2	4.9	5.5	5.6
2300 À la charge des indép. ou sans emploi	4 068.8	5 682.9	6 193.8	6 709.8	6 733.2	0.9	1.1	1.2	1.3	1.3
2400 Non-ventilables entre 2100, 2200 et 2300	0.0	0.0	0.0	0.0	0.0	0.0	0.0	0.0	0.0	0.0
3000 Sur les salaires ou main d'oeuvre	**0.0**	**0.0**	**0.0**	**0.0**	**0.0**	**0.0**	**0.0**	**0.0**	**0.0**	**0.0**
4000 Impôts sur le patrimoine	**12 296.3**	**14 294.4**	**12 878.3**	**13 305.6**	**13 399.7**	**2.7**	**2.7**	**2.6**	**2.6**	**2.5**
4100 Impôts périodiques sur la propriété immobilière	7 098.5	10 413.7	10 225.0	10 016.0	10 005.0	1.5	2.0	2.0	1.9	1.9
4200 Impôts périodiques sur l'actif net	0.0	0.0	0.0	0.0	0.0	0.0	0.0	0.0	0.0	0.0
4300 Impôts sur mut. par décès, succ. et donations	1 918.0	1 782.2	1 250.4	1 882.9	1 968.4	0.4	0.3	0.3	0.4	0.4
4400 Impôts sur transact. mobilières et immob.	3 279.8	2 098.5	1 402.9	1 406.7	1 426.3	0.7	0.4	0.3	0.3	0.3
4500 Impôts non périodiques sur	0.0	0.0	0.0	0.0	0.0	0.0	0.0	0.0	0.0	0.0
4600 Autres impôts périodiques sur patrimoine	0.0	0.0	0.0	0.0	0.0	0.0	0.0	0.0	0.0	0.0
5000 Impôts sur les biens et services	**17 916.8**	**26 227.2**	**24 730.2**	**30 991.3**	**34 286.4**	**3.9**	**5.0**	**5.0**	**6.0**	**6.4**
5100 Impôts sur production, vente, transfert, etc.	15 646.5	23 180.2	22 160.4	28 587.1	31 870.7	3.4	4.4	4.4	5.5	6.0
5110 Impôts généraux	5 778.3	12 350.3	12 675.2	19 135.4	22 400.5	1.2	2.3	2.5	3.7	4.2
5111 Taxes sur la valeur ajoutée	5 778.3	12 350.3	12 675.2	19 135.4	22 400.5	1.2	2.3	2.5	3.7	4.2
5120 Impôts sur biens et services déterminés	9 868.2	10 829.9	9 485.2	9 451.7	9 470.2	2.1	2.0	1.9	1.8	1.8
5121 Accises	8 637.2	9 837.0	8 622.4	8 308.4	8 351.2	1.9	1.9	1.7	1.6	1.6
5200 Impôts sur utilisation des biens et exerc. activités	2 270.3	3 047.0	2 569.8	2 404.2	2 415.7	0.5	0.6	0.5	0.5	0.5
5300 Non-ventilables entre 5100 et 5200	0.0	0.0	0.0	0.0	0.0	0.0	0.0	0.0	0.0	0.0
6000 Autres impôts	**335.4**	**347.7**	**381.1**	**398.5**	**413.0**	**0.1**	**0.1**	**0.1**	**0.1**	**0.1**
Crédits d'impôts récupérables										
Crédits d'impôts récupérables contre 1000	..	..	..	..	..	..	..	..	..	..
Composante transfert	..	..	..	..	..	..	..	..	..	..
Composante fiscale	..	..	..	..	..	..	..	..	..	..

Note : Des données et des notes plus détaillées par pays sont disponibles dans le chapitre 5 accessible en ligne : http://dx.doi.org/10.1787/9789264283206-fr. Les séries temporelles complètes sont accessibles sur le site web http://oe.cd/series-temporelles-completes.

Source : Tax Bureau, Ministry of Finance.

StatLink http://dx.doi.org/10.1787/888933615002

Tableau 4.36. **Japon, recettes fiscales et % du PIB par niveaux d'administration (principaux impôts)**

	Milliard JPY					% du PIB				
	1990	2000	2010	2014	2015	1990	2000	2010	2014	2015
Administrations fédérale ou centrale										
Recettes fiscales totales	**62 779.7**	**52 720.8**	**43 707.4**	**57 849.2**	**59 969.4**	**13.5**	**10.0**	**8.8**	**11.2**	**11.3**
1000 Impôts sur revenu, bénéfices et gains en capital	44 379.1	30 536.2	23 372.1	30 999.2	31 606.8	9.6	5.8	4.7	6.0	5.9
2000 Cotisations de sécurité sociale	0.0	0.0	0.0	0.0	0.0	0.0	0.0	0.0	0.0	0.0
3000 Sur salaires ou main d'oeuvre	0.0	0.0	0.0	0.0	0.0	0.0	0.0	0.0	0.0	0.0
4000 Impôts sur le patrimoine	4 601.6	3 314.9	2 274.5	2 917.9	3 018.0	1.0	0.6	0.5	0.6	0.6
5000 Impôts sur les biens et services	13 799.0	18 869.7	18 060.9	23 932.1	25 344.5	3.0	3.6	3.6	4.6	4.8
6000 Autres impôts	0.0	0.0	0.0	0.0	0.0	0.0	0.0	0.0	0.0	0.0
Administrations d'un État/Régions										
Recettes fiscales totales	..	..	..	..	..	..	..	..	..	..
1000 Impôts sur revenu, bénéfices et gains en capital	..	..	..	..	..	..	..	..	..	..
2000 Cotisations de sécurité sociale	..	..	..	..	..	..	..	..	..	..
3000 Sur salaires ou main d'oeuvre	..	..	..	..	..	..	..	..	..	..
4000 Impôts sur le patrimoine	..	..	..	..	..	..	..	..	..	..
5000 Impôts sur les biens et services	..	..	..	..	..	..	..	..	..	..
6000 Autres impôts	..	..	..	..	..	..	..	..	..	..
Administrations locales										
Recettes fiscales totales	**33 450.4**	**35 546.7**	**34 316.3**	**36 785.4**	**39 098.5**	**7.2**	**6.7**	**6.9**	**7.1**	**7.4**
1000 Impôts sur revenu, bénéfices et gains en capital	21 302.5	16 862.0	16 662.3	18 940.0	19 361.9	4.6	3.2	3.3	3.7	3.6
2000 Cotisations de sécurité sociale	0.0	0.0	0.0	0.0	0.0	0.0	0.0	0.0	0.0	0.0
3000 Sur salaires ou main d'oeuvre	0.0	0.0	0.0	0.0	0.0	0.0	0.0	0.0	0.0	0.0
4000 Impôts sur le patrimoine	7 694.7	10 979.5	10 603.8	10 387.7	10 381.8	1.7	2.1	2.1	2.0	2.0
5000 Impôts sur les biens et services	4 117.8	7 357.5	6 669.2	7 059.2	8 941.9	0.9	1.4	1.3	1.4	1.7
6000 Autres impôts	335.4	347.7	381.1	398.5	413.0	0.1	0.1	0.1	0.1	0.1
Administrations de sécurité sociale										
Recettes fiscales totales	**34 612.6**	**47 968.3**	**54 460.6**	**62 251.8**	**64 477.2**	**7.5**	**9.1**	**10.9**	**12.0**	**12.1**
1000 Impôts sur revenu, bénéfices et gains en capital	0.0	0.0	0.0	0.0	0.0	0.0	0.0	0.0	0.0	0.0
2000 Cotisations de sécurité sociale	34 612.6	47 968.3	54 460.6	62 251.8	64 477.2	7.5	9.1	10.9	12.0	12.1
3000 Sur salaires ou main d'oeuvre	0.0	0.0	0.0	0.0	0.0	0.0	0.0	0.0	0.0	0.0
4000 Impôts sur le patrimoine	0.0	0.0	0.0	0.0	0.0	0.0	0.0	0.0	0.0	0.0
5000 Impôts sur les biens et services	0.0	0.0	0.0	0.0	0.0	0.0	0.0	0.0	0.0	0.0
6000 Autres impôts	0.0	0.0	0.0	0.0	0.0	0.0	0.0	0.0	0.0	0.0

Note : Des données et des notes plus détaillées par pays sont disponibles dans le chapitre 6 accessible en ligne : http://dx.doi.org/10.1787/9789264283206-fr. Les séries temporelles complètes sont accessibles sur le site web http://oe.cd/series-temporelles-completes.

Source : Tax Bureau, Ministry of Finance.

StatLink http://dx.doi.org/10.1787/888933615021

Tableau 4.37. **Corée, recettes fiscales et % du PIB (sélection de catégories d'impôts)**

	Milliard KRW					% du PIB				
	1990	2000	2010	2014	2015	1990	2000	2010	2014	2015
Recettes fiscales totales	**37 261.7**	**136 295.0**	**295 968.0**	**365 428.0**	**393 559.0**	**18.8**	**21.5**	**23.4**	**24.6**	**25.2**
1000 Impôts sur le revenu, les bénéfices et les gains en capital	**12 203.5**	**39 254.0**	**82 905.0**	**106 353.0**	**119 151.0**	**6.2**	**6.2**	**6.6**	**7.2**	**7.6**
1100 Des personnes physiques	7 440.4	19 950.0	42 098.0	59 457.0	67 600.0	3.8	3.1	3.3	4.0	4.3
1200 Des sociétés	4 756.6	19 271.0	40 807.0	46 896.0	51 551.0	2.4	3.0	3.2	3.2	3.3
1300 Non-ventilables entre 1100 et 1200	6.5	33.0	0.0	0.0	0.0	0.0	0.0	0.0	0.0	0.0
2000 Cotisations de sécurité sociale	**3 760.0**	**22 759.0**	**69 090.0**	**98 184.0**	**104 693.0**	**1.9**	**3.6**	**5.5**	**6.6**	**6.7**
2100 À la charge des salariés	1 464.0	8 578.0	28 213.0	41 355.0	44 281.0	0.7	1.4	2.2	2.8	2.8
2200 À la charge des employeurs	1 694.0	9 409.0	30 856.0	44 806.0	47 846.0	0.9	1.5	2.4	3.0	3.1
2300 À la charge des indép. ou sans emploi	602.0	4 772.0	10 021.0	12 023.0	12 566.0	0.3	0.8	0.8	0.8	0.8
2400 Non-ventilables entre 2100, 2200 et 2300	0.0	0.0	0.0	0.0	0.0	0.0	0.0	0.0	0.0	0.0
3000 Sur les salaires ou main d'oeuvre	**152.8**	**258.0**	**714.0**	**1 042.0**	**1 122.0**	**0.1**	**0.0**	**0.1**	**0.1**	**0.1**
4000 Impôts sur le patrimoine	**4 388.9**	**16 846.0**	**33 516.0**	**40 305.0**	**48 625.0**	**2.2**	**2.7**	**2.6**	**2.7**	**3.1**
4100 Impôts périodiques sur la propriété immobilière	980.0	3 385.0	9 270.0	11 654.0	12 486.0	0.5	0.5	0.7	0.8	0.8
4200 Impôts périodiques sur l'actif net	0.0	0.0	0.0	0.0	0.0	0.0	0.0	0.0	0.0	0.0
4300 Impôts sur mut. par décès, succ. et donations	353.9	989.0	3 076.0	4 625.0	5 044.0	0.2	0.2	0.2	0.3	0.3
4400 Impôts sur transact. mobilières et immob.	2 959.7	11 935.0	21 170.0	24 026.0	31 095.0	1.5	1.9	1.7	1.6	2.0
4500 Impôts non périodiques sur	95.3	537.0	0.0	0.0	0.0	0.0	0.1	0.0	0.0	0.0
4600 Autres impôts périodiques sur patrimoine	0.0	0.0	0.0	0.0	0.0	0.0	0.0	0.0	0.0	0.0
5000 Impôts sur les biens et services	**16 497.5**	**52 271.0**	**99 769.0**	**109 451.0**	**110 326.0**	**8.3**	**8.2**	**7.9**	**7.4**	**7.1**
5100 Impôts sur production, vente, transfert, etc.	16 023.5	50 023.0	96 573.0	102 531.0	103 254.0	8.1	7.9	7.6	6.9	6.6
5110 Impôts généraux	6 964.4	23 212.0	51 800.0	62 975.0	60 162.0	3.5	3.7	4.1	4.2	3.8
5111 Taxes sur la valeur ajoutée	6 964.4	23 212.0	51 800.0	62 975.0	60 162.0	3.5	3.7	4.1	4.2	3.8
5120 Impôts sur biens et services déterminés	9 059.1	26 811.0	44 773.0	39 556.0	43 092.0	4.6	4.2	3.5	2.7	2.8
5121 Accises	4 923.7	18 155.0	31 340.0	28 226.0	31 857.0	2.5	2.9	2.5	1.9	2.0
5200 Impôts sur utilisation des biens et exerc. activités	473.9	2 248.0	3 196.0	6 920.0	7 072.0	0.2	0.4	0.3	0.5	0.5
5300 Non-ventilables entre 5100 et 5200	0.0	0.0	0.0	0.0	0.0	0.0	0.0	0.0	0.0	0.0
6000 Autres impôts	**259.1**	**4 907.0**	**9 974.0**	**10 093.0**	**9 642.0**	**0.1**	**0.8**	**0.8**	**0.7**	**0.6**
Crédits d'impôts récupérables										
Crédits d'impôts récupérables contre 1000	..	..	..	..	..	..	..	..	..	..
Composante transfert	..	..	..	..	..	..	..	..	..	..
Composante fiscale	..	..	..	..	..	..	..	..	..	..

Note : Des données et des notes plus détaillées par pays sont disponibles dans le chapitre 5 accessible en ligne : http://dx.doi.org/10.1787/9789264283206-fr. Les séries temporelles complètes sont accessibles sur le site web http://oe.cd/series-temporelles-completes.

Source : Ministry of Finance and Economy, Ministry of Home Affairs.

StatLink http://dx.doi.org/10.1787/888933615040

Tableau 4.38. **Corée, recettes fiscales et % du PIB par niveaux d'administration (principaux impôts)**

	Milliard KRW					% du PIB				
	1990	2000	2010	2014	2015	1990	2000	2010	2014	2015
Administrations fédérale ou centrale										
Recettes fiscales totales	**27 140.8**	**92 935.0**	**177 718.0**	**205 519.0**	**217 888.0**	**13.7**	**14.6**	**14.0**	**13.8**	**13.9**
1000 Impôts sur revenu, bénéfices et gains en capital	11 655.2	35 824.0	75 352.0	96 454.0	106 162.0	5.9	5.6	6.0	6.5	6.8
2000 Cotisations de sécurité sociale	0.0	0.0	0.0	0.0	0.0	0.0	0.0	0.0	0.0	0.0
3000 Sur salaires ou main d'oeuvre	29.3	0.0	0.0	0.0	0.0	0.0	0.0	0.0	0.0	0.0
4000 Impôts sur le patrimoine	866.3	5 866.0	11 288.0	12 347.0	15 164.0	0.4	0.9	0.9	0.8	1.0
5000 Impôts sur les biens et services	14 377.5	46 812.0	86 629.0	92 669.0	93 127.0	7.3	7.4	6.8	6.2	6.0
6000 Autres impôts	212.5	4 433.0	4 449.0	4 049.0	3 435.0	0.1	0.7	0.4	0.3	0.2
Administrations d'un État/Régions										
Recettes fiscales totales	..	..	..	..	..	..	..	..	..	..
1000 Impôts sur revenu, bénéfices et gains en capital	..	..	..	..	..	..	..	..	..	..
2000 Cotisations de sécurité sociale	..	..	..	..	..	..	..	..	..	..
3000 Sur salaires ou main d'oeuvre	..	..	..	..	..	..	..	..	..	..
4000 Impôts sur le patrimoine	..	..	..	..	..	..	..	..	..	..
5000 Impôts sur les biens et services	..	..	..	..	..	..	..	..	..	..
6000 Autres impôts	..	..	..	..	..	..	..	..	..	..
Administrations locales										
Recettes fiscales totales	**6 360.9**	**20 601.0**	**49 160.0**	**61 725.0**	**70 978.0**	**3.2**	**3.2**	**3.9**	**4.2**	**4.5**
1000 Impôts sur revenu, bénéfices et gains en capital	548.3	3 430.0	7 553.0	9 899.0	12 989.0	0.3	0.5	0.6	0.7	0.8
2000 Cotisations de sécurité sociale	0.0	0.0	0.0	0.0	0.0	0.0	0.0	0.0	0.0	0.0
3000 Sur salaires ou main d'oeuvre	123.5	258.0	714.0	1 042.0	1 122.0	0.1	0.0	0.1	0.1	0.1
4000 Impôts sur le patrimoine	3 522.6	10 980.0	22 228.0	27 958.0	33 461.0	1.8	1.7	1.8	1.9	2.1
5000 Impôts sur les biens et services	2 120.0	5 459.0	13 140.0	16 782.0	17 199.0	1.1	0.9	1.0	1.1	1.1
6000 Autres impôts	46.6	474.0	5 525.0	6 044.0	6 207.0	0.0	0.1	0.4	0.4	0.4
Administrations de sécurité sociale										
Recettes fiscales totales	**3 760.0**	**22 759.0**	**69 090.0**	**98 184.0**	**104 693.0**	**1.9**	**3.6**	**5.5**	**6.6**	**6.7**
1000 Impôts sur revenu, bénéfices et gains en capital	0.0	0.0	0.0	0.0	0.0	0.0	0.0	0.0	0.0	0.0
2000 Cotisations de sécurité sociale	3 760.0	22 759.0	69 090.0	98 184.0	104 693.0	1.9	3.6	5.5	6.6	6.7
3000 Sur salaires ou main d'oeuvre	0.0	0.0	0.0	0.0	0.0	0.0	0.0	0.0	0.0	0.0
4000 Impôts sur le patrimoine	0.0	0.0	0.0	0.0	0.0	0.0	0.0	0.0	0.0	0.0
5000 Impôts sur les biens et services	0.0	0.0	0.0	0.0	0.0	0.0	0.0	0.0	0.0	0.0
6000 Autres impôts	0.0	0.0	0.0	0.0	0.0	0.0	0.0	0.0	0.0	0.0

Note : Des données et des notes plus détaillées par pays sont disponibles dans le chapitre 6 accessible en ligne : http://dx.doi.org/10.1787/9789264283206-fr. Les séries temporelles complètes sont accessibles sur le site web http://oe.cd/series-temporelles-completes.

Source : Ministry of Finance and Economy, Ministry of Home Affairs.

StatLink http://dx.doi.org/10.1787/888933615059

Tableau 4.39. **Lettonie, recettes fiscales et % du PIB (sélection de catégories d'impôts)**

	Milliard EUR					% du PIB				
	1990	2000	2010	2014	2015	1990	2000	2010	2014	2015
Recettes fiscales totales	..	**2.0**	**5.0**	**6.8**	**7.1**	..	**29.1**	**28.1**	**28.8**	**29.0**
1000 Impôts sur le revenu, les bénéfices et les gains en capital	..	**0.5**	**1.3**	**1.8**	**1.8**	..	**7.0**	**7.2**	**7.5**	**7.5**
1100 Des personnes physiques	..	0.4	1.1	1.4	1.4	..	5.5	6.2	5.9	5.9
1200 Des sociétés	..	0.1	0.2	0.4	0.4	..	1.5	1.0	1.5	1.6
1300 Non-ventilables entre 1100 et 1200	..	0.0	0.0	0.0	0.0	..	0.0	0.0	0.0	0.0
2000 Cotisations de sécurité sociale	..	**0.7**	**1.6**	**2.0**	**2.0**	..	**9.8**	**8.7**	**8.4**	**8.3**
2100 À la charge des salariés	..	0.2	0.4	0.6	0.6	..	2.4	2.3	2.6	2.6
2200 À la charge des employeurs	..	0.5	1.1	1.4	1.4	..	7.3	6.3	5.8	5.7
2300 À la charge des indép. ou sans emploi	..	0.0	0.0	0.0	0.0	..	0.0	0.1	0.0	0.1
2400 Non-ventilables entre 2100, 2200 et 2300	..	0.0	0.0	0.0	0.0	..	0.0	0.0	0.0	0.0
3000 Sur les salaires ou main d'oeuvre	..	**0.0**	**0.0**	**0.0**	**0.0**	..	**0.0**	**0.0**	**0.0**	**0.0**
4000 Impôts sur le patrimoine	..	**0.1**	**0.2**	**0.2**	**0.2**	..	**1.1**	**0.9**	**1.0**	**1.0**
4100 Impôts périodiques sur la propriété immobilière	..	0.1	0.1	0.2	0.2	..	0.9	0.7	0.8	0.8
4200 Impôts périodiques sur l'actif net	..	0.0	0.0	0.0	0.0	..	0.0	0.0	0.0	0.0
4300 Impôts sur mut. par décès, succ. et donations	..	0.0	0.0	0.0	0.0	..	0.0	0.0	0.0	0.0
4400 Impôts sur transact. mobilières et immob.	..	0.0	0.0	0.0	0.0	..	0.2	0.1	0.2	0.2
4500 Impôts non périodiques sur	..	0.0	0.0	0.0	0.0	..	0.0	0.0	0.0	0.0
4600 Autres impôts périodiques sur patrimoine	..	0.0	0.0	0.0	0.0	..	0.0	0.0	0.0	0.0
5000 Impôts sur les biens et services	..	**0.8**	**2.0**	**2.8**	**2.9**	..	**11.2**	**11.2**	**11.8**	**12.0**
5100 Impôts sur production, vente, transfert, etc.	..	0.7	1.9	2.6	2.8	..	10.8	10.5	11.1	11.3
5110 Impôts généraux	..	0.5	1.2	1.8	1.9	..	7.0	6.7	7.7	7.8
5111 Taxes sur la valeur ajoutée	..	0.5	1.2	1.8	1.9	..	7.0	6.7	7.6	7.7
5120 Impôts sur biens et services déterminés	..	0.3	0.7	0.8	0.8	..	3.8	3.8	3.4	3.5
5121 Accises	..	0.2	0.6	0.8	0.8	..	3.4	3.6	3.2	3.3
5200 Impôts sur utilisation des biens et exerc. activités	..	0.0	0.1	0.2	0.2	..	0.5	0.7	0.7	0.7
5300 Non-ventilables entre 5100 et 5200	..	0.0	0.0	0.0	0.0	..	0.0	0.0	0.0	0.0
6000 Autres impôts	..	**0.0**	**0.0**	**0.0**	**0.0**	..	**0.0**	**0.0**	**0.0**	**0.0**
Crédits d'impôts récupérables										
Crédits d'impôts récupérables contre 1000	..	..	..	..	..	..	..	..	..	..
Composante transfert	..	..	..	..	..	..	..	..	..	..
Composante fiscale	..	..	..	..	..	..	..	..	..	..

Note : Des données et des notes plus détaillées par pays sont disponibles dans le chapitre 5 accessible en ligne : http://dx.doi.org/10.1787/9789264283206-fr. Les séries temporelles complètes sont accessibles sur le site web http://oe.cd/series-temporelles-completes.
Source : Ministry of Finance.

StatLink http://dx.doi.org/10.1787/888933615078

Tableau 4.40. **Lettonie, recettes fiscales et % du PIB par niveaux d'administration (principaux impôts)**

	Milliard EUR					% du PIB				
	1990	2000	2010	2014	2015	1990	2000	2010	2014	2015
Administrations fédérale ou centrale										
Recettes fiscales totales	..	**1.0**	**2.4**	**3.5**	**3.6**	..	**14.4**	**13.5**	**14.6**	**14.9**
1000 Impôts sur revenu, bénéfices et gains en capital	..	0.2	0.4	0.6	0.7	..	3.1	2.2	2.7	2.8
2000 Cotisations de sécurité sociale	..	0.0	0.0	0.0	0.0	..	0.0	0.0	0.0	0.0
3000 Sur salaires ou main d'oeuvre	..	0.0	0.0	0.0	0.0	..	0.0	0.0	0.0	0.0
4000 Impôts sur le patrimoine	..	0.0	0.0	0.1	0.0	..	0.2	0.2	0.2	0.2
5000 Impôts sur les biens et services	..	0.8	2.0	2.8	2.9	..	11.2	11.1	11.7	11.9
6000 Autres impôts	..	0.0	0.0	0.0	0.0	..	0.0	0.0	0.0	0.0
Administrations d'un État/Régions										
Recettes fiscales totales	..	..	..	..	..	..	..	..	..	..
1000 Impôts sur revenu, bénéfices et gains en capital	..	..	..	..	..	..	..	..	..	..
2000 Cotisations de sécurité sociale	..	..	..	..	..	..	..	..	..	..
3000 Sur salaires ou main d'oeuvre	..	..	..	..	..	..	..	..	..	..
4000 Impôts sur le patrimoine	..	..	..	..	..	..	..	..	..	..
5000 Impôts sur les biens et services	..	..	..	..	..	..	..	..	..	..
6000 Autres impôts	..	..	..	..	..	..	..	..	..	..
Administrations locales										
Recettes fiscales totales	..	**0.3**	**1.0**	**1.3**	**1.4**	..	**4.9**	**5.8**	**5.6**	**5.6**
1000 Impôts sur revenu, bénéfices et gains en capital	..	0.3	0.9	1.1	1.2	..	3.9	5.0	4.7	4.7
2000 Cotisations de sécurité sociale	..	0.0	0.0	0.0	0.0	..	0.0	0.0	0.0	0.0
3000 Sur salaires ou main d'oeuvre	..	0.0	0.0	0.0	0.0	..	0.0	0.0	0.0	0.0
4000 Impôts sur le patrimoine	..	0.1	0.1	0.2	0.2	..	0.9	0.7	0.8	0.8
5000 Impôts sur les biens et services	..	0.0	0.0	0.0	0.0	..	0.1	0.1	0.1	0.1
6000 Autres impôts	..	0.0	0.0	0.0	0.0	..	0.0	0.0	0.0	0.0
Administrations de sécurité sociale										
Recettes fiscales totales	..	**0.7**	**1.6**	**2.0**	**2.0**	..	**9.8**	**8.7**	**8.4**	**8.3**
1000 Impôts sur revenu, bénéfices et gains en capital	..	0.0	0.0	0.0	0.0	..	0.0	0.0	0.0	0.0
2000 Cotisations de sécurité sociale	..	0.7	1.6	2.0	2.0	..	9.8	8.7	8.4	8.3
3000 Sur salaires ou main d'oeuvre	..	0.0	0.0	0.0	0.0	..	0.0	0.0	0.0	0.0
4000 Impôts sur le patrimoine	..	0.0	0.0	0.0	0.0	..	0.0	0.0	0.0	0.0
5000 Impôts sur les biens et services	..	0.0	0.0	0.0	0.0	..	0.0	0.0	0.0	0.0
6000 Autres impôts	..	0.0	0.0	0.0	0.0	..	0.0	0.0	0.0	0.0

Note : Des données et des notes plus détaillées par pays sont disponibles dans le chapitre 6 accessible en ligne : http://dx.doi.org/10.1787/9789264283206-fr. Les séries temporelles complètes sont accessibles sur le site web http://oe.cd/series-temporelles-completes.
Source : Ministry of Finance.

StatLink http://dx.doi.org/10.1787/888933615097

Tableau 4.41. **Luxembourg, recettes fiscales et % du PIB (sélection de catégories d'impôts)**

	Milliard EUR					% du PIB				
	1990	2000	2010	2014	2015	1990	2000	2010	2014	2015
Recettes fiscales totales	**3.7**	**8.5**	**15.0**	**18.7**	**19.3**	**33.5**	**36.9**	**37.4**	**37.4**	**36.8**
1000 Impôts sur le revenu, les bénéfices et les gains en capital	**1.5**	**3.1**	**5.5**	**6.5**	**7.0**	**13.5**	**13.5**	**13.6**	**12.9**	**13.4**
1100 Des personnes physiques	0.9	1.6	3.2	4.3	4.7	8.1	6.8	7.9	8.7	9.0
1200 Des sociétés	0.6	1.5	2.3	2.1	2.3	5.4	6.6	5.8	4.3	4.4
1300 Non-ventilables entre 1100 et 1200	0.0	0.0	0.0	0.0	0.0	0.0	0.0	0.0	0.0	0.0
2000 Cotisations de sécurité sociale	**1.0**	**2.2**	**4.4**	**5.3**	**5.6**	**9.2**	**9.6**	**10.8**	**10.7**	**10.7**
2100 À la charge des salariés	0.4	1.0	2.0	2.4	2.6	3.5	4.3	5.0	4.9	4.9
2200 À la charge des employeurs	0.5	1.0	1.9	2.3	2.4	4.5	4.2	4.7	4.5	4.5
2300 À la charge des indép. ou sans emploi	0.1	0.3	0.5	0.6	0.6	1.2	1.2	1.2	1.3	1.2
2400 Non-ventilables entre 2100, 2200 et 2300	0.0	0.0	0.0	0.0	0.0	0.0	0.0	0.0	0.0	0.0
3000 Sur les salaires ou main d'oeuvre	**0.0**	**0.0**	**0.0**	**0.0**	**0.0**	**0.0**	**0.0**	**0.0**	**0.0**	**0.0**
4000 Impôts sur le patrimoine	**0.3**	**0.9**	**1.1**	**1.5**	**1.7**	**2.8**	**3.9**	**2.6**	**2.9**	**3.3**
4100 Impôts périodiques sur la propriété immobilière	0.0	0.0	0.0	0.0	0.0	0.1	0.1	0.1	0.1	0.1
4200 Impôts périodiques sur l'actif net	0.2	0.6	0.8	1.1	1.3	1.6	2.7	2.1	2.2	2.5
4300 Impôts sur mut. par décès, succ. et donations	0.0	0.0	0.1	0.1	0.1	0.1	0.1	0.1	0.1	0.1
4400 Impôts sur transact. mobilières et immob.	0.1	0.2	0.2	0.3	0.3	1.0	1.0	0.4	0.5	0.5
4500 Impôts non périodiques sur	0.0	0.0	0.0	0.0	0.0	0.0	0.0	0.0	0.0	0.0
4600 Autres impôts périodiques sur patrimoine	0.0	0.0	0.0	0.0	0.0	0.0	0.0	0.0	0.0	0.0
5000 Impôts sur les biens et services	**0.9**	**2.2**	**4.1**	**5.4**	**4.9**	**7.9**	**9.7**	**10.2**	**10.8**	**9.4**
5100 Impôts sur production, vente, transfert, etc.	0.8	2.2	4.0	5.3	4.8	7.7	9.6	10.0	10.7	9.2
5110 Impôts généraux	0.4	1.1	2.6	3.7	3.4	4.0	4.9	6.4	7.4	6.5
5111 Taxes sur la valeur ajoutée	0.4	1.1	2.6	3.7	3.4	4.0	4.9	6.4	7.4	6.5
5120 Impôts sur biens et services déterminés	0.4	1.1	1.5	1.6	1.4	3.7	4.7	3.7	3.3	2.8
5121 Accises	0.4	1.0	1.4	1.6	1.4	3.3	4.5	3.5	3.1	2.6
5200 Impôts sur utilisation des biens et exerc. activités	0.0	0.0	0.1	0.1	0.1	0.2	0.1	0.2	0.2	0.2
5300 Non-ventilables entre 5100 et 5200	0.0	0.0	0.0	0.0	0.0	0.0	0.0	0.0	0.0	0.0
6000 Autres impôts	**0.0**	**0.0**	**0.0**	**0.0**	**0.0**	**0.1**	**0.1**	**0.1**	**0.0**	**0.1**
Crédits d'impôts récupérables										
Crédits d'impôts récupérables contre 1000	..	..	..	0.2	0.2	..	..	..	0.4	0.4
Composante transfert	..	..	..	..	..	..	..	..	..	..
Composante fiscale	..	..	..	..	..	..	..	..	..	..

Note : Des données et des notes plus détaillées par pays sont disponibles dans le chapitre 5 accessible en ligne : http://dx.doi.org/10.1787/9789264283206-fr. Les séries temporelles complètes sont accessibles sur le site web http://oe.cd/series-temporelles-completes.
Source : Compte Général de l'État.

StatLink http://dx.doi.org/10.1787/888933615116

Tableau 4.42. **Luxembourg, recettes fiscales et % du PIB par niveaux d'administration (principaux impôts)**

	Milliard EUR					% du PIB				
	1990	2000	2010	2014	2015	1990	2000	2010	2014	2015
Administrations fédérale ou centrale										
Recettes fiscales totales	**2.4**	**5.8**	**10.1**	**12.9**	**13.2**	**22.1**	**25.3**	**25.2**	**25.8**	**25.2**
1000 Impôts sur revenu, bénéfices et gains en capital	1.3	2.6	4.9	5.9	6.4	11.6	11.5	12.1	11.9	12.2
2000 Cotisations de sécurité sociale	0.0	0.1	0.1	0.2	0.2	0.1	0.3	0.3	0.3	0.3
3000 Sur salaires ou main d'oeuvre	0.0	0.0	0.0	0.0	0.0	0.0	0.0	0.0	0.0	0.0
4000 Impôts sur le patrimoine	0.3	0.9	1.0	1.4	1.7	2.6	3.8	2.5	2.8	3.2
5000 Impôts sur les biens et services	0.8	2.2	4.1	5.4	4.9	7.7	9.7	10.2	10.8	9.4
6000 Autres impôts	0.0	0.0	0.0	0.0	0.0	0.1	0.0	0.0	0.0	0.1
Administrations d'un État/Régions										
Recettes fiscales totales	..	..	..	..	..	..	..	..	..	..
1000 Impôts sur revenu, bénéfices et gains en capital	..	..	..	..	..	..	..	..	..	..
2000 Cotisations de sécurité sociale	..	..	..	..	..	..	..	..	..	..
3000 Sur salaires ou main d'oeuvre	..	..	..	..	..	..	..	..	..	..
4000 Impôts sur le patrimoine	..	..	..	..	..	..	..	..	..	..
5000 Impôts sur les biens et services	..	..	..	..	..	..	..	..	..	..
6000 Autres impôts	..	..	..	..	..	..	..	..	..	..
Administrations locales										
Recettes fiscales totales	**0.2**	**0.5**	**0.7**	**0.6**	**0.7**	**2.1**	**2.1**	**1.6**	**1.2**	**1.3**
1000 Impôts sur revenu, bénéfices et gains en capital	0.2	0.5	0.6	0.5	0.6	1.9	2.0	1.5	1.1	1.2
2000 Cotisations de sécurité sociale	0.0	0.0	0.0	0.0	0.0	0.0	0.0	0.0	0.0	0.0
3000 Sur salaires ou main d'oeuvre	0.0	0.0	0.0	0.0	0.0	0.0	0.0	0.0	0.0	0.0
4000 Impôts sur le patrimoine	0.0	0.0	0.0	0.1	0.1	0.2	0.1	0.1	0.1	0.1
5000 Impôts sur les biens et services	0.0	0.0	0.0	0.0	0.0	0.0	0.0	0.0	0.0	0.0
6000 Autres impôts	0.0	0.0	0.0	0.0	0.0	0.0	0.0	0.0	0.0	0.0
Administrations de sécurité sociale										
Recettes fiscales totales	**1.0**	**2.2**	**4.2**	**5.2**	**5.4**	**9.1**	**9.3**	**10.5**	**10.3**	**10.3**
1000 Impôts sur revenu, bénéfices et gains en capital	0.0	0.0	0.0	0.0	0.0	0.0	0.0	0.0	0.0	0.0
2000 Cotisations de sécurité sociale	1.0	2.2	4.2	5.2	5.4	9.1	9.3	10.5	10.3	10.3
3000 Sur salaires ou main d'oeuvre	0.0	0.0	0.0	0.0	0.0	0.0	0.0	0.0	0.0	0.0
4000 Impôts sur le patrimoine	0.0	0.0	0.0	0.0	0.0	0.0	0.0	0.0	0.0	0.0
5000 Impôts sur les biens et services	0.0	0.0	0.0	0.0	0.0	0.0	0.0	0.0	0.0	0.0
6000 Autres impôts	0.0	0.0	0.0	0.0	0.0	0.0	0.0	0.0	0.0	0.0

Note : Des données et des notes plus détaillées par pays sont disponibles dans le chapitre 6 accessible en ligne : http://dx.doi.org/10.1787/9789264283206-fr. Les séries temporelles complètes sont accessibles sur le site web http://oe.cd/series-temporelles-completes.

Source : Compte Général de l'État.

StatLink http://dx.doi.org/10.1787/888933615135

Tableau 4.43. **Mexique, recettes fiscales et % du PIB (sélection de catégories d'impôts)**

	Milliard MXN					% du PIB				
	1990	2000	2010	2014	2015	1990	2000	2010	2014	2015
Recettes fiscales totales	**102.0**	**804.2**	**1 772.0**	**2 453.0**	**2 953.2**	**12.4**	**13.1**	**13.4**	**14.2**	**16.2**
1000 Impôts sur le revenu, les bénéfices et les gains en capital	**34.7**	**276.5**	**683.6**	**979.3**	**1 230.6**	**4.2**	**4.5**	**5.2**	**5.7**	**6.8**
1100 Des personnes physiques	..	..	313.5	514.2	609.4	..	..	2.4	3.0	3.3
1200 Des sociétés	..	..	246.7	441.3	592.4	..	..	1.9	2.6	3.3
1300 Non-ventilables entre 1100 et 1200	34.7	276.5	123.4	23.7	28.7	4.2	4.5	0.9	0.1	0.2
2000 Cotisations de sécurité sociale	**17.2**	**138.2**	**277.5**	**378.4**	**409.2**	**2.1**	**2.3**	**2.1**	**2.2**	**2.2**
2100 À la charge des salariés	..	..	..	..	..	..	..	..	..	..
2200 À la charge des employeurs	..	..	..	..	..	..	..	..	..	..
2300 À la charge des indép. ou sans emploi	..	..	..	..	..	..	..	..	..	..
2400 Non-ventilables entre 2100, 2200 et 2300	17.2	138.2	277.5	378.4	409.2	2.1	2.3	2.1	2.2	2.2
3000 Sur les salaires ou main d'oeuvre	**1.8**	**11.2**	**36.9**	**64.7**	**70.2**	**0.2**	**0.2**	**0.3**	**0.4**	**0.4**
4000 Impôts sur le patrimoine	**1.9**	**14.0**	**39.0**	**55.0**	**57.7**	**0.2**	**0.2**	**0.3**	**0.3**	**0.3**
4100 Impôts périodiques sur la propriété immobilière	1.0	9.9	25.7	37.8	38.0	0.1	0.2	0.2	0.2	0.2
4200 Impôts périodiques sur l'actif net	0.0	0.0	0.0	0.0	0.0	0.0	0.0	0.0	0.0	0.0
4300 Impôts sur mut. par décès, succ. et donations	0.0	0.0	0.0	0.0	0.0	0.0	0.0	0.0	0.0	0.0
4400 Impôts sur transact. mobilières et immob.	0.9	4.0	13.2	17.2	19.7	0.1	0.1	0.1	0.1	0.1
4500 Impôts non périodiques sur	0.0	0.0	0.0	0.0	0.0	0.0	0.0	0.0	0.0	0.0
4600 Autres impôts périodiques sur patrimoine	0.0	0.0	0.0	0.0	0.0	0.0	0.0	0.0	0.0	0.0
5000 Impôts sur les biens et services	**44.8**	**356.6**	**707.7**	**938.9**	**1 140.8**	**5.4**	**5.8**	**5.3**	**5.5**	**6.3**
5100 Impôts sur production, vente, transfert, etc.	44.2	310.3	630.1	859.3	1 120.6	5.4	5.1	4.8	5.0	6.2
5110 Impôts généraux	26.6	189.6	504.5	667.1	707.2	3.2	3.1	3.8	3.9	3.9
5111 Taxes sur la valeur ajoutée	26.6	189.6	504.5	667.1	707.2	3.2	3.1	3.8	3.9	3.9
5120 Impôts sur biens et services déterminés	17.5	120.7	125.6	192.2	413.4	2.1	2.0	0.9	1.1	2.3
5121 Accises	10.1	86.2	86.1	160.8	361.5	1.2	1.4	0.6	0.9	2.0
5200 Impôts sur utilisation des biens et exerc. activités	0.7	46.3	77.5	79.6	20.2	0.1	0.8	0.6	0.5	0.1
5300 Non-ventilables entre 5100 et 5200	0.0	0.0	0.0	0.0	0.0	0.0	0.0	0.0	0.0	0.0
6000 Autres impôts	**1.6**	**7.7**	**27.4**	**36.8**	**44.6**	**0.2**	**0.1**	**0.2**	**0.2**	**0.2**
Crédits d'impôts récupérables										
Crédits d'impôts récupérables contre 1000	..	..	40.3	43.7	43.8	..	..	0.3	0.3	0.2
Composante transfert	..	..	9.7	2.4	1.0	..	..	0.1	0.0	0.0
Composante fiscale	..	..	30.6	41.3	42.8	..	..	0.2	0.2	0.2

Note : Des données et des notes plus détaillées par pays sont disponibles dans le chapitre 5 accessible en ligne : http://dx.doi.org/10.1787/9789264283206-fr. Les séries temporelles complètes sont accessibles sur le site web http://oe.cd/series-temporelles-completes.

Source : Ministry of Finance, Economic Department.

StatLink http://dx.doi.org/10.1787/888933615154

Tableau 4.44. Mexique, recettes fiscales et % du PIB par niveaux d'administration (principaux impôts)

	Milliard MXN					% du PIB				
	1990	2000	2010	2014	2015	1990	2000	2010	2014	2015
Administrations fédérale ou centrale										
Recettes fiscales totales	**81.4**	**637.5**	**1 407.2**	**1 917.1**	**2 373.6**	**9.9**	**10.4**	**10.6**	**11.1**	**13.0**
1000 Impôts sur revenu, bénéfices et gains en capital	34.7	276.5	683.6	979.3	1 230.6	4.2	4.5	5.2	5.7	6.8
2000 Cotisations de sécurité sociale	0.0	0.0	0.0	0.0	0.0	0.0	0.0	0.0	0.0	0.0
3000 Sur salaires ou main d'oeuvre	0.8	0.0	0.0	0.0	0.0	0.1	0.0	0.0	0.0	0.0
4000 Impôts sur le patrimoine	0.0	0.0	0.0	0.0	0.0	0.0	0.0	0.0	0.0	0.0
5000 Impôts sur les biens et services	44.6	355.1	701.4	913.6	1 115.7	5.4	5.8	5.3	5.3	6.1
6000 Autres impôts	1.3	5.9	22.2	24.2	27.4	0.2	0.1	0.2	0.1	0.2
Administrations d'un État/Régions										
Recettes fiscales totales	**2.2**	**20.5**	**58.3**	**114.9**	**123.5**	**0.3**	**0.3**	**0.4**	**0.7**	**0.7**
1000 Impôts sur revenu, bénéfices et gains en capital	0.0	0.0	0.0	0.0	0.0	0.0	0.0	0.0	0.0	0.0
2000 Cotisations de sécurité sociale	0.0	0.0	0.0	0.0	0.0	0.0	0.0	0.0	0.0	0.0
3000 Sur salaires ou main d'oeuvre	1.0	11.2	36.8	64.7	70.2	0.1	0.2	0.3	0.4	0.4
4000 Impôts sur le patrimoine	0.9	7.0	13.1	19.4	22.5	0.1	0.1	0.1	0.1	0.1
5000 Impôts sur les biens et services	0.1	1.3	5.8	24.1	24.4	0.0	0.0	0.0	0.1	0.1
6000 Autres impôts	0.2	0.9	2.5	6.8	6.5	0.0	0.0	0.0	0.0	0.0
Administrations locales										
Recettes fiscales totales	**1.3**	**8.0**	**29.0**	**42.7**	**46.7**	**0.2**	**0.1**	**0.2**	**0.2**	**0.3**
1000 Impôts sur revenu, bénéfices et gains en capital	0.0	0.0	0.0	0.0	0.0	0.0	0.0	0.0	0.0	0.0
2000 Cotisations de sécurité sociale	0.0	0.0	0.0	0.0	0.0	0.0	0.0	0.0	0.0	0.0
3000 Sur salaires ou main d'oeuvre	0.0	0.0	0.1	0.0	0.0	0.0	0.0	0.0	0.0	0.0
4000 Impôts sur le patrimoine	1.0	6.9	25.8	35.6	35.2	0.1	0.1	0.2	0.2	0.2
5000 Impôts sur les biens et services	0.1	0.2	0.5	1.3	0.8	0.0	0.0	0.0	0.0	0.0
6000 Autres impôts	0.1	0.9	2.6	5.8	10.7	0.0	0.0	0.0	0.0	0.1
Administrations de sécurité sociale										
Recettes fiscales totales	**17.2**	**138.2**	**277.5**	**378.4**	**409.2**	**2.1**	**2.3**	**2.1**	**2.2**	**2.2**
1000 Impôts sur revenu, bénéfices et gains en capital	0.0	0.0	0.0	0.0	0.0	0.0	0.0	0.0	0.0	0.0
2000 Cotisations de sécurité sociale	17.2	138.2	277.5	378.4	409.2	2.1	2.3	2.1	2.2	2.2
3000 Sur salaires ou main d'oeuvre	0.0	0.0	0.0	0.0	0.0	0.0	0.0	0.0	0.0	0.0
4000 Impôts sur le patrimoine	0.0	0.0	0.0	0.0	0.0	0.0	0.0	0.0	0.0	0.0
5000 Impôts sur les biens et services	0.0	0.0	0.0	0.0	0.0	0.0	0.0	0.0	0.0	0.0
6000 Autres impôts	0.0	0.0	0.0	0.0	0.0	0.0	0.0	0.0	0.0	0.0

Note : Des données et des notes plus détaillées par pays sont disponibles dans le chapitre 6 accessible en ligne : http://dx.doi.org/10.1787/9789264283206-fr. Les séries temporelles complètes sont accessibles sur le site web http://oe.cd/series-temporelles-completes.

Source : Ministry of Finance, Economic Department.

StatLink http://dx.doi.org/10.1787/888933615173

Tableau 4.45. **Pays-Bas, recettes fiscales et % du PIB (sélection de catégories d'impôts)**

	Milliard EUR					% du PIB				
	1990	2000	2010	2014	2015	1990	2000	2010	2014	2015
Recettes fiscales totales	**104.4**	**166.8**	**227.9**	**248.8**	**255.3**	**40.2**	**37.2**	**36.1**	**37.5**	**37.4**
1000 Impôts sur le revenu, les bénéfices et les gains en capital	**33.7**	**43.3**	**63.6**	**63.7**	**70.8**	**13.0**	**9.7**	**10.1**	**9.6**	**10.4**
1100 Des personnes physiques	25.8	25.1	49.0	46.6	52.4	9.9	5.6	7.8	7.0	7.7
1200 Des sociétés	7.9	18.1	14.6	17.1	18.4	3.0	4.0	2.3	2.6	2.7
1300 Non-ventilables entre 1100 et 1200	0.0	0.0	0.0	0.0	0.0	0.0	0.0	0.0	0.0	0.0
2000 Cotisations de sécurité sociale	**39.1**	**64.5**	**82.7**	**98.6**	**96.4**	**15.0**	**14.4**	**13.1**	**14.9**	**14.1**
2100 À la charge des salariés	24.1	35.3	41.6	48.4	48.2	9.3	7.9	6.6	7.3	7.1
2200 À la charge des employeurs	7.8	18.7	29.4	35.0	34.6	3.0	4.2	4.6	5.3	5.1
2300 À la charge des indép. ou sans emploi	7.1	10.5	11.7	15.3	13.6	2.7	2.4	1.9	2.3	2.0
2400 Non-ventilables entre 2100, 2200 et 2300	0.0	0.0	0.0	0.0	0.0	0.0	0.0	0.0	0.0	0.0
3000 Sur les salaires ou main d'oeuvre	**0.0**	**0.0**	**0.0**	**0.0**	**0.0**	**0.0**	**0.0**	**0.0**	**0.0**	**0.0**
4000 Impôts sur le patrimoine	**3.8**	**8.8**	**8.8**	**9.6**	**9.8**	**1.5**	**2.0**	**1.4**	**1.4**	**1.4**
4100 Impôts périodiques sur la propriété immobilière	1.7	3.1	4.2	6.5	6.4	0.7	0.7	0.7	1.0	0.9
4200 Impôts périodiques sur l'actif net	0.6	0.8	0.0	0.0	0.0	0.2	0.2	0.0	0.0	0.0
4300 Impôts sur mut. par décès, succ. et donations	0.5	1.5	1.7	1.5	1.6	0.2	0.3	0.3	0.2	0.2
4400 Impôts sur transact. mobilières et immob.	1.0	3.4	2.8	1.6	1.8	0.4	0.8	0.4	0.2	0.3
4500 Impôts non périodiques sur	0.0	0.0	0.0	0.0	0.0	0.0	0.0	0.0	0.0	0.0
4600 Autres impôts périodiques sur patrimoine	0.0	0.0	0.0	0.0	0.0	0.0	0.0	0.0	0.0	0.0
5000 Impôts sur les biens et services	**27.6**	**48.2**	**70.1**	**73.6**	**75.6**	**10.6**	**10.7**	**11.1**	**11.1**	**11.1**
5100 Impôts sur production, vente, transfert, etc.	25.1	43.6	62.5	65.2	67.0	9.7	9.7	9.9	9.8	9.8
5110 Impôts généraux	17.2	28.9	42.7	42.7	44.9	6.6	6.4	6.8	6.4	6.6
5111 Taxes sur la valeur ajoutée	17.2	28.8	42.7	42.7	44.9	6.6	6.4	6.8	6.4	6.6
5120 Impôts sur biens et services déterminés	7.9	14.7	19.8	22.5	22.1	3.0	3.3	3.1	3.4	3.2
5121 Accises	6.0	13.8	18.4	17.9	18.0	2.3	3.1	2.9	2.7	2.6
5200 Impôts sur utilisation des biens et exerc. activités	2.5	4.6	7.6	8.4	8.6	1.0	1.0	1.2	1.3	1.3
5300 Non-ventilables entre 5100 et 5200	0.0	0.0	0.0	0.0	0.0	0.0	0.0	0.0	0.0	0.0
6000 Autres impôts	**0.3**	**0.8**	**1.0**	**1.2**	**0.4**	**0.1**	**0.2**	**0.2**	**0.2**	**0.1**
Crédits d'impôts récupérables										
Crédits d'impôts récupérables contre 1000	..	..	..	..	..	..	..	..	..	..
Composante transfert	..	..	..	..	..	..	..	..	..	..
Composante fiscale	..	..	..	..	..	..	..	..	..	..

Note : Des données et des notes plus détaillées par pays sont disponibles dans le chapitre 5 accessible en ligne : http://dx.doi.org/10.1787/9789264283206-fr. Les séries temporelles complètes sont accessibles sur le site web http://oe.cd/series-temporelles-completes.
Source : Social security contributions and local taxes: Central Bureau of Statistics. Other taxes: Ministry of Finance.

StatLink http://dx.doi.org/10.1787/888933615192

Tableau 4.46. **Pays-Bas, recettes fiscales et % du PIB par niveaux d'administration (principaux impôts)**

	Milliard EUR					% du PIB				
	1990	2000	2010	2014	2015	1990	2000	2010	2014	2015
Administrations fédérale ou centrale										
Recettes fiscales totales	**61.4**	**95.1**	**135.1**	**138.4**	**146.7**	**23.6**	**21.2**	**21.4**	**20.9**	**21.5**
1000 Impôts sur revenu, bénéfices et gains en capital	33.7	43.3	63.6	63.7	70.8	13.0	9.7	10.1	9.6	10.4
2000 Cotisations de sécurité sociale	0.0	0.0	0.0	0.0	0.0	0.0	0.0	0.0	0.0	0.0
3000 Sur salaires ou main d'oeuvre	0.0	0.0	0.0	0.0	0.0	0.0	0.0	0.0	0.0	0.0
4000 Impôts sur le patrimoine	2.1	5.7	4.6	4.8	4.7	0.8	1.3	0.7	0.7	0.7
5000 Impôts sur les biens et services	25.3	45.4	66.2	68.7	70.7	9.8	10.1	10.5	10.4	10.3
6000 Autres impôts	0.3	0.8	0.8	1.2	0.4	0.1	0.2	0.1	0.2	0.1
Administrations d'un État/Régions										
Recettes fiscales totales	..	..	..	..	..	..	..	..	..	..
1000 Impôts sur revenu, bénéfices et gains en capital	..	..	..	..	..	..	..	..	..	..
2000 Cotisations de sécurité sociale	..	..	..	..	..	..	..	..	..	..
3000 Sur salaires ou main d'oeuvre	..	..	..	..	..	..	..	..	..	..
4000 Impôts sur le patrimoine	..	..	..	..	..	..	..	..	..	..
5000 Impôts sur les biens et services	..	..	..	..	..	..	..	..	..	..
6000 Autres impôts	..	..	..	..	..	..	..	..	..	..
Administrations locales										
Recettes fiscales totales	**2.5**	**5.6**	**8.1**	**9.3**	**9.6**	**1.0**	**1.2**	**1.3**	**1.4**	**1.4**
1000 Impôts sur revenu, bénéfices et gains en capital	0.0	0.0	0.0	0.0	0.0	0.0	0.0	0.0	0.0	0.0
2000 Cotisations de sécurité sociale	0.0	0.0	0.0	0.0	0.0	0.0	0.0	0.0	0.0	0.0
3000 Sur salaires ou main d'oeuvre	0.0	0.0	0.0	0.0	0.0	0.0	0.0	0.0	0.0	0.0
4000 Impôts sur le patrimoine	1.7	3.1	4.2	4.8	5.0	0.7	0.7	0.7	0.7	0.7
5000 Impôts sur les biens et services	0.8	2.5	3.7	4.5	4.6	0.3	0.6	0.6	0.7	0.7
6000 Autres impôts	0.0	0.0	0.2	0.0	0.0	0.0	0.0	0.0	0.0	0.0
Administrations de sécurité sociale										
Recettes fiscales totales	**39.1**	**64.5**	**82.7**	**98.6**	**96.4**	**15.0**	**14.4**	**13.1**	**14.9**	**14.1**
1000 Impôts sur revenu, bénéfices et gains en capital	0.0	0.0	0.0	0.0	0.0	0.0	0.0	0.0	0.0	0.0
2000 Cotisations de sécurité sociale	39.1	64.5	82.7	98.6	96.4	15.0	14.4	13.1	14.9	14.1
3000 Sur salaires ou main d'oeuvre	0.0	0.0	0.0	0.0	0.0	0.0	0.0	0.0	0.0	0.0
4000 Impôts sur le patrimoine	0.0	0.0	0.0	0.0	0.0	0.0	0.0	0.0	0.0	0.0
5000 Impôts sur les biens et services	0.0	0.0	0.0	0.0	0.0	0.0	0.0	0.0	0.0	0.0
6000 Autres impôts	0.0	0.0	0.0	0.0	0.0	0.0	0.0	0.0	0.0	0.0

Note : Des données et des notes plus détaillées par pays sont disponibles dans le chapitre 6 accessible en ligne : http://dx.doi.org/10.1787/9789264283206-fr. Les séries temporelles complètes sont accessibles sur le site web http://oe.cd/series-temporelles-completes.

Source : Social security contributions and local taxes: Central Bureau of Statistics. Other taxes: Ministry of Finance.

StatLink http://dx.doi.org/10.1787/888933615211

Tableau 4.47. **Nouvelle-Zélande, recettes fiscales et % du PIB (sélection de catégories d'impôts)**

	Milliard NZD					% du PIB				
	1990	2000	2010	2014	2015	1990	2000	2010	2014	2015
Recettes fiscales totales	**27.5**	**39.8**	**62.3**	**78.0**	**82.8**	**36.2**	**32.5**	**30.3**	**32.4**	**33.0**
1000 Impôts sur le revenu, les bénéfices et les gains en capital	**16.4**	**23.9**	**33.5**	**43.2**	**46.0**	**21.6**	**19.5**	**16.3**	**17.9**	**18.3**
1100 Des personnes physiques	13.2	17.1	23.5	30.1	31.6	17.4	14.0	11.4	12.5	12.6
1200 Des sociétés	1.8	4.9	7.6	10.3	11.4	2.3	4.0	3.7	4.3	4.6
1300 Non-ventilables entre 1100 et 1200	1.4	1.8	2.4	2.8	3.0	1.9	1.5	1.1	1.2	1.2
2000 Cotisations de sécurité sociale	**0.0**	**0.0**	**0.0**	**0.0**	**0.0**	**0.0**	**0.0**	**0.0**	**0.0**	**0.0**
2100 À la charge des salariés	0.0	0.0	0.0	0.0	0.0	0.0	0.0	0.0	0.0	0.0
2200 À la charge des employeurs	0.0	0.0	0.0	0.0	0.0	0.0	0.0	0.0	0.0	0.0
2300 À la charge des indép. ou sans emploi	0.0	0.0	0.0	0.0	0.0	0.0	0.0	0.0	0.0	0.0
2400 Non-ventilables entre 2100, 2200 et 2300	0.0	0.0	0.0	0.0	0.0	0.0	0.0	0.0	0.0	0.0
3000 Sur les salaires ou main d'oeuvre	**0.0**	**0.0**	**0.0**	**0.0**	**0.0**	**0.0**	**0.0**	**0.0**	**0.0**	**0.0**
4000 Impôts sur le patrimoine	**1.9**	**2.1**	**4.1**	**4.8**	**5.1**	**2.5**	**1.7**	**2.0**	**2.0**	**2.0**
4100 Impôts périodiques sur la propriété immobilière	1.7	2.0	4.0	4.7	5.0	2.3	1.7	2.0	1.9	2.0
4200 Impôts périodiques sur l'actif net	0.0	0.0	0.0	0.0	0.0	0.0	0.0	0.0	0.0	0.0
4300 Impôts sur mut. par décès, succ. et donations	0.1	0.0	0.0	0.0	0.0	0.1	0.0	0.0	0.0	0.0
4400 Impôts sur transact. mobilières et immob.	0.1	0.1	0.1	0.1	0.1	0.1	0.1	0.0	0.0	0.0
4500 Impôts non périodiques sur	0.0	0.0	0.0	0.0	0.0	0.0	0.0	0.0	0.0	0.0
4600 Autres impôts périodiques sur patrimoine	0.0	0.0	0.0	0.0	0.0	0.0	0.0	0.0	0.0	0.0
5000 Impôts sur les biens et services	**9.2**	**13.8**	**24.7**	**30.0**	**31.8**	**12.1**	**11.3**	**12.0**	**12.5**	**12.7**
5100 Impôts sur production, vente, transfert, etc.	8.7	12.9	23.1	28.0	29.6	11.4	10.5	11.2	11.6	11.8
5110 Impôts généraux	6.2	9.9	19.1	23.3	24.6	8.1	8.1	9.3	9.7	9.8
5111 Taxes sur la valeur ajoutée	6.2	9.9	19.1	23.3	24.6	8.1	8.1	9.3	9.7	9.8
5120 Impôts sur biens et services déterminés	2.5	3.0	4.0	4.7	5.0	3.3	2.5	1.9	2.0	2.0
5121 Accises	1.9	2.1	1.8	2.1	2.3	2.5	1.8	0.9	0.9	0.9
5200 Impôts sur utilisation des biens et exerc. activités	0.5	0.9	1.6	2.0	2.2	0.7	0.7	0.8	0.8	0.9
5300 Non-ventilables entre 5100 et 5200	0.0	0.0	0.0	0.0	0.0	0.0	0.0	0.0	0.0	0.0
6000 Autres impôts	**0.0**	**0.0**	**0.0**	**0.0**	**0.0**	**0.0**	**0.0**	**0.0**	**0.0**	**0.0**
Crédits d'impôts récupérables										
Crédits d'impôts récupérables contre 1000	..	1.1	2.8	2.6	2.4	..	0.9	1.4	1.1	0.9
Composante transfert	..	0.7	1.8	1.7	1.6	..	0.6	0.9	0.7	0.6
Composante fiscale	..	0.3	1.0	0.9	0.8	..	0.3	0.5	0.4	0.3

Note : Des données et des notes plus détaillées par pays sont disponibles dans le chapitre 5 accessible en ligne : http://dx.doi.org/10.1787/9789264283206-fr. Les séries temporelles complètes sont accessibles sur le site web http://oe.cd/series-temporelles-completes.
Source : Local Authorities Statistics, Department of Statistics, Wellington.

StatLink http://dx.doi.org/10.1787/888933615230

Tableau 4.48. **Nouvelle-Zélande, recettes fiscales et % du PIB par niveaux d'administration (principaux impôts)**

	Milliard NZD					% du PIB				
	1990	2000	2010	2014	2015	1990	2000	2010	2014	2015
Administrations fédérale ou centrale										
Recettes fiscales totales	**25.8**	**37.5**	**57.9**	**72.7**	**77.2**	**34.0**	**30.7**	**28.1**	**30.2**	**30.8**
1000 Impôts sur revenu, bénéfices et gains en capital	16.4	23.9	33.5	43.2	46.0	21.6	19.5	16.3	17.9	18.3
2000 Cotisations de sécurité sociale	0.0	0.0	0.0	0.0	0.0	0.0	0.0	0.0	0.0	0.0
3000 Sur salaires ou main d'oeuvre	0.0	0.0	0.0	0.0	0.0	0.0	0.0	0.0	0.0	0.0
4000 Impôts sur le patrimoine	0.3	0.1	0.1	0.1	0.1	0.4	0.1	0.0	0.0	0.0
5000 Impôts sur les biens et services	9.1	13.6	24.3	29.4	31.1	12.0	11.1	11.8	12.2	12.4
6000 Autres impôts	0.0	0.0	0.0	0.0	0.0	0.0	0.0	0.0	0.0	0.0
Administrations d'un État/Régions										
Recettes fiscales totales	..	..	..	..	..	..	..	..	..	..
1000 Impôts sur revenu, bénéfices et gains en capital	..	..	..	..	..	..	..	..	..	..
2000 Cotisations de sécurité sociale	..	..	..	..	..	..	..	..	..	..
3000 Sur salaires ou main d'oeuvre	..	..	..	..	..	..	..	..	..	..
4000 Impôts sur le patrimoine	..	..	..	..	..	..	..	..	..	..
5000 Impôts sur les biens et services	..	..	..	..	..	..	..	..	..	..
6000 Autres impôts	..	..	..	..	..	..	..	..	..	..
Administrations locales										
Recettes fiscales totales	**1.7**	**2.3**	**4.5**	**5.2**	**5.6**	**2.2**	**1.9**	**2.2**	**2.2**	**2.2**
1000 Impôts sur revenu, bénéfices et gains en capital	0.0	0.0	0.0	0.0	0.0	0.0	0.0	0.0	0.0	0.0
2000 Cotisations de sécurité sociale	0.0	0.0	0.0	0.0	0.0	0.0	0.0	0.0	0.0	0.0
3000 Sur salaires ou main d'oeuvre	0.0	0.0	0.0	0.0	0.0	0.0	0.0	0.0	0.0	0.0
4000 Impôts sur le patrimoine	1.6	2.0	4.0	4.7	5.0	2.0	1.7	2.0	1.9	2.0
5000 Impôts sur les biens et services	0.1	0.2	0.4	0.6	0.6	0.2	0.2	0.2	0.2	0.2
6000 Autres impôts	0.0	0.0	0.0	0.0	0.0	0.0	0.0	0.0	0.0	0.0
Administrations de sécurité sociale										
Recettes fiscales totales	**0.0**	**0.0**	**0.0**	**0.0**	**0.0**	**0.0**	**0.0**	**0.0**	**0.0**	**0.0**
1000 Impôts sur revenu, bénéfices et gains en capital	0.0	0.0	0.0	0.0	0.0	0.0	0.0	0.0	0.0	0.0
2000 Cotisations de sécurité sociale	0.0	0.0	0.0	0.0	0.0	0.0	0.0	0.0	0.0	0.0
3000 Sur salaires ou main d'oeuvre	0.0	0.0	0.0	0.0	0.0	0.0	0.0	0.0	0.0	0.0
4000 Impôts sur le patrimoine	0.0	0.0	0.0	0.0	0.0	0.0	0.0	0.0	0.0	0.0
5000 Impôts sur les biens et services	0.0	0.0	0.0	0.0	0.0	0.0	0.0	0.0	0.0	0.0
6000 Autres impôts	0.0	0.0	0.0	0.0	0.0	0.0	0.0	0.0	0.0	0.0

Note : Des données et des notes plus détaillées par pays sont disponibles dans le chapitre 6 accessible en ligne : http://dx.doi.org/10.1787/9789264283206-fr. Les séries temporelles complètes sont accessibles sur le site web http://oe.cd/series-temporelles-completes.

Source : Local Authorities Statistics, Department of Statistics, Wellington.

StatLink http://dx.doi.org/10.1787/888933615249

Tableau 4.49. **Norvège, recettes fiscales et % du PIB (sélection de catégories d'impôts)**

	Milliard NOK					% du PIB				
	1990	2000	2010	2014	2015	1990	2000	2010	2014	2015
Recettes fiscales totales	**301.8**	**631.6**	**1 086.7**	**1 220.7**	**1 194.2**	**40.2**	**41.9**	**42.0**	**38.9**	**38.3**
1000 Impôts sur le revenu, les bénéfices et les gains en capital	**106.3**	**284.2**	**512.0**	**517.9**	**470.6**	**14.2**	**18.8**	**19.8**	**16.5**	**15.1**
1100 Des personnes physiques	79.1	152.0	256.5	309.6	333.7	10.5	10.1	9.9	9.9	10.7
1200 Des sociétés	27.2	132.2	255.5	208.3	136.9	3.6	8.8	9.9	6.6	4.4
1300 Non-ventilables entre 1100 et 1200	0.0	0.0	0.0	0.0	0.0	0.0	0.0	0.0	0.0	0.0
2000 Cotisations de sécurité sociale	**79.4**	**132.2**	**243.0**	**312.9**	**326.0**	**10.6**	**8.8**	**9.4**	**10.0**	**10.5**
2100 À la charge des salariés	25.3	45.2	81.0	107.9	113.1	3.4	3.0	3.1	3.4	3.6
2200 À la charge des employeurs	50.1	79.2	148.1	186.5	191.4	6.7	5.3	5.7	5.9	6.1
2300 À la charge des indép. ou sans emploi	3.9	7.8	13.9	18.6	21.5	0.5	0.5	0.5	0.6	0.7
2400 Non-ventilables entre 2100, 2200 et 2300	0.0	0.0	0.0	0.0	0.0	0.0	0.0	0.0	0.0	0.0
3000 Sur les salaires ou main d'oeuvre	**0.0**	**0.0**	**0.0**	**0.0**	**0.0**	**0.0**	**0.0**	**0.0**	**0.0**	**0.0**
4000 Impôts sur le patrimoine	**8.9**	**14.5**	**30.9**	**38.5**	**34.9**	**1.2**	**1.0**	**1.2**	**1.2**	**1.1**
4100 Impôts périodiques sur la propriété immobilière	2.2	2.8	8.5	11.2	12.7	0.3	0.2	0.3	0.4	0.4
4200 Impôts périodiques sur l'actif net	5.1	7.7	14.1	17.8	13.4	0.7	0.5	0.5	0.6	0.4
4300 Impôts sur mut. par décès, succ. et donations	0.4	1.3	2.4	1.9	0.3	0.1	0.1	0.1	0.1	0.0
4400 Impôts sur transact. mobilières et immob.	1.1	2.7	5.9	7.6	8.4	0.1	0.2	0.2	0.2	0.3
4500 Impôts non périodiques sur	0.0	0.0	0.0	0.0	0.0	0.0	0.0	0.0	0.0	0.0
4600 Autres impôts périodiques sur patrimoine	0.0	0.0	0.0	0.0	0.0	0.0	0.0	0.0	0.0	0.0
5000 Impôts sur les biens et services	**107.3**	**200.7**	**300.7**	**351.3**	**362.7**	**14.3**	**13.3**	**11.6**	**11.2**	**11.6**
5100 Impôts sur production, vente, transfert, etc.	102.9	185.9	284.9	332.6	343.6	13.7	12.3	11.0	10.6	11.0
5110 Impôts généraux	56.7	125.0	201.8	244.8	256.0	7.6	8.3	7.8	7.8	8.2
5111 Taxes sur la valeur ajoutée	56.7	124.2	201.2	243.8	255.2	7.6	8.2	7.8	7.8	8.2
5120 Impôts sur biens et services déterminés	46.2	60.9	83.1	87.9	87.6	6.2	4.0	3.2	2.8	2.8
5121 Accises	37.5	54.9	76.3	80.0	79.2	5.0	3.6	2.9	2.5	2.5
5200 Impôts sur utilisation des biens et exerc. activités	4.4	14.8	15.8	18.7	19.1	0.6	1.0	0.6	0.6	0.6
5300 Non-ventilables entre 5100 et 5200	0.0	0.0	0.0	0.0	0.0	0.0	0.0	0.0	0.0	0.0
6000 Autres impôts	**0.0**	**0.0**	**0.0**	**0.0**	**0.0**	**0.0**	**0.0**	**0.0**	**0.0**	**0.0**
Crédits d'impôts récupérables										
Crédits d'impôts récupérables contre 1000	..	..	1.2	2.1	1.7	..	..	0.0	0.1	0.1
Composante transfert	..	..	1.0	1.6	1.3	..	..	0.0	0.1	0.0
Composante fiscale	..	..	0.3	0.5	0.4	..	..	0.0	0.0	0.0

Note : Des données et des notes plus détaillées par pays sont disponibles dans le chapitre 5 accessible en ligne : http://dx.doi.org/10.1787/9789264283206-fr. Les séries temporelles complètes sont accessibles sur le site web http://oe.cd/series-temporelles-completes.
Source : Statistics Norway; National Accounts.

StatLink http://dx.doi.org/10.1787/888933615268

Tableau 4.50. Norvège, recettes fiscales et % du PIB par niveaux d'administration (principaux impôts)

	Milliard NOK					% du PIB				
	1990	2000	2010	2014	2015	1990	2000	2010	2014	2015
Administrations fédérale ou centrale										
Recettes fiscales totales	**165.4**	**536.1**	**938.4**	**1 050.9**	**1 011.1**	**22.1**	**35.6**	**36.2**	**33.5**	**32.4**
1000 Impôts sur revenu, bénéfices et gains en capital	50.6	198.4	380.8	369.5	310.7	6.8	13.2	14.7	11.8	10.0
2000 Cotisations de sécurité sociale	4.7	132.2	243.0	312.9	326.0	0.6	8.8	9.4	10.0	10.5
3000 Sur salaires ou main d'oeuvre	0.0	0.0	0.0	0.0	0.0	0.0	0.0	0.0	0.0	0.0
4000 Impôts sur le patrimoine	3.4	7.0	16.0	19.3	13.8	0.5	0.5	0.6	0.6	0.4
5000 Impôts sur les biens et services	106.7	198.6	298.6	349.2	360.7	14.2	13.2	11.5	11.1	11.6
6000 Autres impôts	0.0	0.0	0.0	0.0	0.0	0.0	0.0	0.0	0.0	0.0
Administrations d'un État/Régions										
Recettes fiscales totales	..	..	..	..	..	..	..	..	..	..
1000 Impôts sur revenu, bénéfices et gains en capital	..	..	..	..	..	..	..	..	..	..
2000 Cotisations de sécurité sociale	..	..	..	..	..	..	..	..	..	..
3000 Sur salaires ou main d'oeuvre	..	..	..	..	..	..	..	..	..	..
4000 Impôts sur le patrimoine	..	..	..	..	..	..	..	..	..	..
5000 Impôts sur les biens et services	..	..	..	..	..	..	..	..	..	..
6000 Autres impôts	..	..	..	..	..	..	..	..	..	..
Administrations locales										
Recettes fiscales totales	**61.6**	**95.5**	**148.2**	**169.8**	**183.0**	**8.2**	**6.3**	**5.7**	**5.4**	**5.9**
1000 Impôts sur revenu, bénéfices et gains en capital	55.7	85.8	131.2	148.4	159.9	7.4	5.7	5.1	4.7	5.1
2000 Cotisations de sécurité sociale	0.0	0.0	0.0	0.0	0.0	0.0	0.0	0.0	0.0	0.0
3000 Sur salaires ou main d'oeuvre	0.0	0.0	0.0	0.0	0.0	0.0	0.0	0.0	0.0	0.0
4000 Impôts sur le patrimoine	5.5	7.6	14.9	19.2	21.1	0.7	0.5	0.6	0.6	0.7
5000 Impôts sur les biens et services	0.4	2.1	2.2	2.1	2.0	0.1	0.1	0.1	0.1	0.1
6000 Autres impôts	0.0	0.0	0.0	0.0	0.0	0.0	0.0	0.0	0.0	0.0
Administrations de sécurité sociale										
Recettes fiscales totales	**74.8**	**0.0**	**0.0**	**0.0**	**0.0**	**10.0**	**0.0**	**0.0**	**0.0**	**0.0**
1000 Impôts sur revenu, bénéfices et gains en capital	0.0	0.0	0.0	0.0	0.0	0.0	0.0	0.0	0.0	0.0
2000 Cotisations de sécurité sociale	74.6	0.0	0.0	0.0	0.0	10.0	0.0	0.0	0.0	0.0
3000 Sur salaires ou main d'oeuvre	0.0	0.0	0.0	0.0	0.0	0.0	0.0	0.0	0.0	0.0
4000 Impôts sur le patrimoine	0.0	0.0	0.0	0.0	0.0	0.0	0.0	0.0	0.0	0.0
5000 Impôts sur les biens et services	0.2	0.0	0.0	0.0	0.0	0.0	0.0	0.0	0.0	0.0
6000 Autres impôts	0.0	0.0	0.0	0.0	0.0	0.0	0.0	0.0	0.0	0.0

Note : Des données et des notes plus détaillées par pays sont disponibles dans le chapitre 6 accessible en ligne : http://dx.doi.org/10.1787/9789264283206-fr. Les séries temporelles complètes sont accessibles sur le site web http://oe.cd/series-temporelles-completes.

Source : Statistics Norway; National Accounts.

StatLink http://dx.doi.org/10.1787/888933615287

Tableau 4.51. **Pologne, recettes fiscales et % du PIB (sélection de catégories d'impôts)**

	Milliard PLN					% du PIB				
	1990	2000	2010	2014	2015	1990	2000	2010	2014	2015
Recettes fiscales totales	..	**246.0**	**454.0**	**550.0**	**583.7**	..	**32.9**	**31.4**	**32.0**	**32.4**
1000 Impôts sur le revenu, les bénéfices et les gains en capital	..	**50.3**	**91.0**	**108.8**	**117.1**	..	**6.7**	**6.3**	**6.3**	**6.5**
1100 Des personnes physiques	..	32.4	62.9	78.7	84.0	..	4.3	4.4	4.6	4.7
1200 Des sociétés	..	17.9	28.1	30.0	33.1	..	2.4	1.9	1.7	1.8
1300 Non-ventilables entre 1100 et 1200	..	0.0	0.0	0.0	0.0	..	0.0	0.0	0.0	0.0
2000 Cotisations de sécurité sociale	..	**96.4**	**156.0**	**209.9**	**224.8**	..	**12.9**	**10.8**	**12.2**	**12.5**
2100 À la charge des salariés	..	40.4	55.7	82.0	90.7	..	5.4	3.9	4.8	5.0
2200 À la charge des employeurs	..	42.8	71.8	89.9	93.3	..	5.7	5.0	5.2	5.2
2300 À la charge des indép. ou sans emploi	..	13.2	28.5	38.0	40.9	..	1.8	2.0	2.2	2.3
2400 Non-ventilables entre 2100, 2200 et 2300	..	0.0	0.0	0.0	0.0	..	0.0	0.0	0.0	0.0
3000 Sur les salaires ou main d'oeuvre	..	**1.6**	**3.7**	**4.0**	**4.0**	..	**0.2**	**0.3**	**0.2**	**0.2**
4000 Impôts sur le patrimoine	..	**10.6**	**19.1**	**24.0**	**24.6**	..	**1.4**	**1.3**	**1.4**	**1.4**
4100 Impôts périodiques sur la propriété immobilière	..	8.4	16.4	21.4	22.2	..	1.1	1.1	1.2	1.2
4200 Impôts périodiques sur l'actif net	..	0.0	0.0	0.0	0.0	..	0.0	0.0	0.0	0.0
4300 Impôts sur mut. par décès, succ. et donations	..	0.2	0.3	0.3	0.2	..	0.0	0.0	0.0	0.0
4400 Impôts sur transact. mobilières et immob.	..	2.0	2.4	2.3	2.2	..	0.3	0.2	0.1	0.1
4500 Impôts non périodiques sur	..	0.0	0.0	0.0	0.0	..	0.0	0.0	0.0	0.0
4600 Autres impôts périodiques sur patrimoine	..	0.0	0.0	0.0	0.0	..	0.0	0.0	0.0	0.0
5000 Impôts sur les biens et services	..	**86.9**	**182.0**	**199.9**	**209.7**	..	**11.6**	**12.6**	**11.6**	**11.7**
5100 Impôts sur production, vente, transfert, etc.	..	84.9	174.4	192.6	201.7	..	11.4	12.1	11.2	11.2
5110 Impôts généraux	..	51.6	109.7	122.7	125.8	..	6.9	7.6	7.1	7.0
5111 Taxes sur la valeur ajoutée	..	51.6	109.7	122.7	125.8	..	6.9	7.6	7.1	7.0
5120 Impôts sur biens et services déterminés	..	33.3	64.6	69.9	75.8	..	4.5	4.5	4.1	4.2
5121 Accises	..	27.2	62.0	67.1	70.6	..	3.6	4.3	3.9	3.9
5200 Impôts sur utilisation des biens et exerc. activités	..	2.0	7.6	7.3	8.0	..	0.3	0.5	0.4	0.4
5300 Non-ventilables entre 5100 et 5200	..	0.0	0.0	0.0	0.0	..	0.0	0.0	0.0	0.0
6000 Autres impôts	..	**0.3**	**0.6**	**1.1**	**0.6**	..	**0.0**	**0.0**	**0.1**	**0.0**
Crédits d'impôts récupérables										
Crédits d'impôts récupérables contre 1000	..	..	..	..	..	..	..	..	..	..
Composante transfert	..	..	..	..	..	..	..	..	..	..
Composante fiscale	..	..	..	..	..	..	..	..	..	..

Note : Des données et des notes plus détaillées par pays sont disponibles dans le chapitre 5 accessible en ligne : http://dx.doi.org/10.1787/9789264283206-fr. Les séries temporelles complètes sont accessibles sur le site web http://oe.cd/series-temporelles-completes.
Source : Ministry of Finance, Economic Department.

StatLink http://dx.doi.org/10.1787/888933615306

Tableau 4.52. **Pologne, recettes fiscales et % du PIB par niveaux d'administration (principaux impôts)**

	Milliard PLN					% du PIB				
	1990	2000	2010	2014	2015	1990	2000	2010	2014	2015
Administrations fédérale ou centrale										
Recettes fiscales totales	..	**126.9**	**239.2**	**266.6**	**280.9**	..	**17.0**	**16.6**	**15.5**	**15.6**
1000 Impôts sur revenu, bénéfices et gains en capital	..	40.0	57.7	66.8	71.4	..	5.3	4.0	3.9	4.0
2000 Cotisations de sécurité sociale	..	0.0	0.0	0.0	0.0	..	0.0	0.0	0.0	0.0
3000 Sur salaires ou main d'oeuvre	..	1.6	3.7	4.0	4.0	..	0.2	0.3	0.2	0.2
4000 Impôts sur le patrimoine	..	0.0	0.0	0.0	0.0	..	0.0	0.0	0.0	0.0
5000 Impôts sur les biens et services	..	85.3	177.8	195.7	205.5	..	11.4	12.3	11.4	11.4
6000 Autres impôts	..	0.0	0.0	0.0	0.0	..	0.0	0.0	0.0	0.0
Administrations d'un État/Régions										
Recettes fiscales totales	..	..	..	..	..	..	..	..	..	..
1000 Impôts sur revenu, bénéfices et gains en capital	..	..	..	..	..	..	..	..	..	..
2000 Cotisations de sécurité sociale	..	..	..	..	..	..	..	..	..	..
3000 Sur salaires ou main d'oeuvre	..	..	..	..	..	..	..	..	..	..
4000 Impôts sur le patrimoine	..	..	..	..	..	..	..	..	..	..
5000 Impôts sur les biens et services	..	..	..	..	..	..	..	..	..	..
6000 Autres impôts	..	..	..	..	..	..	..	..	..	..
Administrations locales										
Recettes fiscales totales	..	**22.7**	**57.1**	**71.1**	**75.1**	..	**3.0**	**4.0**	**4.1**	**4.2**
1000 Impôts sur revenu, bénéfices et gains en capital	..	10.3	33.3	41.9	45.7	..	1.4	2.3	2.4	2.5
2000 Cotisations de sécurité sociale	..	0.0	0.0	0.0	0.0	..	0.0	0.0	0.0	0.0
3000 Sur salaires ou main d'oeuvre	..	0.0	0.0	0.0	0.0	..	0.0	0.0	0.0	0.0
4000 Impôts sur le patrimoine	..	10.6	19.1	24.0	24.6	..	1.4	1.3	1.4	1.4
5000 Impôts sur les biens et services	..	1.5	4.1	4.1	4.1	..	0.2	0.3	0.2	0.2
6000 Autres impôts	..	0.3	0.6	1.1	0.6	..	0.0	0.0	0.1	0.0
Administrations de sécurité sociale										
Recettes fiscales totales	..	**96.4**	**156.0**	**209.9**	**224.8**	..	**12.9**	**10.8**	**12.2**	**12.5**
1000 Impôts sur revenu, bénéfices et gains en capital	..	0.0	0.0	0.0	0.0	..	0.0	0.0	0.0	0.0
2000 Cotisations de sécurité sociale	..	96.4	156.0	209.9	224.8	..	12.9	10.8	12.2	12.5
3000 Sur salaires ou main d'oeuvre	..	0.0	0.0	0.0	0.0	..	0.0	0.0	0.0	0.0
4000 Impôts sur le patrimoine	..	0.0	0.0	0.0	0.0	..	0.0	0.0	0.0	0.0
5000 Impôts sur les biens et services	..	0.0	0.0	0.0	0.0	..	0.0	0.0	0.0	0.0
6000 Autres impôts	..	0.0	0.0	0.0	0.0	..	0.0	0.0	0.0	0.0

Note : Des données et des notes plus détaillées par pays sont disponibles dans le chapitre 6 accessible en ligne : http://dx.doi.org/10.1787/9789264283206-fr. Les séries temporelles complètes sont accessibles sur le site web http://oe.cd/series-temporelles-completes.

Source : Ministry of Finance, Economic Department.

StatLink http://dx.doi.org/10.1787/888933615325

Tableau 4.53. **Portugal, recettes fiscales et % du PIB (sélection de catégories d'impôts)**

	Milliard EUR					% du PIB				
	1990	2000	2010	2014	2015	1990	2000	2010	2014	2015
Recettes fiscales totales	**14.8**	**39.9**	**54.7**	**59.3**	**62.0**	**26.5**	**31.1**	**30.4**	**34.3**	**34.6**
1000 Impôts sur le revenu, les bénéfices et les gains en capital	**3.8**	**11.7**	**14.6**	**18.3**	**18.7**	**6.8**	**9.1**	**8.1**	**10.5**	**10.4**
1100 Des personnes physiques	2.4	6.9	9.6	13.4	13.1	4.2	5.4	5.4	7.7	7.3
1200 Des sociétés	1.2	4.7	4.9	4.9	5.6	2.1	3.7	2.7	2.8	3.1
1300 Non-ventilables entre 1100 et 1200	0.3	0.0	0.1	0.0	0.0	0.5	0.0	0.0	0.0	0.0
2000 Cotisations de sécurité sociale	**4.0**	**10.2**	**15.5**	**15.6**	**16.2**	**7.2**	**7.9**	**8.6**	**9.0**	**9.0**
2100 À la charge des salariés	1.5	4.3	6.7	6.8	7.0	2.6	3.3	3.7	3.9	3.9
2200 À la charge des employeurs	2.4	5.9	8.8	8.8	9.2	4.3	4.6	4.9	5.1	5.1
2300 À la charge des indép. ou sans emploi	0.1	0.0	0.0	0.0	0.0	0.3	0.0	0.0	0.0	0.0
2400 Non-ventilables entre 2100, 2200 et 2300	0.0	0.0	0.0	0.0	0.0	0.0	0.0	0.0	0.0	0.0
3000 Sur les salaires ou main d'oeuvre	**0.0**	**0.0**	**0.0**	**0.0**	**0.0**	**0.0**	**0.0**	**0.0**	**0.0**	**0.0**
4000 Impôts sur le patrimoine	**0.4**	**1.5**	**1.9**	**2.1**	**2.3**	**0.7**	**1.1**	**1.1**	**1.2**	**1.3**
4100 Impôts périodiques sur la propriété immobilière	0.1	0.5	1.1	1.4	1.5	0.2	0.4	0.6	0.8	0.8
4200 Impôts périodiques sur l'actif net	0.0	0.0	0.0	0.0	0.0	0.0	0.0	0.0	0.0	0.0
4300 Impôts sur mut. par décès, succ. et donations	0.1	0.1	0.0	0.0	0.0	0.1	0.1	0.0	0.0	0.0
4400 Impôts sur transact. mobilières et immob.	0.2	0.9	0.8	0.7	0.8	0.3	0.7	0.5	0.4	0.4
4500 Impôts non périodiques sur	0.0	0.0	0.0	0.0	0.0	0.0	0.0	0.0	0.0	0.0
4600 Autres impôts périodiques sur patrimoine	0.0	0.0	0.0	0.0	0.0	0.0	0.0	0.0	0.0	0.0
5000 Impôts sur les biens et services	**6.6**	**16.1**	**22.0**	**22.5**	**23.8**	**11.7**	**12.5**	**12.2**	**13.0**	**13.3**
5100 Impôts sur production, vente, transfert, etc.	6.4	15.6	21.2	21.5	22.8	11.5	12.2	11.8	12.4	12.7
5110 Impôts généraux	2.9	9.7	13.5	14.7	15.4	5.2	7.6	7.5	8.5	8.6
5111 Taxes sur la valeur ajoutée	2.9	9.7	13.5	14.7	15.4	5.2	7.6	7.5	8.5	8.6
5120 Impôts sur biens et services déterminés	3.5	5.9	7.7	6.9	7.4	6.3	4.6	4.3	4.0	4.1
5121 Accises	2.1	4.5	5.7	4.8	5.2	3.7	3.5	3.1	2.8	2.9
5200 Impôts sur utilisation des biens et exerc. activités	0.1	0.4	0.7	1.0	1.0	0.2	0.3	0.4	0.6	0.6
5300 Non-ventilables entre 5100 et 5200	0.0	0.1	0.0	0.0	0.0	0.0	0.0	0.0	0.0	0.0
6000 Autres impôts	**0.0**	**0.3**	**0.5**	**0.6**	**0.8**	**0.1**	**0.2**	**0.3**	**0.4**	**0.5**
Crédits d'impôts récupérables										
Crédits d'impôts récupérables contre 1000	..	..	..	..	..	..	..	..	..	..
Composante transfert	..	..	..	..	..	..	..	..	..	..
Composante fiscale	..	..	..	..	..	..	..	..	..	..

Note : Des données et des notes plus détaillées par pays sont disponibles dans le chapitre 5 accessible en ligne : http://dx.doi.org/10.1787/9789264283206-fr. Les séries temporelles complètes sont accessibles sur le site web http://oe.cd/series-temporelles-completes.

Source : Instituto Nacionale de Estatistica; Conta do Estado, Contas de Gerência dos Fundos e Serviços Autonomos da Administraçao Central; Estatisticas das Financas publicas; Relatorio do Instituto de Gestao Financeira da Seguranta Social, Contas de Gerência das Regioes Autonomas da Madeira e dos Atores.

StatLink http://dx.doi.org/10.1787/888933615344

Tableau 4.54. **Portugal, recettes fiscales et % du PIB par niveaux d'administration (principaux impôts)**

	Milliard EUR					% du PIB				
	1990	2000	2010	2014	2015	1990	2000	2010	2014	2015
Administrations fédérale ou centrale										
Recettes fiscales totales	**9.8**	**27.8**	**36.5**	**40.2**	**42.1**	**17.6**	**21.6**	**20.3**	**23.2**	**23.4**
1000 Impôts sur revenu, bénéfices et gains en capital	3.6	11.1	13.6	17.1	17.5	6.4	8.7	7.5	9.9	9.7
2000 Cotisations de sécurité sociale	0.0	1.3	1.9	2.1	2.1	0.0	1.0	1.1	1.2	1.2
3000 Sur salaires ou main d'oeuvre	0.0	0.0	0.0	0.0	0.0	0.0	0.0	0.0	0.0	0.0
4000 Impôts sur le patrimoine	0.1	0.3	0.2	0.2	0.2	0.1	0.2	0.1	0.1	0.1
5000 Impôts sur les biens et services	6.1	14.8	20.3	20.3	21.5	10.9	11.5	11.3	11.7	12.0
6000 Autres impôts	0.0	0.3	0.5	0.6	0.8	0.1	0.2	0.3	0.4	0.4
Administrations d'un État/Régions										
Recettes fiscales totales	..	..	..	..	..	..	..	..	..	..
1000 Impôts sur revenu, bénéfices et gains en capital	..	..	..	..	..	..	..	..	..	..
2000 Cotisations de sécurité sociale	..	..	..	..	..	..	..	..	..	..
3000 Sur salaires ou main d'oeuvre	..	..	..	..	..	..	..	..	..	..
4000 Impôts sur le patrimoine	..	..	..	..	..	..	..	..	..	..
5000 Impôts sur les biens et services	..	..	..	..	..	..	..	..	..	..
6000 Autres impôts	..	..	..	..	..	..	..	..	..	..
Administrations locales										
Recettes fiscales totales	**0.8**	**2.5**	**3.6**	**4.3**	**4.5**	**1.5**	**2.0**	**2.0**	**2.5**	**2.5**
1000 Impôts sur revenu, bénéfices et gains en capital	0.2	0.6	1.1	1.2	1.2	0.4	0.4	0.6	0.7	0.7
2000 Cotisations de sécurité sociale	0.0	0.0	0.0	0.0	0.0	0.0	0.0	0.0	0.0	0.0
3000 Sur salaires ou main d'oeuvre	0.0	0.0	0.0	0.0	0.0	0.0	0.0	0.0	0.0	0.0
4000 Impôts sur le patrimoine	0.3	1.2	1.7	1.9	2.1	0.6	0.9	0.9	1.1	1.2
5000 Impôts sur les biens et services	0.3	0.7	0.8	1.1	1.1	0.5	0.6	0.5	0.6	0.6
6000 Autres impôts	0.0	0.0	0.0	0.0	0.0	0.0	0.0	0.0	0.0	0.0
Administrations de sécurité sociale										
Recettes fiscales totales	**4.0**	**9.4**	**14.4**	**14.7**	**15.3**	**7.2**	**7.3**	**8.0**	**8.5**	**8.5**
1000 Impôts sur revenu, bénéfices et gains en capital	0.0	0.0	0.0	0.0	0.0	0.0	0.0	0.0	0.0	0.0
2000 Cotisations de sécurité sociale	4.0	8.8	13.5	13.5	14.1	7.2	6.9	7.5	7.8	7.9
3000 Sur salaires ou main d'oeuvre	0.0	0.0	0.0	0.0	0.0	0.0	0.0	0.0	0.0	0.0
4000 Impôts sur le patrimoine	0.0	0.0	0.0	0.0	0.0	0.0	0.0	0.0	0.0	0.0
5000 Impôts sur les biens et services	0.0	0.5	0.8	1.2	1.2	0.0	0.4	0.5	0.7	0.7
6000 Autres impôts	0.0	0.0	0.0	0.0	0.0	0.0	0.0	0.0	0.0	0.0

Note : Des données et des notes plus détaillées par pays sont disponibles dans le chapitre 6 accessible en ligne : http://dx.doi.org/10.1787/9789264283206-fr. Les séries temporelles complètes sont accessibles sur le site web http://oe.cd/series-temporelles-completes.

Source : Instituto Nacionale de Estatistica; Conta do Estado, Contas de Gerência dos Fundos e Serviços Autonomos da Administraçao Central; Estatisticas das Financas publicas; Relatorio do Instituto de Gestao Financeira da Seguranta Social, Contas de Gerência das Regioes Autonomas da Madeira e dos Atores.

StatLink http://dx.doi.org/10.1787/888933615363

Tableau 4.55. **République slovaque, recettes fiscales et % du PIB (sélection de catégories d'impôts)**

	Milliard EUR					% du PIB				
	1990	2000	2010	2014	2015	1990	2000	2010	2014	2015
Recettes fiscales totales	..	**10.6**	**19.0**	**23.7**	**25.4**	..	**33.6**	**28.1**	**31.2**	**32.3**
1000 Impôts sur le revenu, les bénéfices et les gains en capital	..	**2.2**	**3.6**	**4.9**	**5.5**	..	**6.9**	**5.3**	**6.5**	**7.0**
1100 Des personnes physiques	..	1.1	1.8	2.3	2.5	..	3.3	2.6	3.0	3.1
1200 Des sociétés	..	0.8	1.7	2.5	2.9	..	2.6	2.5	3.3	3.7
1300 Non-ventilables entre 1100 et 1200	..	0.3	0.2	0.2	0.2	..	1.0	0.2	0.2	0.2
2000 Cotisations de sécurité sociale	..	**4.4**	**8.2**	**10.2**	**10.9**	..	**14.0**	**12.1**	**13.4**	**13.8**
2100 À la charge des salariés	..	0.9	2.1	2.3	2.4	..	2.9	3.1	3.0	3.1
2200 À la charge des employeurs	..	2.9	4.6	5.8	6.3	..	9.0	6.8	7.7	8.0
2300 À la charge des indép. ou sans emploi	..	0.7	1.5	2.1	2.2	..	2.1	2.2	2.7	2.8
2400 Non-ventilables entre 2100, 2200 et 2300	..	0.0	0.0	0.0	0.0	..	0.0	0.0	0.0	0.0
3000 Sur les salaires ou main d'oeuvre	..	**0.0**	**0.0**	**0.0**	**0.0**	..	**0.0**	**0.0**	**0.0**	**0.0**
4000 Impôts sur le patrimoine	..	**0.2**	**0.3**	**0.3**	**0.3**	..	**0.6**	**0.4**	**0.4**	**0.4**
4100 Impôts périodiques sur la propriété immobilière	..	0.1	0.3	0.3	0.3	..	0.5	0.4	0.4	0.4
4200 Impôts périodiques sur l'actif net	..	0.0	0.0	0.0	0.0	..	0.0	0.0	0.0	0.0
4300 Impôts sur mut. par décès, succ. et donations	..	0.0	0.0	0.0	0.0	..	0.0	0.0	0.0	0.0
4400 Impôts sur transact. mobilières et immob.	..	0.0	0.0	0.0	0.0	..	0.1	0.0	0.0	0.0
4500 Impôts non périodiques sur	..	0.0	0.0	0.0	0.0	..	0.0	0.0	0.0	0.0
4600 Autres impôts périodiques sur patrimoine	..	0.0	0.0	0.0	0.0	..	0.0	0.0	0.0	0.0
5000 Impôts sur les biens et services	..	**3.8**	**6.8**	**8.1**	**8.6**	..	**12.2**	**10.1**	**10.6**	**10.9**
5100 Impôts sur production, vente, transfert, etc.	..	3.6	6.3	7.4	7.9	..	11.5	9.3	9.7	10.0
5110 Impôts généraux	..	2.2	4.2	5.0	5.4	..	6.9	6.2	6.6	6.9
5111 Taxes sur la valeur ajoutée	..	2.2	4.2	5.0	5.4	..	6.9	6.2	6.6	6.9
5120 Impôts sur biens et services déterminés	..	1.5	2.1	2.3	2.5	..	4.6	3.1	3.1	3.1
5121 Accises	..	1.0	1.9	2.0	2.1	..	3.1	2.9	2.7	2.7
5200 Impôts sur utilisation des biens et exerc. activités	..	0.2	0.4	0.6	0.5	..	0.7	0.6	0.7	0.7
5300 Non-ventilables entre 5100 et 5200	..	0.0	0.1	0.1	0.2	..	0.0	0.2	0.2	0.2
6000 Autres impôts	..	**0.0**	**0.0**	**0.0**	**0.0**	..	**0.0**	**0.0**	**0.0**	**0.0**
Crédits d'impôts récupérables										
Crédits d'impôts récupérables contre 1000	..	..	0.3	0.3	0.3	..	..	0.4	0.3	0.3
Composante transfert	..	..	..	..	..	..	..	..	..	..
Composante fiscale	..	..	..	..	..	..	..	..	..	..

Note : Des données et des notes plus détaillées par pays sont disponibles dans le chapitre 5 accessible en ligne : http://dx.doi.org/10.1787/9789264283206-fr. Les séries temporelles complètes sont accessibles sur le site web http://oe.cd/series-temporelles-completes.
Source : Ministry of Finance.

StatLink http://dx.doi.org/10.1787/888933615382

Tableau 4.56. **République slovaque, recettes fiscales et % du PIB par niveaux d'administration (principaux impôts)**

	Milliard EUR					% du PIB				
	1990	2000	2010	2014	2015	1990	2000	2010	2014	2015
Administrations fédérale ou centrale										
Recettes fiscales totales	..	**6.2**	**10.3**	**13.0**	**14.2**	..	**19.5**	**15.3**	**17.1**	**18.0**
1000 Impôts sur revenu, bénéfices et gains en capital	..	2.2	3.6	4.9	5.5	..	6.9	5.3	6.5	7.0
2000 Cotisations de sécurité sociale	..	0.1	0.2	0.2	0.3	..	0.3	0.3	0.3	0.3
3000 Sur salaires ou main d'oeuvre	..	0.0	0.0	0.0	0.0	..	0.0	0.0	0.0	0.0
4000 Impôts sur le patrimoine	..	0.1	0.0	0.0	0.0	..	0.2	0.0	0.0	0.0
5000 Impôts sur les biens et services	..	3.8	6.5	7.8	8.4	..	12.1	9.7	10.2	10.7
6000 Autres impôts	..	0.0	0.0	0.0	0.0	..	0.0	0.0	0.0	0.0
Administrations d'un État/Régions										
Recettes fiscales totales	..	..	..	..	..	..	..	..	..	..
1000 Impôts sur revenu, bénéfices et gains en capital	..	..	..	..	..	..	..	..	..	..
2000 Cotisations de sécurité sociale	..	..	..	..	..	..	..	..	..	..
3000 Sur salaires ou main d'oeuvre	..	..	..	..	..	..	..	..	..	..
4000 Impôts sur le patrimoine	..	..	..	..	..	..	..	..	..	..
5000 Impôts sur les biens et services	..	..	..	..	..	..	..	..	..	..
6000 Autres impôts	..	..	..	..	..	..	..	..	..	..
Administrations locales										
Recettes fiscales totales	..	**0.1**	**0.5**	**0.6**	**0.5**	..	**0.5**	**0.8**	**0.8**	**0.7**
1000 Impôts sur revenu, bénéfices et gains en capital	..	0.0	0.0	0.0	0.0	..	0.0	0.0	0.0	0.0
2000 Cotisations de sécurité sociale	..	0.0	0.0	0.0	0.0	..	0.0	0.0	0.0	0.0
3000 Sur salaires ou main d'oeuvre	..	0.0	0.0	0.0	0.0	..	0.0	0.0	0.0	0.0
4000 Impôts sur le patrimoine	..	0.1	0.3	0.3	0.3	..	0.4	0.4	0.4	0.4
5000 Impôts sur les biens et services	..	0.0	0.3	0.3	0.2	..	0.0	0.4	0.4	0.2
6000 Autres impôts	..	0.0	0.0	0.0	0.0	..	0.0	0.0	0.0	0.0
Administrations de sécurité sociale										
Recettes fiscales totales	..	**4.3**	**7.9**	**9.9**	**10.6**	..	**13.7**	**11.7**	**13.1**	**13.5**
1000 Impôts sur revenu, bénéfices et gains en capital	..	0.0	0.0	0.0	0.0	..	0.0	0.0	0.0	0.0
2000 Cotisations de sécurité sociale	..	4.3	7.9	9.9	10.6	..	13.7	11.7	13.1	13.5
3000 Sur salaires ou main d'oeuvre	..	0.0	0.0	0.0	0.0	..	0.0	0.0	0.0	0.0
4000 Impôts sur le patrimoine	..	0.0	0.0	0.0	0.0	..	0.0	0.0	0.0	0.0
5000 Impôts sur les biens et services	..	0.0	0.0	0.0	0.0	..	0.0	0.0	0.0	0.0
6000 Autres impôts	..	0.0	0.0	0.0	0.0	..	0.0	0.0	0.0	0.0

Note : Des données et des notes plus détaillées par pays sont disponibles dans le chapitre 6 accessible en ligne : http://dx.doi.org/10.1787/9789264283206-fr. Les séries temporelles complètes sont accessibles sur le site web http://oe.cd/series-temporelles-completes.

Source : Ministry of Finance.

StatLink http://dx.doi.org/10.1787/888933615401

Tableau 4.57. **Slovénie, recettes fiscales et % du PIB (sélection de catégories d'impôts)**

	Milliard EUR					% du PIB				
	1990	2000	2010	2014	2015	1990	2000	2010	2014	2015
Recettes fiscales totales	..	**6.9**	**13.4**	**13.6**	**14.1**	..	**36.6**	**36.9**	**36.5**	**36.6**
1000 Impôts sur le revenu, les bénéfices et les gains en capital	..	**1.3**	**2.7**	**2.4**	**2.5**	..	**6.8**	**7.4**	**6.5**	**6.6**
1100 Des personnes physiques	..	1.0	2.0	1.9	2.0	..	5.5	5.6	5.1	5.1
1200 Des sociétés	..	0.2	0.7	0.5	0.6	..	1.1	1.8	1.4	1.5
1300 Non-ventilables entre 1100 et 1200	..	0.0	0.0	0.0	0.0	..	0.1	0.0	0.0	0.0
2000 Cotisations de sécurité sociale	..	**2.6**	**5.4**	**5.4**	**5.6**	..	**13.9**	**14.8**	**14.4**	**14.5**
2100 À la charge des salariés	..	1.4	2.8	2.8	2.9	..	7.7	7.7	7.4	7.5
2200 À la charge des employeurs	..	1.0	2.1	2.0	2.1	..	5.3	5.7	5.4	5.5
2300 À la charge des indép. ou sans emploi	..	0.2	0.5	0.6	0.6	..	0.9	1.5	1.5	1.5
2400 Non-ventilables entre 2100, 2200 et 2300	..	0.0	0.0	0.0	0.0	..	0.0	0.0	0.0	0.0
3000 Sur les salaires ou main d'oeuvre	..	**0.3**	**0.0**	**0.0**	**0.0**	..	**1.5**	**0.1**	**0.1**	**0.1**
4000 Impôts sur le patrimoine	..	**0.1**	**0.2**	**0.2**	**0.2**	..	**0.6**	**0.6**	**0.6**	**0.6**
4100 Impôts périodiques sur la propriété immobilière	..	0.1	0.2	0.2	0.2	..	0.4	0.5	0.5	0.5
4200 Impôts périodiques sur l'actif net	..	0.0	0.0	0.0	0.0	..	0.0	0.0	0.0	0.0
4300 Impôts sur mut. par décès, succ. et donations	..	0.0	0.0	0.0	0.0	..	0.0	0.0	0.0	0.0
4400 Impôts sur transact. mobilières et immob.	..	0.0	0.0	0.0	0.0	..	0.1	0.1	0.1	0.1
4500 Impôts non périodiques sur	..	0.0	0.0	0.0	0.0	..	0.1	0.0	0.0	0.0
4600 Autres impôts périodiques sur patrimoine	..	0.0	0.0	0.0	0.0	..	0.0	0.0	0.0	0.0
5000 Impôts sur les biens et services	..	**2.6**	**5.0**	**5.5**	**5.6**	..	**13.8**	**13.8**	**14.7**	**14.6**
5100 Impôts sur production, vente, transfert, etc.	..	2.5	4.8	5.2	5.3	..	13.1	13.2	13.8	13.6
5110 Impôts généraux	..	1.6	2.9	3.2	3.2	..	8.7	8.1	8.5	8.4
5111 Taxes sur la valeur ajoutée	..	1.6	2.9	3.2	3.2	..	8.5	8.1	8.5	8.4
5120 Impôts sur biens et services déterminés	..	0.8	1.9	2.0	2.0	..	4.4	5.1	5.3	5.3
5121 Accises	..	0.6	1.6	1.6	1.6	..	3.1	4.3	4.3	4.2
5200 Impôts sur utilisation des biens et exerc. activités	..	0.1	0.2	0.3	0.4	..	0.6	0.6	0.9	1.0
5300 Non-ventilables entre 5100 et 5200	..	0.0	0.0	0.0	0.0	..	0.0	0.0	0.0	0.0
6000 Autres impôts	..	**0.0**	**0.0**	**0.0**	**0.0**	..	**0.0**	**0.0**	**0.0**	**0.0**
Crédits d'impôts récupérables										
Crédits d'impôts récupérables contre 1000	..	..	..	..	..	..	..	..	..	..
Composante transfert	..	..	..	..	..	..	..	..	..	..
Composante fiscale	..	..	..	..	..	..	..	..	..	..

Note : Des données et des notes plus détaillées par pays sont disponibles dans le chapitre 5 accessible en ligne : http://dx.doi.org/10.1787/9789264283206-fr. Les séries temporelles complètes sont accessibles sur le site web http://oe.cd/series-temporelles-completes.

Source : Statistical Office of the Republic of Slovenia.

StatLink http://dx.doi.org/10.1787/888933615420

Tableau 4.58. Slovénie, recettes fiscales et % du PIB par niveaux d'administration (principaux impôts)

	Milliard EUR					% du PIB				
	1990	2000	2010	2014	2015	1990	2000	2010	2014	2015
Administrations fédérale ou centrale										
Recettes fiscales totales	..	**3.8**	**6.5**	**6.8**	**7.2**	..	**20.2**	**18.0**	**18.2**	**18.5**
1000 Impôts sur revenu, bénéfices et gains en capital	..	0.9	1.6	1.3	1.5	..	4.8	4.3	3.5	4.0
2000 Cotisations de sécurité sociale	..	0.0	0.1	0.1	0.1	..	0.1	0.2	0.2	0.2
3000 Sur salaires ou main d'oeuvre	..	0.3	0.0	0.0	0.0	..	1.5	0.1	0.1	0.1
4000 Impôts sur le patrimoine	..	0.0	0.0	0.0	0.0	..	0.1	0.0	0.0	0.0
5000 Impôts sur les biens et services	..	2.6	4.9	5.4	5.5	..	13.7	13.5	14.5	14.4
6000 Autres impôts	..	0.0	0.0	0.0	0.0	..	0.0	0.0	0.0	0.0
Administrations d'un État/Régions										
Recettes fiscales totales	..	..	..	..	..	..	..	..	..	..
1000 Impôts sur revenu, bénéfices et gains en capital	..	..	..	..	..	..	..	..	..	..
2000 Cotisations de sécurité sociale	..	..	..	..	..	..	..	..	..	..
3000 Sur salaires ou main d'oeuvre	..	..	..	..	..	..	..	..	..	..
4000 Impôts sur le patrimoine	..	..	..	..	..	..	..	..	..	..
5000 Impôts sur les biens et services	..	..	..	..	..	..	..	..	..	..
6000 Autres impôts	..	..	..	..	..	..	..	..	..	..
Administrations locales										
Recettes fiscales totales	..	**0.5**	**1.5**	**1.4**	**1.4**	..	**2.7**	**4.0**	**3.9**	**3.5**
1000 Impôts sur revenu, bénéfices et gains en capital	..	0.4	1.1	1.1	1.0	..	2.0	3.1	3.0	2.6
2000 Cotisations de sécurité sociale	..	0.0	0.0	0.0	0.0	..	0.0	0.0	0.0	0.0
3000 Sur salaires ou main d'oeuvre	..	0.0	0.0	0.0	0.0	..	0.0	0.0	0.0	0.0
4000 Impôts sur le patrimoine	..	0.1	0.2	0.2	0.2	..	0.6	0.6	0.6	0.6
5000 Impôts sur les biens et services	..	0.0	0.1	0.1	0.1	..	0.1	0.3	0.2	0.2
6000 Autres impôts	..	0.0	0.0	0.0	0.0	..	0.0	0.0	0.0	0.0
Administrations de sécurité sociale										
Recettes fiscales totales	..	**2.6**	**5.3**	**5.3**	**5.5**	..	**13.8**	**14.7**	**14.2**	**14.4**
1000 Impôts sur revenu, bénéfices et gains en capital	..	0.0	0.0	0.0	0.0	..	0.0	0.0	0.0	0.0
2000 Cotisations de sécurité sociale	..	2.6	5.3	5.3	5.5	..	13.8	14.7	14.2	14.4
3000 Sur salaires ou main d'oeuvre	..	0.0	0.0	0.0	0.0	..	0.0	0.0	0.0	0.0
4000 Impôts sur le patrimoine	..	0.0	0.0	0.0	0.0	..	0.0	0.0	0.0	0.0
5000 Impôts sur les biens et services	..	0.0	0.0	0.0	0.0	..	0.0	0.0	0.0	0.0
6000 Autres impôts	..	0.0	0.0	0.0	0.0	..	0.0	0.0	0.0	0.0

Note : Des données et des notes plus détaillées par pays sont disponibles dans le chapitre 6 accessible en ligne : http://dx.doi.org/10.1787/9789264283206-fr. Les séries temporelles complètes sont accessibles sur le site web http://oe.cd/series-temporelles-completes.

Source : Statistical Office of the Republic of Slovenia.

StatLink http://dx.doi.org/10.1787/888933615439

Tableau 4.59. **Espagne, recettes fiscales et % du PIB (sélection de catégories d'impôts)**

	Milliard EUR					% du PIB				
	1990	2000	2010	2014	2015	1990	2000	2010	2014	2015
Recettes fiscales totales	**103.7**	**214.7**	**337.4**	**349.8**	**363.7**	**31.6**	**33.2**	**31.2**	**33.7**	**33.8**
1000 Impôts sur le revenu, les bénéfices et les gains en capital	**31.8**	**60.8**	**94.8**	**100.0**	**102.9**	**9.7**	**9.4**	**8.8**	**9.6**	**9.6**
1100 Des personnes physiques	22.5	41.2	73.9	78.4	77.3	6.9	6.4	6.8	7.6	7.2
1200 Des sociétés	9.1	19.6	21.0	21.6	25.6	2.8	3.0	1.9	2.1	2.4
1300 Non-ventilables entre 1100 et 1200	0.1	0.0	0.0	0.0	0.0	0.0	0.0	0.0	0.0	0.0
2000 Cotisations de sécurité sociale	**36.7**	**74.8**	**126.5**	**120.7**	**122.9**	**11.2**	**11.6**	**11.7**	**11.6**	**11.4**
2100 À la charge des salariés	6.0	12.1	20.0	19.1	19.7	1.8	1.9	1.9	1.8	1.8
2200 À la charge des employeurs	26.4	53.9	88.5	84.4	87.1	8.0	8.3	8.2	8.1	8.1
2300 À la charge des indép. ou sans emploi	4.4	8.8	18.1	17.2	16.1	1.3	1.4	1.7	1.7	1.5
2400 Non-ventilables entre 2100, 2200 et 2300	0.0	0.0	0.0	0.0	0.0	0.0	0.0	0.0	0.0	0.0
3000 Sur les salaires ou main d'oeuvre	**0.0**	**0.0**	**0.0**	**0.0**	**0.0**	**0.0**	**0.0**	**0.0**	**0.0**	**0.0**
4000 Impôts sur le patrimoine	**5.7**	**13.8**	**22.3**	**26.0**	**28.0**	**1.7**	**2.1**	**2.1**	**2.5**	**2.6**
4100 Impôts périodiques sur la propriété immobilière	1.5	3.9	9.4	12.2	12.7	0.5	0.6	0.9	1.2	1.2
4200 Impôts périodiques sur l'actif net	0.6	1.4	0.7	1.9	1.9	0.2	0.2	0.1	0.2	0.2
4300 Impôts sur mut. par décès, succ. et donations	0.4	1.4	2.4	2.7	2.7	0.1	0.2	0.2	0.3	0.3
4400 Impôts sur transact. mobilières et immob.	2.5	6.0	8.0	6.3	7.2	0.8	0.9	0.7	0.6	0.7
4500 Impôts non périodiques sur	0.6	1.1	1.8	2.9	3.5	0.2	0.2	0.2	0.3	0.3
4600 Autres impôts périodiques sur patrimoine	0.0	0.0	0.0	0.0	0.0	0.0	0.0	0.0	0.0	0.0
5000 Impôts sur les biens et services	**29.4**	**64.3**	**91.7**	**101.4**	**107.9**	**9.0**	**10.0**	**8.5**	**9.8**	**10.0**
5100 Impôts sur production, vente, transfert, etc.	26.7	58.3	84.6	93.5	99.8	8.2	9.0	7.8	9.0	9.3
5110 Impôts généraux	16.6	37.9	57.3	64.3	69.2	5.1	5.9	5.3	6.2	6.4
5111 Taxes sur la valeur ajoutée	16.3	37.9	57.0	64.1	69.0	5.0	5.9	5.3	6.2	6.4
5120 Impôts sur biens et services déterminés	10.1	20.4	27.3	29.3	30.6	3.1	3.2	2.5	2.8	2.8
5121 Accises	6.0	17.7	23.8	24.4	25.6	1.8	2.7	2.2	2.4	2.4
5200 Impôts sur utilisation des biens et exerc. activités	2.6	6.0	7.2	7.9	8.1	0.8	0.9	0.7	0.8	0.8
5300 Non-ventilables entre 5100 et 5200	0.1	0.0	0.0	0.0	0.0	0.0	0.0	0.0	0.0	0.0
6000 Autres impôts	**0.0**	**0.0**	**0.5**	**0.2**	**0.2**	**0.0**	**0.0**	**0.0**	**0.0**	**0.0**
Crédits d'impôts récupérables										
Crédits d'impôts récupérables contre 1000	..	0.0	1.9	0.8	1.0	..	0.0	0.2	0.1	0.1
Composante transfert	..	..	1.2	0.3	0.2	..	..	0.1	0.0	0.0
Composante fiscale	..	..	0.7	0.4	0.8	..	..	0.1	0.0	0.1

Note : Des données et des notes plus détaillées par pays sont disponibles dans le chapitre 5 accessible en ligne : http://dx.doi.org/10.1787/9789264283206-fr. Les séries temporelles complètes sont accessibles sur le site web http://oe.cd/series-temporelles-completes.

Le total des recettes fiscales a été diminué du montant de tout transfert en capital représentant les impôts non perçus. Le transfert en capital a été réparti entre les différentes rubriques en proportion des recettes fiscales. Par conséquent, les montants des recettes fiscales sont différents de ceux présentés dans le chapitre 5 accessible en ligne.

Source : Informacion Estatistica del Ministerio de Hacienda (for national taxes). Cuentas de las Administraciones Publicas (for local taxes and social security) both published by Secretaria General Tecnica del Ministerio de Hacienda.

StatLink http://dx.doi.org/10.1787/888933615458

Tableau 4.60. **Espagne, recettes fiscales et % du PIB par niveaux d'administration (principaux impôts)**

	Milliard EUR					% du PIB				
	1990	2000	2010	2014	2015	1990	2000	2010	2014	2015
Administrations fédérale ou centrale										
Recettes fiscales totales	**53.7**	**105.2**	**136.4**	**147.8**	**154.7**	**16.4**	**16.3**	**12.6**	**14.2**	**14.4**
1000 Impôts sur revenu, bénéfices et gains en capital	29.5	51.6	61.0	61.8	62.3	9.0	8.0	5.6	6.0	5.8
2000 Cotisations de sécurité sociale	0.4	2.2	3.4	3.2	3.4	0.1	0.3	0.3	0.3	0.3
3000 Sur salaires ou main d'oeuvre	0.0	0.0	0.0	0.0	0.0	0.0	0.0	0.0	0.0	0.0
4000 Impôts sur le patrimoine	0.4	0.3	0.1	0.9	1.2	0.1	0.1	0.0	0.1	0.1
5000 Impôts sur les biens et services	23.4	51.0	71.4	81.8	87.7	7.2	7.9	6.6	7.9	8.2
6000 Autres impôts	0.0	0.0	0.5	0.1	0.1	0.0	0.0	0.0	0.0	0.0
Administrations d'un État/Régions										
Recettes fiscales totales	**5.0**	**16.5**	**43.6**	**47.6**	**50.8**	**1.5**	**2.5**	**4.0**	**4.6**	**4.7**
1000 Impôts sur revenu, bénéfices et gains en capital	0.4	5.5	27.6	32.4	34.6	0.1	0.9	2.5	3.1	3.2
2000 Cotisations de sécurité sociale	0.0	0.0	0.0	0.0	0.0	0.0	0.0	0.0	0.0	0.0
3000 Sur salaires ou main d'oeuvre	0.0	0.0	0.0	0.0	0.0	0.0	0.0	0.0	0.0	0.0
4000 Impôts sur le patrimoine	3.0	7.8	10.1	9.6	10.5	0.9	1.2	0.9	0.9	1.0
5000 Impôts sur les biens et services	1.6	3.2	5.9	5.6	5.7	0.5	0.5	0.5	0.5	0.5
6000 Autres impôts	0.0	0.0	0.0	0.0	0.0	0.0	0.0	0.0	0.0	0.0
Administrations locales										
Recettes fiscales totales	**8.1**	**19.5**	**30.8**	**34.9**	**36.1**	**2.5**	**3.0**	**2.9**	**3.4**	**3.4**
1000 Impôts sur revenu, bénéfices et gains en capital	1.9	3.5	5.2	5.5	5.6	0.6	0.5	0.5	0.5	0.5
2000 Cotisations de sécurité sociale	0.0	0.0	0.0	0.0	0.0	0.0	0.0	0.0	0.0	0.0
3000 Sur salaires ou main d'oeuvre	0.0	0.0	0.0	0.0	0.0	0.0	0.0	0.0	0.0	0.0
4000 Impôts sur le patrimoine	2.3	5.8	12.4	15.7	16.6	0.7	0.9	1.1	1.5	1.5
5000 Impôts sur les biens et services	3.9	10.1	13.3	13.6	13.8	1.2	1.6	1.2	1.3	1.3
6000 Autres impôts	0.0	0.0	0.0	0.1	0.1	0.0	0.0	0.0	0.0	0.0
Administrations de sécurité sociale										
Recettes fiscales totales	**36.4**	**72.6**	**125.1**	**118.0**	**120.3**	**11.1**	**11.2**	**11.6**	**11.4**	**11.2**
1000 Impôts sur revenu, bénéfices et gains en capital	0.0	0.0	0.0	0.0	0.0	0.0	0.0	0.0	0.0	0.0
2000 Cotisations de sécurité sociale	36.4	72.6	125.1	118.0	120.3	11.1	11.2	11.6	11.4	11.2
3000 Sur salaires ou main d'oeuvre	0.0	0.0	0.0	0.0	0.0	0.0	0.0	0.0	0.0	0.0
4000 Impôts sur le patrimoine	0.0	0.0	0.0	0.0	0.0	0.0	0.0	0.0	0.0	0.0
5000 Impôts sur les biens et services	0.0	0.0	0.0	0.0	0.0	0.0	0.0	0.0	0.0	0.0
6000 Autres impôts	0.0	0.0	0.0	0.0	0.0	0.0	0.0	0.0	0.0	0.0

Note : Des données et des notes plus détaillées par pays sont disponibles dans le chapitre 6 accessible en ligne : http://dx.doi.org/10.1787/9789264283206-fr. Les séries temporelles complètes sont accessibles sur le site web http://oe.cd/series-temporelles-completes.
Le total des recettes fiscales a été diminué du montant de tout transfert en capital représentant les impôts non perçus. Le transfert en capital a été réparti entre les différentes rubriques en proportion des recettes fiscales. Par conséquent, les montants des recettes fiscales sont différents de ceux présentés dans le chapitre 6 accessible en ligne.

Source : Informacion Estatistica del Ministerio de Hacienda (for national taxes). Cuentas de las Administraciones Publicas (for local taxes and social security) both published by Secretaria General Tecnica del Ministerio de Hacienda.

StatLink http://dx.doi.org/10.1787/888933615477

Tableau 4.61. **Suède, recettes fiscales et % du PIB (sélection de catégories d'impôts)**

	Milliard SEK					% du PIB				
	1990	2000	2010	2014	2015	1990	2000	2010	2014	2015
Recettes fiscales totales	**756.0**	**1 166.0**	**1 521.4**	**1 676.4**	**1 809.6**	**49.5**	**49.0**	**43.2**	**42.6**	**43.3**
1000 Impôts sur le revenu, les bénéfices et les gains en capital	**314.8**	**475.3**	**539.7**	**585.6**	**650.0**	**20.6**	**20.0**	**15.3**	**14.9**	**15.5**
1100 Des personnes physiques	291.1	387.5	423.9	479.5	525.8	19.1	16.3	12.0	12.2	12.6
1200 Des sociétés	23.7	87.8	115.8	106.1	124.2	1.5	3.7	3.3	2.7	3.0
1300 Non-ventilables entre 1100 et 1200	0.0	0.0	0.0	0.0	0.0	0.0	0.0	0.0	0.0	0.0
2000 Cotisations de sécurité sociale	**205.9**	**307.0**	**384.7**	**388.7**	**404.9**	**13.5**	**12.9**	**10.9**	**9.9**	**9.7**
2100 À la charge des salariés	0.8	63.1	89.2	104.0	108.4	0.1	2.7	2.5	2.6	2.6
2200 À la charge des employeurs	196.9	237.5	288.4	280.1	291.6	12.9	10.0	8.2	7.1	7.0
2300 À la charge des indép. ou sans emploi	8.1	5.6	7.5	5.0	5.1	0.5	0.2	0.2	0.1	0.1
2400 Non-ventilables entre 2100, 2200 et 2300	0.0	0.8	-0.4	-0.4	-0.2	0.0	0.0	0.0	0.0	0.0
3000 Sur les salaires ou main d'oeuvre	**18.7**	**50.1**	**107.5**	**177.4**	**194.1**	**1.2**	**2.1**	**3.1**	**4.5**	**4.6**
4000 Impôts sur le patrimoine	**26.6**	**39.9**	**36.5**	**41.9**	**43.9**	**1.7**	**1.7**	**1.0**	**1.1**	**1.0**
4100 Impôts périodiques sur la propriété immobilière	8.9	23.3	26.4	32.0	32.4	0.6	1.0	0.8	0.8	0.8
4200 Impôts périodiques sur l'actif net	3.2	8.2	0.0	0.0	0.0	0.2	0.3	0.0	0.0	0.0
4300 Impôts sur mut. par décès, succ. et donations	1.4	2.5	0.0	0.0	0.0	0.1	0.1	0.0	0.0	0.0
4400 Impôts sur transact. mobilières et immob.	13.1	5.8	10.1	9.9	11.4	0.9	0.2	0.3	0.3	0.3
4500 Impôts non périodiques sur	0.0	0.0	0.0	0.0	0.0	0.0	0.0	0.0	0.0	0.0
4600 Autres impôts périodiques sur patrimoine	0.0	0.0	0.0	0.0	0.0	0.0	0.0	0.0	0.0	0.0
5000 Impôts sur les biens et services	**188.7**	**288.8**	**446.2**	**475.7**	**509.2**	**12.4**	**12.1**	**12.7**	**12.1**	**12.2**
5100 Impôts sur production, vente, transfert, etc.	181.6	281.4	429.8	458.9	490.4	11.9	11.8	12.2	11.7	11.7
5110 Impôts généraux	112.4	199.6	326.7	357.4	382.7	7.4	8.4	9.3	9.1	9.2
5111 Taxes sur la valeur ajoutée	112.4	197.5	322.6	353.4	378.8	7.4	8.3	9.2	9.0	9.1
5120 Impôts sur biens et services déterminés	69.2	81.8	103.1	101.5	107.7	4.5	3.4	2.9	2.6	2.6
5121 Accises	55.3	70.3	91.6	86.9	91.6	3.6	3.0	2.6	2.2	2.2
5200 Impôts sur utilisation des biens et exerc. activités	7.1	7.4	16.4	16.8	18.8	0.5	0.3	0.5	0.4	0.4
5300 Non-ventilables entre 5100 et 5200	0.0	0.0	0.0	0.0	0.0	0.0	0.0	0.0	0.0	0.0
6000 Autres impôts	**1.3**	**1.5**	**1.4**	**1.4**	**1.4**	**0.1**	**0.1**	**0.0**	**0.0**	**0.0**
Crédits d'impôts récupérables										
Crédits d'impôts récupérables contre 1000	..	..	..	..	..	..	..	..	..	..
Composante transfert	..	..	..	..	..	..	..	..	..	..
Composante fiscale	..	..	..	..	..	..	..	..	..	..

Note : Des données et des notes plus détaillées par pays sont disponibles dans le chapitre 5 accessible en ligne : http://dx.doi.org/10.1787/9789264283206-fr. Les séries temporelles complètes sont accessibles sur le site web http://oe.cd/series-temporelles-completes.

Source : Monthly reports of central Government Revenues (unpublished) National Audit Bureau, Stockholm. Local Government Finance (SOS), Tax assessment statistics (SOS) , National Central Bureau of Statistics, Stockholm.National Accounts (Statistical Reports), National Bureau of Statistics, Stockholm.

StatLink http://dx.doi.org/10.1787/888933615496

Tableau 4.62. **Suède, recettes fiscales et % du PIB par niveaux d'administration (principaux impôts)**

	Milliard SEK					% du PIB				
	1990	2000	2010	2014	2015	1990	2000	2010	2014	2015
Administrations fédérale ou centrale										
Recettes fiscales totales	**383.9**	**699.1**	**795.3**	**838.7**	**927.5**	**25.1**	**29.4**	**22.6**	**21.3**	**22.2**
1000 Impôts sur revenu, bénéfices et gains en capital	94.7	139.0	16.9	-17.1	14.3	6.2	5.8	0.5	-0.4	0.3
2000 Cotisations de sécurité sociale	54.8	180.2	201.2	175.0	180.7	3.6	7.6	5.7	4.4	4.3
3000 Sur salaires ou main d'oeuvre	18.7	50.1	107.5	177.4	194.1	1.2	2.1	3.1	4.5	4.6
4000 Impôts sur le patrimoine	26.6	39.9	22.4	26.4	27.9	1.7	1.7	0.6	0.7	0.7
5000 Impôts sur les biens et services	187.8	288.5	445.9	475.6	509.1	12.3	12.1	12.7	12.1	12.2
6000 Autres impôts	1.3	1.5	1.4	1.4	1.4	0.1	0.1	0.0	0.0	0.0
Administrations d'un État/Régions										
Recettes fiscales totales	..	..	..	..	..	..	..	..	..	..
1000 Impôts sur revenu, bénéfices et gains en capital	..	..	..	..	..	..	..	..	..	..
2000 Cotisations de sécurité sociale	..	..	..	..	..	..	..	..	..	..
3000 Sur salaires ou main d'oeuvre	..	..	..	..	..	..	..	..	..	..
4000 Impôts sur le patrimoine	..	..	..	..	..	..	..	..	..	..
5000 Impôts sur les biens et services	..	..	..	..	..	..	..	..	..	..
6000 Autres impôts	..	..	..	..	..	..	..	..	..	..
Administrations locales										
Recettes fiscales totales	**221.0**	**336.3**	**537.0**	**618.2**	**651.7**	**14.5**	**14.1**	**15.3**	**15.7**	**15.6**
1000 Impôts sur revenu, bénéfices et gains en capital	220.1	336.3	522.9	602.7	635.7	14.4	14.1	14.9	15.3	15.2
2000 Cotisations de sécurité sociale	0.0	0.0	0.0	0.0	0.0	0.0	0.0	0.0	0.0	0.0
3000 Sur salaires ou main d'oeuvre	0.0	0.0	0.0	0.0	0.0	0.0	0.0	0.0	0.0	0.0
4000 Impôts sur le patrimoine	0.0	0.0	14.1	15.6	15.9	0.0	0.0	0.4	0.4	0.4
5000 Impôts sur les biens et services	0.9	0.0	0.0	0.0	0.0	0.1	0.0	0.0	0.0	0.0
6000 Autres impôts	0.0	0.0	0.0	0.0	0.0	0.0	0.0	0.0	0.0	0.0
Administrations de sécurité sociale										
Recettes fiscales totales	**151.1**	**126.8**	**183.5**	**213.7**	**224.1**	**9.9**	**5.3**	**5.2**	**5.4**	**5.4**
1000 Impôts sur revenu, bénéfices et gains en capital	0.0	0.0	0.0	0.0	0.0	0.0	0.0	0.0	0.0	0.0
2000 Cotisations de sécurité sociale	151.1	126.8	183.5	213.7	224.1	9.9	5.3	5.2	5.4	5.4
3000 Sur salaires ou main d'oeuvre	0.0	0.0	0.0	0.0	0.0	0.0	0.0	0.0	0.0	0.0
4000 Impôts sur le patrimoine	0.0	0.0	0.0	0.0	0.0	0.0	0.0	0.0	0.0	0.0
5000 Impôts sur les biens et services	0.0	0.0	0.0	0.0	0.0	0.0	0.0	0.0	0.0	0.0
6000 Autres impôts	0.0	0.0	0.0	0.0	0.0	0.0	0.0	0.0	0.0	0.0

Note : Des données et des notes plus détaillées par pays sont disponibles dans le chapitre 6 accessible en ligne : http://dx.doi.org/10.1787/9789264283206-fr. Les séries temporelles complètes sont accessibles sur le site web http://oe.cd/series-temporelles-completes.

Source : Monthly reports of central Government Revenues (unpublished) National Audit Bureau, Stockholm. Local Government Finance (SOS), Tax assessment statistics (SOS) , National Central Bureau of Statistics, Stockholm.National Accounts (Statistical Reports), National Bureau of Statistics, Stockholm.

StatLink http://dx.doi.org/10.1787/888933615515

Tableau 4.63. **Suisse, recettes fiscales et % du PIB (sélection de catégories d'impôts)**

	Milliard CHF					% du PIB				
	1990	2000	2010	2014	2015	1990	2000	2010	2014	2015
Recettes fiscales totales	**84.4**	**125.9**	**160.4**	**173.6**	**178.7**	**23.6**	**27.4**	**26.5**	**27.0**	**27.7**
1000 Impôts sur le revenu, les bénéfices et les gains en capital	**40.0**	**55.8**	**73.2**	**79.3**	**83.0**	**11.2**	**12.2**	**12.1**	**12.3**	**12.9**
1100 Des personnes physiques	27.7	37.5	51.2	53.8	55.6	7.7	8.2	8.4	8.4	8.6
1200 Des sociétés	6.3	11.2	16.2	18.0	19.3	1.8	2.4	2.7	2.8	3.0
1300 Non-ventilables entre 1100 et 1200	6.1	7.1	5.8	7.5	8.1	1.7	1.6	1.0	1.2	1.3
2000 Cotisations de sécurité sociale	**19.9**	**30.6**	**38.3**	**43.2**	**43.9**	**5.6**	**6.7**	**6.3**	**6.7**	**6.8**
2100 À la charge des salariés	9.3	14.4	17.5	20.0	20.5	2.6	3.1	2.9	3.1	3.2
2200 À la charge des employeurs	9.3	14.4	17.6	20.0	20.3	2.6	3.1	2.9	3.1	3.1
2300 À la charge des indép. ou sans emploi	1.2	1.9	3.2	3.1	3.1	0.3	0.4	0.5	0.5	0.5
2400 Non-ventilables entre 2100, 2200 et 2300	0.0	0.0	0.0	0.0	0.0	0.0	0.0	0.0	0.0	0.0
3000 Sur les salaires ou main d'oeuvre	**0.0**	**0.0**	**0.0**	**0.0**	**0.0**	**0.0**	**0.0**	**0.0**	**0.0**	**0.0**
4000 Impôts sur le patrimoine	**6.9**	**11.4**	**11.3**	**11.5**	**12.0**	**1.9**	**2.5**	**1.9**	**1.8**	**1.9**
4100 Impôts périodiques sur la propriété immobilière	0.4	0.7	1.0	1.0	1.1	0.1	0.2	0.2	0.2	0.2
4200 Impôts périodiques sur l'actif net	3.4	5.3	7.1	7.8	8.1	0.9	1.1	1.2	1.2	1.2
4300 Impôts sur mut. par décès, succ. et donations	0.9	1.2	1.0	1.2	1.1	0.2	0.3	0.2	0.2	0.2
4400 Impôts sur transact. mobilières et immob.	2.1	4.2	2.3	1.5	1.7	0.6	0.9	0.4	0.2	0.3
4500 Impôts non périodiques sur	0.0	0.0	0.0	0.0	0.0	0.0	0.0	0.0	0.0	0.0
4600 Autres impôts périodiques sur patrimoine	0.0	0.0	0.0	0.0	0.0	0.0	0.0	0.0	0.0	0.0
5000 Impôts sur les biens et services	**17.5**	**27.9**	**37.1**	**38.9**	**38.9**	**4.9**	**6.1**	**6.1**	**6.0**	**6.0**
5100 Impôts sur production, vente, transfert, etc.	16.0	25.3	32.1	33.8	33.6	4.5	5.5	5.3	5.2	5.2
5110 Impôts généraux	9.9	16.9	20.9	22.7	22.6	2.8	3.7	3.4	3.5	3.5
5111 Taxes sur la valeur ajoutée	9.9	16.6	20.5	22.4	22.2	2.8	3.6	3.4	3.5	3.4
5120 Impôts sur biens et services déterminés	6.1	8.3	11.2	11.0	10.9	1.7	1.8	1.8	1.7	1.7
5121 Accises	1.5	6.8	8.3	8.1	8.1	0.4	1.5	1.4	1.3	1.2
5200 Impôts sur utilisation des biens et exerc. activités	1.6	2.6	4.9	5.2	5.3	0.4	0.6	0.8	0.8	0.8
5300 Non-ventilables entre 5100 et 5200	0.0	0.0	0.0	0.0	0.0	0.0	0.0	0.0	0.0	0.0
6000 Autres impôts	**0.1**	**0.2**	**0.6**	**0.8**	**0.8**	**0.0**	**0.0**	**0.1**	**0.1**	**0.1**
Crédits d'impôts récupérables										
Crédits d'impôts récupérables contre 1000	..	..	..	..	..	..	..	..	..	..
Composante transfert	..	..	..	..	..	..	..	..	..	..
Composante fiscale	..	..	..	..	..	..	..	..	..	..

Note : Des données et des notes plus détaillées par pays sont disponibles dans le chapitre 5 accessible en ligne : http://dx.doi.org/10.1787/9789264283206-fr. Les séries temporelles complètes sont accessibles sur le site web http://oe.cd/series-temporelles-completes.
Source : Statistique financière, Administration fédérale des finances.

StatLink http://dx.doi.org/10.1787/888933615534

Tableau 4.64. **Suisse, recettes fiscales et % du PIB par niveaux d'administration (principaux impôts)**

	Milliard CHF					% du PIB				
	1990	2000	2010	2014	2015	1990	2000	2010	2014	2015
Administrations fédérale ou centrale										
Recettes fiscales totales	**29.0**	**46.9**	**58.8**	**61.1**	**63.9**	**8.1**	**10.2**	**9.7**	**9.5**	**9.9**
1000 Impôts sur revenu, bénéfices et gains en capital	10.9	17.0	22.3	23.7	26.3	3.0	3.7	3.7	3.7	4.1
2000 Cotisations de sécurité sociale	0.0	0.0	0.0	0.0	0.0	0.0	0.0	0.0	0.0	0.0
3000 Sur salaires ou main d'oeuvre	0.0	0.0	0.0	0.0	0.0	0.0	0.0	0.0	0.0	0.0
4000 Impôts sur le patrimoine	2.1	4.1	2.2	1.4	1.7	0.6	0.9	0.4	0.2	0.3
5000 Impôts sur les biens et services	16.0	25.7	34.2	36.0	35.9	4.5	5.6	5.6	5.6	5.6
6000 Autres impôts	0.0	0.0	0.0	0.0	0.0	0.0	0.0	0.0	0.0	0.0
Administrations d'un État/Régions										
Recettes fiscales totales	**20.8**	**28.2**	**39.0**	**42.8**	**43.7**	**5.8**	**6.1**	**6.4**	**6.7**	**6.8**
1000 Impôts sur revenu, bénéfices et gains en capital	16.4	21.7	30.8	33.7	34.3	4.6	4.7	5.1	5.2	5.3
2000 Cotisations de sécurité sociale	0.0	0.0	0.0	0.0	0.0	0.0	0.0	0.0	0.0	0.0
3000 Sur salaires ou main d'oeuvre	0.0	0.0	0.0	0.0	0.0	0.0	0.0	0.0	0.0	0.0
4000 Impôts sur le patrimoine	3.0	4.4	5.5	6.1	6.3	0.8	1.0	0.9	1.0	1.0
5000 Impôts sur les biens et services	1.4	2.1	2.7	2.8	2.9	0.4	0.5	0.4	0.4	0.4
6000 Autres impôts	0.0	0.0	0.0	0.2	0.2	0.0	0.0	0.0	0.0	0.0
Administrations locales										
Recettes fiscales totales	**14.7**	**20.2**	**24.4**	**26.5**	**27.1**	**4.1**	**4.4**	**4.0**	**4.1**	**4.2**
1000 Impôts sur revenu, bénéfices et gains en capital	12.7	17.1	20.1	21.9	22.4	3.6	3.7	3.3	3.4	3.5
2000 Cotisations de sécurité sociale	0.0	0.0	0.0	0.0	0.0	0.0	0.0	0.0	0.0	0.0
3000 Sur salaires ou main d'oeuvre	0.0	0.0	0.0	0.0	0.0	0.0	0.0	0.0	0.0	0.0
4000 Impôts sur le patrimoine	1.8	2.9	3.6	3.9	4.0	0.5	0.6	0.6	0.6	0.6
5000 Impôts sur les biens et services	0.1	0.1	0.1	0.1	0.1	0.0	0.0	0.0	0.0	0.0
6000 Autres impôts	0.1	0.2	0.6	0.5	0.6	0.0	0.0	0.1	0.1	0.1
Administrations de sécurité sociale										
Recettes fiscales totales	**19.9**	**30.6**	**38.3**	**43.2**	**43.9**	**5.6**	**6.7**	**6.3**	**6.7**	**6.8**
1000 Impôts sur revenu, bénéfices et gains en capital	0.0	0.0	0.0	0.0	0.0	0.0	0.0	0.0	0.0	0.0
2000 Cotisations de sécurité sociale	19.9	30.6	38.3	43.2	43.9	5.6	6.7	6.3	6.7	6.8
3000 Sur salaires ou main d'oeuvre	0.0	0.0	0.0	0.0	0.0	0.0	0.0	0.0	0.0	0.0
4000 Impôts sur le patrimoine	0.0	0.0	0.0	0.0	0.0	0.0	0.0	0.0	0.0	0.0
5000 Impôts sur les biens et services	0.0	0.0	0.0	0.0	0.0	0.0	0.0	0.0	0.0	0.0
6000 Autres impôts	0.0	0.0	0.0	0.0	0.0	0.0	0.0	0.0	0.0	0.0

Note : Des données et des notes plus détaillées par pays sont disponibles dans le chapitre 6 accessible en ligne : http://dx.doi.org/10.1787/9789264283206-fr. Les séries temporelles complètes sont accessibles sur le site web http://oe.cd/series-temporelles-completes.

Source : Statistique financière, Administration fédérale des finances.

StatLink http://dx.doi.org/10.1787/888933615553

Tableau 4.65. **Turquie, recettes fiscales et % du PIB (sélection de catégories d'impôts)**

	Milliard TRY					% du PIB				
	1990	2000	2010	2014	2015	1990	2000	2010	2014	2015
Recettes fiscales totales	**0.1**	**40.3**	**287.9**	**502.6**	**586.7**	**14.5**	**23.6**	**24.8**	**24.6**	**25.1**
1000 Impôts sur le revenu, les bénéfices et les gains en capital	**0.0**	**11.9**	**61.3**	**106.2**	**119.1**	**4.9**	**7.0**	**5.3**	**5.2**	**5.1**
1100 Des personnes physiques	0.0	9.0	40.4	73.9	85.8	3.9	5.2	3.5	3.6	3.7
1200 Des sociétés	0.0	2.9	20.9	32.3	33.4	1.0	1.7	1.8	1.6	1.4
1300 Non-ventilables entre 1100 et 1200	0.0	0.0	0.0	0.0	0.0	0.0	0.0	0.0	0.0	0.0
2000 Cotisations de sécurité sociale	**0.0**	**7.5**	**71.7**	**143.4**	**170.3**	**2.9**	**4.4**	**6.2**	**7.0**	**7.3**
2100 À la charge des salariés	0.0	2.7	26.9	54.3	64.2	1.1	1.6	2.3	2.7	2.7
2200 À la charge des employeurs	0.0	3.6	39.4	80.0	95.1	1.6	2.1	3.4	3.9	4.1
2300 À la charge des indép. ou sans emploi	0.0	1.2	5.4	9.1	11.0	0.2	0.7	0.5	0.4	0.5
2400 Non-ventilables entre 2100, 2200 et 2300	0.0	0.0	0.0	0.0	0.0	0.0	0.0	0.0	0.0	0.0
3000 Sur les salaires ou main d'oeuvre	**0.0**	**0.0**	**0.0**	**0.0**	**0.0**	**0.0**	**0.0**	**0.0**	**0.0**	**0.0**
4000 Impôts sur le patrimoine	**0.0**	**1.3**	**11.7**	**24.5**	**28.6**	**0.3**	**0.7**	**1.0**	**1.2**	**1.2**
4100 Impôts périodiques sur la propriété immobilière	0.0	0.2	2.7	5.0	5.9	0.0	0.1	0.2	0.2	0.3
4200 Impôts périodiques sur l'actif net	0.0	0.0	0.0	0.0	0.0	0.0	0.0	0.0	0.0	0.0
4300 Impôts sur mut. par décès, succ. et donations	0.0	0.0	0.2	0.4	0.4	0.0	0.0	0.0	0.0	0.0
4400 Impôts sur transact. mobilières et immob.	0.0	1.1	8.8	19.1	22.3	0.3	0.6	0.8	0.9	1.0
4500 Impôts non périodiques sur	0.0	0.0	0.0	0.0	0.0	0.0	0.0	0.0	0.0	0.0
4600 Autres impôts périodiques sur patrimoine	0.0	0.0	0.0	0.0	0.0	0.0	0.0	0.0	0.0	0.0
5000 Impôts sur les biens et services	**0.0**	**16.9**	**137.3**	**221.6**	**260.0**	**4.1**	**9.9**	**11.8**	**10.8**	**11.1**
5100 Impôts sur production, vente, transfert, etc.	0.0	16.3	131.9	213.3	250.3	4.0	9.6	11.4	10.4	10.7
5110 Impôts généraux	0.0	9.7	62.5	102.5	121.1	2.9	5.7	5.4	5.0	5.2
5111 Taxes sur la valeur ajoutée	0.0	9.7	62.5	102.5	121.1	2.7	5.7	5.4	5.0	5.2
5120 Impôts sur biens et services déterminés	0.0	6.6	69.3	110.7	129.2	1.1	3.9	6.0	5.4	5.5
5121 Accises	0.0	4.7	57.3	91.1	105.9	0.1	2.8	4.9	4.5	4.5
5200 Impôts sur utilisation des biens et exerc. activités	0.0	0.6	5.4	8.4	9.7	0.1	0.3	0.5	0.4	0.4
5300 Non-ventilables entre 5100 et 5200	0.0	0.0	0.0	0.0	0.0	0.0	0.0	0.0	0.0	0.0
6000 Autres impôts	**0.0**	**2.7**	**5.9**	**6.8**	**8.7**	**2.4**	**1.6**	**0.5**	**0.3**	**0.4**
Crédits d'impôts récupérables										
Crédits d'impôts récupérables contre 1000	..	..	..	..	..	..	..	..	..	..
Composante transfert	..	..	..	..	..	..	..	..	..	..
Composante fiscale	..	..	..	..	..	..	..	..	..	..

Note : Des données et des notes plus détaillées par pays sont disponibles dans le chapitre 5 accessible en ligne : http://dx.doi.org/10.1787/9789264283206-fr. Les séries temporelles complètes sont accessibles sur le site web http://oe.cd/series-temporelles-completes.

Source : Bulletin of national accounts and the Budget revenue Bulletin.

StatLink http://dx.doi.org/10.1787/888933615572

Tableau 4.66. **Turquie, recettes fiscales et % du PIB par niveaux d'administration (principaux impôts)**

	Milliard TRY					% du PIB				
	1990	2000	2010	2014	2015	1990	2000	2010	2014	2015
Administrations fédérale ou centrale										
Recettes fiscales totales	**0.1**	**29.1**	**189.4**	**311.7**	**359.9**	**10.4**	**17.1**	**16.3**	**15.2**	**15.4**
1000 Impôts sur revenu, bénéfices et gains en capital	0.0	10.5	54.6	93.9	104.7	4.3	6.2	4.7	4.6	4.5
2000 Cotisations de sécurité sociale	0.0	0.0	0.0	0.0	0.0	0.0	0.0	0.0	0.0	0.0
3000 Sur salaires ou main d'oeuvre	0.0	0.0	0.0	0.0	0.0	0.0	0.0	0.0	0.0	0.0
4000 Impôts sur le patrimoine	0.0	0.9	8.1	17.5	20.2	0.3	0.5	0.7	0.9	0.9
5000 Impôts sur les biens et services	0.0	15.2	124.0	197.8	231.2	3.6	8.9	10.7	9.7	9.9
6000 Autres impôts	0.0	2.5	2.7	2.6	3.8	2.2	1.5	0.2	0.1	0.2
Administrations d'un État/Régions										
Recettes fiscales totales	..	..	..	..	..	..	..	..	..	..
1000 Impôts sur revenu, bénéfices et gains en capital	..	..	..	..	..	..	..	..	..	..
2000 Cotisations de sécurité sociale	..	..	..	..	..	..	..	..	..	..
3000 Sur salaires ou main d'oeuvre	..	..	..	..	..	..	..	..	..	..
4000 Impôts sur le patrimoine	..	..	..	..	..	..	..	..	..	..
5000 Impôts sur les biens et services	..	..	..	..	..	..	..	..	..	..
6000 Autres impôts	..	..	..	..	..	..	..	..	..	..
Administrations locales										
Recettes fiscales totales	**0.0**	**3.6**	**26.8**	**47.5**	**56.5**	**1.3**	**2.1**	**2.3**	**2.3**	**2.4**
1000 Impôts sur revenu, bénéfices et gains en capital	0.0	1.4	6.7	12.3	14.4	0.6	0.8	0.6	0.6	0.6
2000 Cotisations de sécurité sociale	0.0	0.0	0.0	0.0	0.0	0.0	0.0	0.0	0.0	0.0
3000 Sur salaires ou main d'oeuvre	0.0	0.0	0.0	0.0	0.0	0.0	0.0	0.0	0.0	0.0
4000 Impôts sur le patrimoine	0.0	0.3	3.6	7.0	8.4	0.0	0.2	0.3	0.3	0.4
5000 Impôts sur les biens et services	0.0	1.7	13.3	23.8	28.7	0.5	1.0	1.1	1.2	1.2
6000 Autres impôts	0.0	0.2	3.2	4.3	5.0	0.2	0.1	0.3	0.2	0.2
Administrations de sécurité sociale										
Recettes fiscales totales	**0.0**	**7.5**	**71.7**	**143.4**	**170.3**	**2.9**	**4.4**	**6.2**	**7.0**	**7.3**
1000 Impôts sur revenu, bénéfices et gains en capital	0.0	0.0	0.0	0.0	0.0	0.0	0.0	0.0	0.0	0.0
2000 Cotisations de sécurité sociale	0.0	7.5	71.7	143.4	170.3	2.9	4.4	6.2	7.0	7.3
3000 Sur salaires ou main d'oeuvre	0.0	0.0	0.0	0.0	0.0	0.0	0.0	0.0	0.0	0.0
4000 Impôts sur le patrimoine	0.0	0.0	0.0	0.0	0.0	0.0	0.0	0.0	0.0	0.0
5000 Impôts sur les biens et services	0.0	0.0	0.0	0.0	0.0	0.0	0.0	0.0	0.0	0.0
6000 Autres impôts	0.0	0.0	0.0	0.0	0.0	0.0	0.0	0.0	0.0	0.0

Note : Des données et des notes plus détaillées par pays sont disponibles dans le chapitre 6 accessible en ligne : http://dx.doi.org/10.1787/9789264283206-fr. Les séries temporelles complètes sont accessibles sur le site web http://oe.cd/series-temporelles-completes.

Source : Bulletin of national accounts and the Budget revenue Bulletin.

StatLink http://dx.doi.org/10.1787/888933615591

Tableau 4.67. **Royaume-Uni, recettes fiscales et % du PIB (sélection de catégories d'impôts)**

	Milliard GBP					% du PIB				
	1990	2000	2010	2014	2015	1990	2000	2010	2014	2015
Recettes fiscales totales	**202.4**	**358.6**	**512.5**	**586.4**	**609.2**	**32.9**	**33.2**	**32.6**	**32.2**	**32.5**
1000 Impôts sur le revenu, les bénéfices et les gains en capital	**79.6**	**142.2**	**192.6**	**205.7**	**214.8**	**12.9**	**13.2**	**12.2**	**11.3**	**11.5**
1100 Des personnes physiques	59.5	104.1	147.0	160.1	168.9	9.7	9.6	9.4	8.8	9.0
1200 Des sociétés	20.1	38.1	45.6	45.6	45.9	3.3	3.5	2.9	2.5	2.5
1300 Non-ventilables entre 1100 et 1200	0.0	0.0	0.0	0.0	0.0	0.0	0.0	0.0	0.0	0.0
2000 Cotisations de sécurité sociale	**34.5**	**60.3**	**97.3**	**109.1**	**114.1**	**5.6**	**5.6**	**6.2**	**6.0**	**6.1**
2100 À la charge des salariés	13.3	24.2	38.7	42.6	44.5	2.2	2.2	2.5	2.3	2.4
2200 À la charge des employeurs	20.0	34.0	55.9	63.8	66.5	3.2	3.1	3.6	3.5	3.6
2300 À la charge des indép. ou sans emploi	1.2	2.0	2.8	2.7	3.1	0.2	0.2	0.2	0.1	0.2
2400 Non-ventilables entre 2100, 2200 et 2300	0.0	0.0	0.0	0.0	0.0	0.0	0.0	0.0	0.0	0.0
3000 Sur les salaires ou main d'oeuvre	**0.0**	**0.0**	**0.0**	**0.0**	**0.0**	**0.0**	**0.0**	**0.0**	**0.0**	**0.0**
4000 Impôts sur le patrimoine	**16.5**	**41.1**	**61.7**	**74.3**	**76.6**	**2.7**	**3.8**	**3.9**	**4.1**	**4.1**
4100 Impôts périodiques sur la propriété immobilière	13.5	30.6	49.9	56.3	58.3	2.2	2.8	3.2	3.1	3.1
4200 Impôts périodiques sur l'actif net	0.0	0.0	0.0	0.0	0.0	0.0	0.0	0.0	0.0	0.0
4300 Impôts sur mut. par décès, succ. et donations	1.3	2.2	2.6	3.9	4.4	0.2	0.2	0.2	0.2	0.2
4400 Impôts sur transact. mobilières et immob.	1.8	8.4	9.1	14.1	13.8	0.3	0.8	0.6	0.8	0.7
4500 Impôts non périodiques sur	0.0	0.0	0.0	0.1	0.2	0.0	0.0	0.0	0.0	0.0
4600 Autres impôts périodiques sur patrimoine	0.0	0.0	0.0	0.0	0.0	0.0	0.0	0.0	0.0	0.0
5000 Impôts sur les biens et services	**62.8**	**113.2**	**157.9**	**194.3**	**200.6**	**10.2**	**10.5**	**10.0**	**10.7**	**10.7**
5100 Impôts sur production, vente, transfert, etc.	59.4	108.2	151.0	187.1	193.5	9.7	10.0	9.6	10.3	10.3
5110 Impôts généraux	34.1	64.2	95.9	124.2	129.3	5.5	5.9	6.1	6.8	6.9
5111 Taxes sur la valeur ajoutée	34.1	64.2	95.9	124.2	129.3	5.5	5.9	6.1	6.8	6.9
5120 Impôts sur biens et services déterminés	25.3	44.0	55.0	62.9	64.2	4.1	4.1	3.5	3.5	3.4
5121 Accises	19.7	37.3	45.4	47.1	47.3	3.2	3.4	2.9	2.6	2.5
5200 Impôts sur utilisation des biens et exerc. activités	3.4	5.0	7.0	7.2	7.1	0.6	0.5	0.4	0.4	0.4
5300 Non-ventilables entre 5100 et 5200	0.0	0.0	0.0	0.0	0.0	0.0	0.0	0.0	0.0	0.0
6000 Autres impôts	**9.0**	**0.0**	**0.0**	**0.0**	**0.0**	**1.5**	**0.0**	**0.0**	**0.0**	**0.0**
Crédits d'impôts récupérables										
Crédits d'impôts récupérables contre 1000	7.5	4.7	30.1	31.6	30.8	1.2	0.4	1.9	1.7	1.6
Composante transfert	0.5	3.4	23.7	28.0	27.4	0.1	0.3	1.5	1.5	1.5
Composante fiscale	7.0	1.2	6.5	3.6	3.4	1.1	0.1	0.4	0.2	0.2

Note : Des données et des notes plus détaillées par pays sont disponibles dans le chapitre 5 accessible en ligne : http://dx.doi.org/10.1787/9789264283206-fr. Les séries temporelles complètes sont accessibles sur le site web http://oe.cd/series-temporelles-completes.

Source : National Income and Expenditure; Central Statistical Office; Annual reports of Her Majesty's Revenue and Customs.

StatLink http://dx.doi.org/10.1787/888933615610

Tableau 4.68. Royaume-Uni, recettes fiscales et % du PIB par niveaux d'administration (principaux impôts)

	Milliard GBP					% du PIB				
	1990	2000	2010	2014	2015	1990	2000	2010	2014	2015
Administrations fédérale ou centrale										
Recettes fiscales totales	**151.9**	**282.0**	**386.0**	**445.3**	**462.1**	**24.7**	**26.1**	**24.5**	**24.4**	**24.7**
1000 Impôts sur revenu, bénéfices et gains en capital	79.6	142.2	192.6	205.7	214.8	12.9	13.2	12.2	11.3	11.5
2000 Cotisations de sécurité sociale	0.0	0.0	0.0	0.0	0.0	0.0	0.0	0.0	0.0	0.0
3000 Sur salaires ou main d'oeuvre	0.0	0.0	0.0	0.0	0.0	0.0	0.0	0.0	0.0	0.0
4000 Impôts sur le patrimoine	11.4	26.9	35.4	45.3	46.7	1.9	2.5	2.3	2.5	2.5
5000 Impôts sur les biens et services	60.9	112.8	157.9	194.3	200.6	9.9	10.4	10.0	10.7	10.7
6000 Autres impôts	0.0	0.0	0.0	0.0	0.0	0.0	0.0	0.0	0.0	0.0
Administrations d'un État/Régions										
Recettes fiscales totales	..	..	..	..	..	..	..	..	..	..
1000 Impôts sur revenu, bénéfices et gains en capital	..	..	..	..	..	..	..	..	..	..
2000 Cotisations de sécurité sociale	..	..	..	..	..	..	..	..	..	..
3000 Sur salaires ou main d'oeuvre	..	..	..	..	..	..	..	..	..	..
4000 Impôts sur le patrimoine	..	..	..	..	..	..	..	..	..	..
5000 Impôts sur les biens et services	..	..	..	..	..	..	..	..	..	..
6000 Autres impôts	..	..	..	..	..	..	..	..	..	..
Administrations locales										
Recettes fiscales totales	**14.1**	**14.2**	**26.2**	**29.0**	**29.9**	**2.3**	**1.3**	**1.7**	**1.6**	**1.6**
1000 Impôts sur revenu, bénéfices et gains en capital	0.0	0.0	0.0	0.0	0.0	0.0	0.0	0.0	0.0	0.0
2000 Cotisations de sécurité sociale	0.0	0.0	0.0	0.0	0.0	0.0	0.0	0.0	0.0	0.0
3000 Sur salaires ou main d'oeuvre	0.0	0.0	0.0	0.0	0.0	0.0	0.0	0.0	0.0	0.0
4000 Impôts sur le patrimoine	5.1	14.2	26.2	29.0	29.9	0.8	1.3	1.7	1.6	1.6
5000 Impôts sur les biens et services	0.0	0.0	0.0	0.0	0.0	0.0	0.0	0.0	0.0	0.0
6000 Autres impôts	9.0	0.0	0.0	0.0	0.0	1.5	0.0	0.0	0.0	0.0
Administrations de sécurité sociale										
Recettes fiscales totales	**34.5**	**60.3**	**97.3**	**109.1**	**114.1**	**5.6**	**5.6**	**6.2**	**6.0**	**6.1**
1000 Impôts sur revenu, bénéfices et gains en capital	0.0	0.0	0.0	0.0	0.0	0.0	0.0	0.0	0.0	0.0
2000 Cotisations de sécurité sociale	34.5	60.3	97.3	109.1	114.1	5.6	5.6	6.2	6.0	6.1
3000 Sur salaires ou main d'oeuvre	0.0	0.0	0.0	0.0	0.0	0.0	0.0	0.0	0.0	0.0
4000 Impôts sur le patrimoine	0.0	0.0	0.0	0.0	0.0	0.0	0.0	0.0	0.0	0.0
5000 Impôts sur les biens et services	0.0	0.0	0.0	0.0	0.0	0.0	0.0	0.0	0.0	0.0
6000 Autres impôts	0.0	0.0	0.0	0.0	0.0	0.0	0.0	0.0	0.0	0.0

Note : Des données et des notes plus détaillées par pays sont disponibles dans le chapitre 6 accessible en ligne : http://dx.doi.org/10.1787/9789264283206-fr. Les séries temporelles complètes sont accessibles sur le site web http://oe.cd/series-temporelles-completes.

Source : National Income and Expenditure; Central Statistical Office; Annual reports of Her Majesty's Revenue and Customs.

StatLink http://dx.doi.org/10.1787/888933615629

Tableau 4.69. **États-Unis, recettes fiscales et % du PIB (sélection de catégories d'impôts)**

	Milliard USD					% du PIB				
	1990	2000	2010	2014	2015	1990	2000	2010	2014	2015
Recettes fiscales totales	**1 552.4**	**2 900.5**	**3 515.8**	**4 518.4**	**4 752.4**	**26.0**	**28.2**	**23.5**	**25.9**	**26.2**
1000 Impôts sur le revenu, les bénéfices et les gains en capital	**701.7**	**1 453.9**	**1 491.5**	**2 173.0**	**2 331.1**	**11.7**	**14.1**	**10.0**	**12.5**	**12.9**
1100 Des personnes physiques	584.7	1 224.5	1 224.5	1 774.7	1 926.1	9.8	11.9	8.2	10.2	10.6
1200 Des sociétés	117.0	229.3	267.0	398.3	405.0	2.0	2.2	1.8	2.3	2.2
1300 Non-ventilables entre 1100 et 1200	0.0	0.0	0.0	0.0	0.0	0.0	0.0	0.0	0.0	0.0
2000 Cotisations de sécurité sociale	**397.0**	**683.1**	**917.8**	**1 078.0**	**1 124.0**	**6.6**	**6.6**	**6.1**	**6.2**	**6.2**
2100 À la charge des salariés	173.9	305.6	406.4	479.1	502.4	2.9	3.0	2.7	2.7	2.8
2200 À la charge des employeurs	204.1	343.2	462.1	540.0	560.4	3.4	3.3	3.1	3.1	3.1
2300 À la charge des indép. ou sans emploi	19.0	34.4	49.3	59.0	61.3	0.3	0.3	0.3	0.3	0.3
2400 Non-ventilables entre 2100, 2200 et 2300	0.0	0.0	0.0	0.0	0.0	0.0	0.0	0.0	0.0	0.0
3000 Sur les salaires ou main d'oeuvre	**0.0**	**0.0**	**0.0**	**0.0**	**0.0**	**0.0**	**0.0**	**0.0**	**0.0**	**0.0**
4000 Impôts sur le patrimoine	**180.3**	**295.2**	**462.1**	**485.3**	**490.0**	**3.0**	**2.9**	**3.1**	**2.8**	**2.7**
4100 Impôts périodiques sur la propriété immobilière	161.5	254.7	435.0	453.6	456.6	2.7	2.5	2.9	2.6	2.5
4200 Impôts périodiques sur l'actif net	0.0	0.0	0.0	0.0	0.0	0.0	0.0	0.0	0.0	0.0
4300 Impôts sur mut. par décès, succ. et donations	15.8	35.6	19.5	24.1	25.6	0.3	0.3	0.1	0.1	0.1
4400 Impôts sur transact. mobilières et immob.	0.0	0.0	0.0	0.0	0.0	0.0	0.0	0.0	0.0	0.0
4500 Impôts non périodiques sur	0.0	0.0	0.0	0.0	0.0	0.0	0.0	0.0	0.0	0.0
4600 Autres impôts périodiques sur patrimoine	3.0	4.8	7.5	7.7	7.8	0.1	0.0	0.1	0.0	0.0
5000 Impôts sur les biens et services	**273.5**	**468.4**	**644.4**	**782.1**	**807.3**	**4.6**	**4.6**	**4.3**	**4.5**	**4.5**
5100 Impôts sur production, vente, transfert, etc.	235.2	404.1	542.1	657.7	681.5	3.9	3.9	3.6	3.8	3.8
5110 Impôts généraux	125.6	221.4	294.4	352.8	367.2	2.1	2.2	2.0	2.0	2.0
5111 Taxes sur la valeur ajoutée	0.0	0.0	0.0	0.0	0.0	0.0	0.0	0.0	0.0	0.0
5120 Impôts sur biens et services déterminés	109.6	182.7	247.6	304.9	314.3	1.8	1.8	1.7	1.7	1.7
5121 Accises	65.0	108.6	145.3	154.5	154.7	1.1	1.1	1.0	0.9	0.9
5200 Impôts sur utilisation des biens et exerc. activités	38.2	64.3	102.3	124.4	125.8	0.6	0.6	0.7	0.7	0.7
5300 Non-ventilables entre 5100 et 5200	0.0	0.0	0.0	0.0	0.0	0.0	0.0	0.0	0.0	0.0
6000 Autres impôts	**0.0**	**0.0**	**0.0**	**0.0**	**0.0**	**0.0**	**0.0**	**0.0**	**0.0**	**0.0**
Crédits d'impôts récupérables										
Crédits d'impôts récupérables contre 1000	6.2	36.5	171.9	144.6	157.2	0.1	0.4	1.1	0.8	0.9
Composante transfert	4.4	26.9	101.8	99.8	113.9	0.1	0.3	0.7	0.6	0.6
Composante fiscale	1.8	9.6	70.1	44.8	43.4	0.0	0.1	0.5	0.3	0.2

Note : Des données et des notes plus détaillées par pays sont disponibles dans le chapitre 5 accessible en ligne : http://dx.doi.org/10.1787/9789264283206-fr. Les séries temporelles complètes sont accessibles sur le site web http://oe.cd/series-temporelles-completes.

Source : Federal estimates are derived from the US Budget, the Final Monthly Treasury Statement and the Annual Report of the US Treasury Department. The State and Local estimates are derived from Government Finances, published by the Bureau of the Census.

StatLink http://dx.doi.org/10.1787/888933615648

Tableau 4.70. **États-Unis, recettes fiscales et % du PIB par niveaux d'administration (principaux impôts)**

	Milliard USD					% du PIB				
	1990	2000	2010	2014	2015	1990	2000	2010	2014	2015
Administrations fédérale ou centrale										
Recettes fiscales totales	**632.2**	**1 316.6**	**1 288.6**	**1 916.9**	**2 059.0**	**10.6**	**12.8**	**8.6**	**11.0**	**11.4**
1000 Impôts sur revenu, bénéfices et gains en capital	569.7	1 201.3	1 176.7	1 763.5	1 899.4	9.5	11.7	7.9	10.1	10.5
2000 Cotisations de sécurité sociale	0.0	0.0	0.0	0.0	0.0	0.0	0.0	0.0	0.0	0.0
3000 Sur salaires ou main d'oeuvre	0.0	0.0	0.0	0.0	0.0	0.0	0.0	0.0	0.0	0.0
4000 Impôts sur le patrimoine	11.6	28.1	15.1	18.8	20.2	0.2	0.3	0.1	0.1	0.1
5000 Impôts sur les biens et services	50.9	87.3	96.8	134.6	139.4	0.9	0.8	0.6	0.8	0.8
6000 Autres impôts	0.0	0.0	0.0	0.0	0.0	0.0	0.0	0.0	0.0	0.0
Administrations d'un État/Régions										
Recettes fiscales totales	**309.7**	**547.6**	**724.1**	**888.3**	**923.7**	**5.2**	**5.3**	**4.8**	**5.1**	**5.1**
1000 Impôts sur revenu, bénéfices et gains en capital	120.2	231.0	282.0	370.1	390.9	2.0	2.2	1.9	2.1	2.2
2000 Cotisations de sécurité sociale	0.0	0.0	0.0	0.0	0.0	0.0	0.0	0.0	0.0	0.0
3000 Sur salaires ou main d'oeuvre	0.0	0.0	0.0	0.0	0.0	0.0	0.0	0.0	0.0	0.0
4000 Impôts sur le patrimoine	10.1	17.6	18.1	18.4	18.9	0.2	0.2	0.1	0.1	0.1
5000 Impôts sur les biens et services	179.4	299.0	424.0	499.7	513.9	3.0	2.9	2.8	2.9	2.8
6000 Autres impôts	0.0	0.0	0.0	0.0	0.0	0.0	0.0	0.0	0.0	0.0
Administrations locales										
Recettes fiscales totales	**213.6**	**353.2**	**585.3**	**635.2**	**645.7**	**3.6**	**3.4**	**3.9**	**3.6**	**3.6**
1000 Impôts sur revenu, bénéfices et gains en capital	11.9	21.6	32.8	39.3	40.8	0.2	0.2	0.2	0.2	0.2
2000 Cotisations de sécurité sociale	0.0	0.0	0.0	0.0	0.0	0.0	0.0	0.0	0.0	0.0
3000 Sur salaires ou main d'oeuvre	0.0	0.0	0.0	0.0	0.0	0.0	0.0	0.0	0.0	0.0
4000 Impôts sur le patrimoine	158.6	249.4	428.9	448.1	450.8	2.7	2.4	2.9	2.6	2.5
5000 Impôts sur les biens et services	43.1	82.1	123.6	147.8	154.0	0.7	0.8	0.8	0.8	0.9
6000 Autres impôts	0.0	0.0	0.0	0.0	0.0	0.0	0.0	0.0	0.0	0.0
Administrations de sécurité sociale										
Recettes fiscales totales	**397.0**	**683.1**	**917.8**	**1 078.0**	**1 124.0**	**6.6**	**6.6**	**6.1**	**6.2**	**6.2**
1000 Impôts sur revenu, bénéfices et gains en capital	0.0	0.0	0.0	0.0	0.0	0.0	0.0	0.0	0.0	0.0
2000 Cotisations de sécurité sociale	397.0	683.1	917.8	1 078.0	1 124.0	6.6	6.6	6.1	6.2	6.2
3000 Sur salaires ou main d'oeuvre	0.0	0.0	0.0	0.0	0.0	0.0	0.0	0.0	0.0	0.0
4000 Impôts sur le patrimoine	0.0	0.0	0.0	0.0	0.0	0.0	0.0	0.0	0.0	0.0
5000 Impôts sur les biens et services	0.0	0.0	0.0	0.0	0.0	0.0	0.0	0.0	0.0	0.0
6000 Autres impôts	0.0	0.0	0.0	0.0	0.0	0.0	0.0	0.0	0.0	0.0

Note : Des données et des notes plus détaillées par pays sont disponibles dans le chapitre 6 accessible en ligne : http://dx.doi.org/10.1787/9789264283206-fr. Les séries temporelles complètes sont accessibles sur le site web http://oe.cd/series-temporelles-completes.

Source : Federal estimates are derived from the US Budget, the Final Monthly Treasury Statement and the Annual Report of the US Treasury Department. The State and Local estimates are derived from Government Finances, published by the Bureau of the Census.

StatLink *http://dx.doi.org/10.1787/888933615667*

4.2. Tableaux pour mémoire

Le tableau 4.71 présente les différentes sources de financement des prestations sociales, au-delà des cotisations obligatoires de sécurité sociale reportées dans la section 4.1. Cette table montre également les données concernant les autres impôts, les cotisations volontaires aux administrations et les cotisations obligatoires au secteur privé.

Le tableau 4.72 contient les cotisations de sécurité sociale et les impôts sur les salaires acquittés par les administrations. Lors de la révision du Guide d'interprétation en 1984, la question s'est posée de savoir comment il convenait de traiter les impôts acquittés par les administrations. Les deux exemples les plus marquants d'impôts de ce type sont les cotisations de sécurité sociale et les impôts sur les salaires acquittés par les administrations au titre de leurs agents. Après un échange de vues approfondi, il a été décidé que les données présentées dans cette publication continueraient d'inclure les impôts acquittés par les administrations (voir le §5 du Guide d'interprétation dans l'annexe A).

Alors qu'il a été admis qu'à certaines fins (par exemple, pour mesurer le flux de paiements allant du secteur privé au secteur des administrations), il conviendrait d'exclure les impôts payés par un secteur de l'administration à un autre ou les impôts acquittés entre les différentes unités d'un même secteur de l'administration, il a été décidé que les impôts acquittés par les administrations devaient être inclus dans les données lorsque l'on comptabilise tous les flux d'impôts de l'ensemble de l'économie. Cette prise en compte permet d'être sûr que les différents flux de ressources d'une économie, y compris la valeur de la production des administrations, sont bien mesurés de façon cohérente nette d'impôt.

Il a été toutefois décidé que les données sur les impôts acquittés par les administrations et que l'on pouvait identifier isolément seraient présentées séparément dans un poste pour mémoire et c'est l'objet des tableaux par pays qui suivent.

Les données reproduites dans les tableaux suivants ont trait aux montants effectifs versés par les administrations publiques au titre de leurs agents. Les cotisations fictives, volontaires et imputées sont exclues de ces données. Les définitions des cotisations de sécurité sociale, des impôts sur les salaires et des administrations publiques correspondent aux définitions données aux §35 à §41, §42 et §3 à §4 du Guide d'interprétation. Les informations sur les autres impôts payés par les administrations (à savoir impôts sur la propriété et impôts sur la consommation) ne sont pas disponibles pour la plupart des pays, même s'il semble bien que, dans tous les pays, les impôts assis sur les salaires sont les impôts les plus importants qu'acquittent les administrations. Dans beaucoup de cas, les données sont estimées et ne sont pas toujours établies sur une base compatible avec celle utilisée dans les tableaux principaux.

Tableau 4.71. **Le financement des prestations sociales**

Monnaie nationale

	Devise	Total 1990	Total 2000	Total 2010	Total 2014	Total 2015	2015 Cotisations de sécurité sociale	2015 Autres impôts	2015 Contributions volontaires au gouvernement	2015 Contributions obligatoires au secteur privé	2015 Total
Australie	Millions AUD	0.0	0.0	0.0	0.0	0.0	..	..	..	..	**0.0**
Autriche	Millions EUR	17.9	30.7	41.8	48.6	50.2	49.9	0.0	0.3	0.0	**50.2**
Belgique	Millions EUR	24.1	40.1	67.3	76.0	71.0	58.6	12.3	0.1	0.0	**71.0**
Canada	Millions CAD	29.7	53.1	76.8	93.4	96.2	96.2	0.0	0.0	0.0	**96.2**
Chili	Millions CLP	487.7	2 598.4	6 902.7	10 305.3	11 170.1	2 252.5	0.0	0.0	8 917.6	**11 170.1**
République tchèque	Millions CZK	..	345.5	582.8	632.3	666.9	659.7	0.0	0.4	6.7	**666.9**
Danemark	Millions DKK	9.5	26.5	22.9	19.2	19.1	1.4	0.0	14.7	3.0	**19.1**
Estonie	Millions EUR	..	0.7	1.9	2.5	2.7	2.3	0.0	0.0	0.4	**2.7**
Finlande	Millions EUR	11.1	16.9	23.5	26.9	27.6	26.6	0.0	0.3	0.6	**27.6**
France	Millions EUR	194.1	312.9	461.2	534.0	540.1	369.9	170.2	0.0	0.0	**540.1**
Allemagne	Millions EUR	184.9	328.9	369.8	425.9	443.4	424.6	0.0	8.2	10.6	**443.4**
Grèce	Millions EUR	3.5	14.3	24.7	18.6	18.8	18.8	0.0	0.0	0.0	**18.8**
Hongrie	Millions HUF	..	1 759.3	3 539.6	4 245.4	4 538.8	4 293.7	243.9	1.2	0.0	**4 538.8**
Islande	Millions ISK	37.6	95.3	236.5	295.8	317.5	79.7	98.0	0.0	139.8	**317.5**
Irlande	Millions EUR	1.7	3.9	8.4	9.6	10.2	10.2	0.0	0.0	0.0	**10.2**
Israël	Millions ILS	..	27.6	54.4	88.6	94.8	59.6	0.0	0.0	35.2	**94.8**
Italie	Millions EUR	87.3	144.1	209.7	210.4	215.1	214.4	0.0	0.7	0.0	**215.1**
Japon	Milliards JPY	34.6	48.0	54.5	62.3	64.5	64.5	0.0	0.0	0.0	**64.5**
Corée	Milliards KRW	3.8	22.8	69.1	98.2	104.7	104.7	0.0	0.0	0.0	**104.7**
Lettonie	Millions EUR	..	0.7	1.6	2.1	2.1	2.0	0.1	0.0	0.0	**2.1**
Luxembourg	Millions EUR	1.0	2.2	4.4	5.4	5.6	5.6	0.0	0.0	0.0	**5.6**
Mexique	Millions MXN	21.0	205.6	423.6	568.7	616.1	409.2	0.0	0.0	206.8	**616.1**
Pays-Bas	Millions EUR	45.0	101.6	..	..	..	96.4	0.0	0.0	..	**..**
Nouvelle-Zélande	Millions NZD	0.0	0.0	0.0	0.0	0.0	..	..	..	..	**0.0**
Norvège	Millions NOK	79.7	132.2	243.0	312.9	326.0	326.0	0.0	0.0	0.0	**326.0**
Pologne	Millions PLN	..	96.4	156.0	209.9	224.8	224.8	0.0	0.0	0.0	**224.8**
Portugal	Millions EUR	4.1	10.6	16.2	16.6	17.2	16.2	1.0	0.0	0.0	**17.2**
République slovaque	Millions EUR	..	4.4	8.9	10.6	11.3	10.9	0.0	0.0	0.4	**11.3**
Slovénie	Millions EUR	..	2.6	5.4	5.4	5.6	5.6	0.0	0.0	0.0	**5.6**
Espagne	Millions EUR	36.7	76.0	129.7	122.2	124.5	124.5	0.0	0.0	0.0	**124.5**
Suède	Millions SEK	205.9	321.3	412.3	419.9	437.4	404.9	0.0	32.6	0.0	**437.4**
Suisse	Millions CHF	41.8	62.1	90.4	102.8	104.7	43.9	7.8	0.0	53.0	**104.7**
Turquie	Millions TRY	0.0	7.5	71.7	143.4	170.3	170.3	0.0	0.0	0.0	**170.3**
Royaume-Uni	Millions GBP	45.7	73.9	122.3	134.1	139.5	114.1	0.0	20.0	5.5	**139.5**
États-Unis	Millions USD	408.7	705.7	979.6	1 150.5	1 199.1	1 124.0	0.0	75.0	0.0	**1 199.1**

StatLink http://dx.doi.org/10.1787/888933615686

Tableau 4.72. **Les cotisations de sécurité sociale et impôts sur les salaires payés par les administrations publiques**

Monnaie nationale

	Devise	Total					2015				
		1990	2000	2010	2014	2015	Administrations fédérale ou centrale	Administrations d'un État/ Régions	Administrations locales	Administrations de sécurité sociale	**Total**
Australie[1]	Millions AUD	0.1	0.3	0.6	0.7	0.8	0.0	0.0	0.0	0.0	**0.8**
Autriche	Millions EUR	1.3	2.9	5.6	6.3	6.6	2.4	1.9	1.9	0.3	**6.6**
Belgique	Millions EUR	1.8	3.1	5.3	6.6	7.4	0.7	2.3	4.0	0.4	**7.4**
Canada	Millions CAD	..	6.4	10.2	11.9	12.1	1.5	6.5	4.1	0.0	**12.1**
Chili	Millions CLP	..	54.6	190.0	248.5	269.3	205.1	..	63.6	0.6	**269.3**
République tchèque	Millions CZK	..	34.2	55.8	58.5	80.5	37.6	..	42.0	1.0	**80.5**
Danemark	Millions DKK	0.0	0.0	0.0	0.0	0.0	..	..	..	..	**0.0**
Estonie	Millions EUR	..	0.2	0.5	0.6	0.7	0.4	..	0.2	0.0	**0.7**
Finlande	Millions EUR	1.9	3.8	5.6	6.3	6.2	1.2	..	4.9	0.1	**6.2**
France	Millions EUR	23.4	36.3	53.7	59.2	60.1	14.8	..	22.4	22.9	**60.1**
Allemagne	Millions EUR	13.6	21.7	20.3	22.5	23.3	1.5	6.6	12.3	2.9	**23.3**
Grèce	Millions EUR	0.1	1.7	3.6	2.7	2.7	2.4	..	0.0	0.3	**2.7**
Hongrie	Millions HUF	..	367.0	544.9	637.7	697.4	543.2	..	151.2	3.1	**697.4**
Islande	Millions ISK	..	..	..	..	..	..	..	..	..	**..**
Irlande	Millions EUR	0.1	0.4	1.2	1.3	1.4	0.5	..	0.9	0.0	**1.4**
Israël	Millions ILS	..	4.1	6.7	9.3	9.3	7.4	..	1.9	0.0	**9.3**
Italie	Millions EUR	..	36.7	50.6	49.5	49.2	0.0	..	0.0	49.2	**49.2**
Japon	Milliards JPY	2.0	2.9	3.0	3.4	3.5	0.9	..	2.6	0.0	**3.5**
Corée	Milliards KRW	..	..	..	..	..	..	..	..	..	**..**
Lettonie	Millions EUR	..	0.0	0.2	0.2	0.3	..	..	..	..	**0.3**
Luxembourg	Millions EUR	0.3	0.3	0.5	0.6	0.6	0.6	..	0.0	0.0	**0.6**
Mexique	Millions MXN	3.0	44.9	103.4	135.4	145.3	145.3	0.0	0.0	0.0	**145.3**
Pays-Bas	Millions EUR	0.3	2.0	0.0	0.0	0.0	..	..	..	..	**0.0**
Nouvelle-Zélande	Millions NZD	0.0	0.0	0.0	0.0	0.0	..	..	..	..	**0.0**
Norvège	Millions NOK	17.9	36.7	77.6	106.2	112.4	52.9	..	59.5	0.0	**112.4**
Pologne	Millions PLN	..	9.0	18.4	23.6	24.3	9.6	..	14.2	0.6	**24.3**
Portugal	Millions EUR	0.0	0.2	0.0	0.0	0.0	..	..	..	..	**0.0**
République slovaque	Millions EUR	..	0.6	1.3	1.6	1.7	1.0	..	0.6	0.0	**1.7**
Slovénie	Millions EUR	..	0.3	0.6	0.6	0.6	0.4	..	0.2	0.0	**0.6**
Espagne	Millions EUR	4.0	9.6	18.5	17.9	18.7	2.2	11.4	4.6	0.5	**18.7**
Suède	Millions SEK	69.3	101.6	136.7	155.4	163.9	37.9	..	125.9	0.0	**163.9**
Suisse	Millions CHF	1.8	2.2	3.0	3.3	3.3	0.5	1.8	1.0	0.0	**3.3**
Turquie	Millions TRY	0.0	3.6	39.4	80.0	95.1	95.1	..	0.0	0.0	**95.1**
Royaume-Uni	Millions GBP	4.1	6.0	11.7	12.2	12.5	7.7	..	4.8	0.0	**12.5**
États-Unis	Millions USD	28.9	44.1	71.6	73.7	75.2	26.7	48.4	0.0	0.0	**75.2**

1. Pour l'Australie, le total diffère de la somme des quatre niveaux d'administration publique. La différence résulte de l'existence d'un secteur multi-juridictionnel (université) spécifique à ce pays. Ce secteur contient des unités où la juridiction est partagée entre deux administrations publiques au moins, ou contient des unités dont le classement dans une juridiction n'est pas clair. Les universités publiques sont le principal type d'unités appartenant actuellement à cette catégorie.

StatLink http://dx.doi.org/10.1787/888933615705

Chapitre 5

Tableaux détaillés par pays, 1965-2015

Ce chapitre présente des tableaux statistiques montrant une décomposition détaillée des recettes fiscales par pays entre 1965 et 2015. Deux tableaux pour mémoire montrent comment les pays financent leurs prestations sociales et reportent les impôts sur les salaires et les cotisations de sécurité sociale payés par les administrations publiques.

Ce chapitre est disponible en ligne sur le site web http://dx.doi.org/10.1787/9789264283206-fr.

Statistiques des recettes publiques : 1965-2016

Chapitre 6

Recettes fiscales par sous-secteur d'administration

Ce chapitre présente la répartition des recettes fiscales des administrations publiques entre les sous-secteurs suivants : administration centrale, administration d'un état fédéré, administrations locales et caisses de sécurité sociale. Ce chapitre contient des tableaux comparatifs pour les années 1975-2015 et contient également des tableaux présentant une décomposition détaillée des recettes fiscales par pays entre 1975 et 2015.

Ce chapitre est disponible en ligne sur le site web http://dx.doi.org/10.1787/9789264283206-fr.

ANNEXE A

Classification des impôts de l'OCDE et guide d'interprétation

Table des matières

A.1 Classification des impôts de l'OCDE

1. 1000 Impôts sur le revenu, les bénéfices et les gains en capital
   - 1100 Impôts sur le revenu, les bénéfices et les gains en capital des personnes physiques
     - 1110 Sur le revenu et les bénéfices
     - 1120 Sur les gains en capital
   - 1200 Impôts sur le revenu, les bénéfices et les gains en capital des sociétés
     - 1210 Sur le revenu et les bénéfices
     - 1220 Sur les gains en capital
   - 1300 Non ventilables entres les rubriques 110 et 1200
2. 2000 Cotisations de sécurité sociale
   - 2100 A la charge des salariés
     - 2110 Sur la base du salaire
     - 2120 Sur la base de l'impôt sur le revenu
   - 2200 A la charge des employeurs
     - 2210 Sur la base du salaire
     - 2220 Sur la base de l'impôt sur le revenu
   - 2300 A la charge des travailleurs indépendants ou des personnes n'occupant pas d'emploi
     - 2310 Sur la base du salaire
     - 2320 Sur la base de l'impôt sur le revenu
   - 2400 Non ventilables entre les rubriques 2100, 2200 et 2300
     - 2410 Sur la base du salaire
     - 2420 Sur la base de l'impôt sur le revenu
3. 3000 Impôts sur les salaires et la main-d'œuvre
4. 4000 Impôts sur le patrimoine
   - 4100 Impôts périodiques sur la propriété immobilière
     - 4110 Ménages
     - 4120 Autres agents
   - 4200 Impôts périodiques sur l'actif net
     - 4210 Personnes physiques
     - 4220 Sociétés
   - 4300 Impôts sur les mutations par décès, les successions et les donations
     - 4310 Impôts sur les mutations par décès et les successions

4320 Impôts sur les donations

4400 Impôts sur les transactions mobilières et immobilières

4500 Autres impôts non périodiques sur le patrimoine

4510 Impôts sur l'actif net

4520 Autres impôts non périodiques

4600 Autres impôts périodiques sur le patrimoine

5. 5000 Impôts sur les biens et services

5100 Impôts sur la production, la vente, le transfert, la location et la livraison des biens et la prestation de services

5110 Impôts généraux

5111 Taxes sur la valeur ajoutée

5112 Impôts sur les ventes

5113 Autres impôts généraux sur les biens et services

5120 Impôts sur des biens et des services déterminés

5121 Accises

5122 Bénéfices des monopoles fiscaux

5123 Droits de douane et droits à l'importation

5124 Taxes à l'exportation

5125 Impôts sur les biens d'équipement

5126 Impôts sur des services déterminés

5127 Autres impôts sur les transactions et les échanges internationaux

5128 Autres impôts sur des biens et services déterminés

5130 Non ventilables entre les rubriques 5110 et 5120

5200 Impôts sur l'utilisation des biens ou l'autorisation d'utiliser des biens ou d'exercer des activités

5210 Impôts périodiques

5211 A la charge des ménages au titre de véhicules à moteur

5212 A la charge d'autres agents au titre de véhicules à moteur

5213 Autres impôts périodiques

5220 Impôts non périodiques

5300 Non ventilables entre les rubriques 5100 et 5200

6. 6000 Autres impôts

6100 A la charge exclusive des entreprises

6200 A la charge d'autre agents que les entreprises ou non identifiables

A.2 Champ couvert

Principes généraux

1. Dans la classification de l'OCDE, le terme "impôts" désigne uniquement les versements obligatoires effectués sans contrepartie au profit des administrations publiques. Les impôts n'ont pas de contrepartie en ce sens que, normalement, les

prestations fournies par les administrations au contribuable ne sont pas proportionnelles à ses versements.

2. Le terme "impôts" ne couvre pas les amendes, les pénalités, ni les prêts obligatoires aux administrations. Les cas dans lesquels la délimitation entre recettes fiscales et non fiscales est délicate à tracer, pour certains droits et taxes d'utilisation, sont examinés dans les § 9 à § 12.

3. Les administrations publiques comprennent l'administration centrale et les organismes dont les opérations sont sous son contrôle effectif, les administrations régionales et locales et leurs services, les organismes de sécurité sociale et les entités publiques autonomes, à l'exception des entreprises publiques. Cette définition des administrations est calquée sur celle du *Système de comptabilité nationale* 2008 (SCN)[1]. Dans cette publication, les administrations publiques et leurs sous-secteurs sont décrits dans le chapitre 4, section F, pages 80-84.

4. Les paiements obligatoires à des organismes supranationaux et aux organismes qui en dépendent ne sont plus compris depuis 1998 parmi les impôts sauf quelques exceptions. En effet, les droits de douane collectés par les États membres de l'Union européenne pour le compte de celle-ci sont toujours présentés à titre de rubrique "Pour mémoire" et compris dans le total des recettes fiscales, au chapitre 4, tableaux par pays. (Voir § 94.) Dans les pays où les églises font partie des administrations publiques, les impôts sur les cultes sont inclus dans ces paiements, à condition qu'ils répondent aux critères énoncés au § 1 ci-dessus. Comme les données se réfèrent aux montants encaissés par les administrations publiques, les contributions versées à des organismes privés, aux organismes sociaux ou régimes de sécurité sociale extérieurs aux administrations publiques, aux syndicats ou aux associations professionnelles sont exclues, même si elles sont obligatoires. Sont toutefois inclus les versements obligatoires aux administrations publiques dont le montant est affecté à ces organismes, à condition que l'administration ne fasse pas simplement office d'agent collecteur[2]. On a distingué les bénéfices des monopoles fiscaux de ceux d'autres entreprises publiques et on les a considérés comme des impôts parce qu'ils reflètent l'exercice du pouvoir d'imposition de l'État par l'intermédiaire du monopole (voir § 61 à § 63), comme le sont les bénéfices de l'État provenant de l'achat et de la vente de monnaies étrangères à des taux différents (voir § 69).

5. Les impôts payés par les administrations elles-mêmes (tels que les cotisations de sécurité sociale et les impôts sur les salaires payés par les administrations en tant qu'employeurs (2200 et 3000), les impôts sur la consommation qu'elles acquittent à l'occasion de leurs achats ou les impôts sur leur patrimoine) sont inclus dans les données présentées. Toutefois, lorsqu'il est possible de les isoler, les montants provenant de ces impôts[3] sont indiqués dans le chapitre 4.3 de cette publication.

6. Les rapports entre cette classification et celle du Système de comptabilité nationale (SCN) sont indiqués dans les sections A.9 et A.11. À cause des différences qui existent entre les deux classifications, les statistiques de la comptabilité nationale ne sont pas toujours établies ou classées suivant la pratique adoptée dans le présent guide. Ces différences et d'autres encore sont mentionnées dans les cas appropriés (voir par exemple § 25), mais il est impossible de toutes les signaler. Il peut y avoir aussi certaines différences entre cette classification et celle utilisée par certaines administrations nationales (voir par exemple § 10), aussi les statistiques nationales et celles de l'OCDE ne peuvent pas toujours être

compatibles ; ces différences, cependant, sont vraisemblablement très insignifiantes dans les montants des recettes en cause.

Cotisations de sécurité sociale

7. Les cotisations de sécurité sociale, définies au § 34, qui sont versées aux administrations publiques, font partie des recettes fiscales. Elles sont évidemment assimilables à des impôts puisqu'il s'agit de versements obligatoires à des administrations publiques. Mais elles peuvent différer toutefois des autres impôts du fait que le paiement des prestations de sécurité sociale dépend dans la plupart des pays du versement des cotisations appropriées, encore qu'il n'y ait pas forcément un lien entre l'importance des prestations et le montant des cotisations. La comparabilité entre les pays sera meilleure si on considère les cotisations de sécurité sociale comme des impôts ; elles figurent cependant sous une rubrique distincte de façon à permettre un traitement séparé pour n'importe quelle analyse.

8. Les cotisations de sécurité sociale qui sont volontaires ou qui ne sont pas versées à des administrations publiques (voir § 1) ne sont pas considérées comme des impôts, bien que dans certains pays (comme il est indiqué dans les notes correspondantes) il soit difficile d'éliminer les cotisations volontaires et certains versements obligatoires au secteur privé. Les cotisations de sécurité sociale imputées ne sont pas considérées comme des impôts.

Droits, taxes d'utilisation et droits de licence

9. Si l'on excepte les droits perçus sur les permis de circulation des véhicules à moteur, qui sont universellement considérés comme des impôts, il n'est pas facile de distinguer les droits et taxes d'utilisation qui doivent être traitées comme des impôts de celles qui ne doivent pas l'être. Si, en effet, un droit ou une taxe est perçu au titre d'un service ou d'une activité déterminée, le lien entre ce prélèvement et la prestation fournie peut être plus ou moins important, de même que la relation entre le montant du prélèvement et le coût de la prestation. Lorsque le bénéficiaire d'une prestation acquitte un droit dont le montant est clairement lié au coût de la prestation fournie, on peut considérer que le prélèvement comporte une contrepartie, et d'après la définition donnée au § 1, il ne sera pas traité comme un impôt. Toutefois, dans les cas suivants, les prélèvements seraient 'sans contrepartie':

a) lorsque le prélèvement est très supérieur au coût de la prestation fournie ;

b) lorsque le redevable de la contribution n'est pas le bénéficiaire de la prestation correspondante (par exemple, un droit perçu sur l'abattage du bétail pour financer un service qui est fourni aux agriculteurs) ;

c) lorsque l'État ne fournit pas un service déterminé en contrepartie du droit qu'il perçoit, même si un permis est délivré à celui qui acquitte le droit (par exemple, lorsque l'État délivre des permis de chasse, de pêche ou de port d'armes qui ne sont pas assortis du droit d'utiliser une parcelle déterminée de terres appartenant à l'État) ;

d) lorsque les bénéficiaires de la prestation sont les personnes qui ont acquitté le droit, mais que la prestation dont chacun bénéficie n'est pas nécessairement en rapport avec le montant de ses propres versements (par exemple, le droit de commercialisation du lait acquitté par les fermiers qui sert à promouvoir la consommation de lait.

10. Dans des cas limites, cependant, l'application des critères énoncés au § 1 peut être particulièrement difficile. La solution adoptée, dans un souci d'uniformité entre les pays et eu égard aux montants relativement faibles des recettes en cause, consiste à s'en tenir à la pratique prépondérante des administrations fiscales plutôt que de laisser chaque pays décider si ces prélèvements sont des impôts ou des recettes non fiscales[4].

11. On trouvera ci-après la liste des principaux droits et taxes en question et leur traitement normal[5] dans la présente publication :

Recettes non fiscales :	frais de justice ; droits de délivrance de permis de conduire ; droits portuaires ; redevances de passeport ; redevances de radio et de télévision lorsque le service est assuré par les pouvoirs publics.
Impôts du sous-groupe 5200 :	autorisation d'exercer certaines activités telles que : distribution de films ; chasse, pêche et utilisation d'armes à feu ; organisation de spectacles ou de jeux et paris ; vente de boissons alcoolisées ou de tabacs ; autorisation de posséder des chiens et d'utiliser ou posséder des véhicules à moteur ou des armes à feu ; droit de lotissement.

12. Dans la pratique, il se peut qu'il ne soit pas toujours possible d'isoler les recettes fiscales des recettes non fiscales quand elles sont enregistrées ensemble. Si l'on estime qu'il s'agit surtout de recettes non fiscales, l'ensemble sera traité comme tel ; dans le cas contraire, les recettes seront comptabilisées et classées conformément aux règles énoncées au § 27.

Redevances

13. Les redevances versées pour obtenir le droit d'extraire du pétrole et du gaz ou de mettre en valeur d'autres ressources minérales sont considérées normalement comme des recettes non fiscales, car il s'agit de revenus immobiliers procurés par des terres ou des ressources appartenant à l'État.

Amendes et pénalités

14. En principe, les amendes et pénalités portant sur les impôts impayés ou les pénalités appliquées en cas de tentative d'évasion fiscale ne doivent pas être enregistrées comme des recettes fiscales. Cependant, il se peut qu'il ne soit pas possible de séparer le versement des amendes et pénalités des recettes correspondant aux impôts auxquels ces amendes et pénalités se rattachent. Dans ce cas, les amendes et pénalités associés à un impôt particulier sont enregistrées avec les recettes correspondant à cet impôt alors que les amendes et pénalités liées à des recettes correspondant à des impôts non-identifiés sont classées comme autres impôts dans la catégorie 6000. Les amendes qui ne concernent pas des infractions fiscales (comme les infractions au stationnement), ou qui ne sont pas identifiables en tant que telles, ne sont pas non plus considérées comme des recettes fiscales.

A.3 Bases de comptabilisation

Droits constatés

15. Les données enregistrées dans cette publication pour les années récentes sont essentiellement indiquées en droits constatés, c'est-à-dire qu'elles sont enregistrées au moment du fait générateur de l'impôt. D'autres informations sont fournies dans les notes des tableaux par pays au chapitre 4 de ce rapport.

16. Toutefois, les données des années antérieures sont encore principalement comptabilisées sur la base des décaissements, c'est-à-dire au moment où l'administration reçoit le versement. Ainsi, les impôts retenus à la source par les employeurs au cours d'un exercice, mais versés à l'administration au cours de l'exercice suivant, et les impôts dus au titre d'une année mais effectivement versés l'année suivante, figurent les uns et les autres dans les recettes du second exercice. Les restitutions, remboursements et retraits résultant d'opérations rectificatives sont déduits des recettes brutes de la période au cours de laquelle ces opérations sont effectuées.

17. Les données relatives aux recettes fiscales sont comptabilisées, sans déduction compensatoire des dépenses administratives liées au recouvrement de l'impôt. De même, lorsque le produit d'un impôt sert à subventionner certains membres de la collectivité, la subvention n'est pas déduite du rendement de l'impôt, encore que certains pays fassent figurer dans leurs données l'impôt après déduction des subventions.

18. Pour les monopoles fiscaux (sous-groupe 5122), seul le montant effectivement transféré à l'État est inclus dans les recettes publiques. Toutefois, les dépenses des monopoles fiscaux qui sont considérées comme des dépenses publiques (par exemple, des dépenses de caractère social engagées par les monopoles fiscaux à l'instigation de l'État) sont ajoutées après coup pour calculer le montant des recettes fiscales (voir § 61).

La distinction entre dispositions fiscales et dépenses directes[6]

19. Étant donné que la présente publication ne vise que les recettes publiques en faisant abstraction des dépenses, il convient de distinguer entre les dispositions fiscales et les dépenses directes. Normalement, cette distinction ne soulève aucune difficulté, car les dépenses directes sont effectuées en dehors du système fiscal et des comptes fiscaux et en vertu de dispositions législatives distinctes. Dans les cas limites, on recourt, pour établir la distinction, au principe de la comptabilisation sur la base des paiements. Dans la mesure où une disposition affecte le montant des paiements du contribuable à l'État, elle est considérée comme une disposition fiscale dont il est tenu compte dans les données figurant dans cette publication. Une disposition qui n'affecte pas ce montant est considérée comme une dépense directe dont il n'est pas tenu compte dans les données reproduites dans cette publication.

20. Il est clair que les abattements fiscaux, exonérations et déductions de l'assiette de l'impôt modifient le montant de l'impôt acquitté à l'État ; il s'agit donc de dispositions fiscales. Inversement, les formes d'aides qui ne sont pas imputables sur l'impôt et n'ont donc aucun lien avec le processus d'imposition, ne réduisent pas les recettes publiques qui sont consignées dans ce volume. Les crédits d'impôt sont des montants déductibles de l'impôt à acquitter (par opposition aux déductions, qui sont opérées sur l'assiette de l'impôt). On distingue deux catégories de crédits d'impôt : ceux (que l'on qualifiera ici de 'non récupérables') qui sont limités au montant de l'impôt à acquitter et ne peuvent donc donner lieu à un versement de l'administration au contribuable, et ceux (qualifiés ici de

« récupérables ») qui n'ont pas cette limite, de sorte que l'excédent du crédit sur l'impôt peut être versé au contribuable[7]. Le crédit d'impôt non récupérable, comme un abattement fiscal, affecte évidemment le montant de l'impôt acquitté à l'État ; aussi est-il considéré comme une disposition fiscale. La solution adoptée pour les crédits d'impôts récupérables[8] consiste à distinguer l'élément de « dépense fiscale »[9], qui est la part du crédit utilisée pour réduire ou supprimer l'impôt dû par le contribuable, et l'« élément de transfert », qui correspond à la part excédant l'impôt dû par le contribuable et qui lui est reversée. Les recettes fiscales rapportées doivent être diminuées du montant de l'élément de dépense, mais non de l'élément de transfert. En outre, les montants de l'élément de dépense fiscale et de l'élément de transfert doivent être indiqués pour mémoire dans les tableaux par pays. Les pays qui ne sont pas en mesure de faire la distinction entre l'élément de dépense fiscale et l'élément de transfert doivent indiquer si leurs recettes fiscales ont été ou non diminuées du montant total de ces éléments, et fournir toutes les estimations dont ils disposent concernant les montants de ces deux éléments. Des informations complémentaires figurent dans le chapitre 2 de ce Rapport, qui fait apparaître les effets des différents traitements possibles des crédits d'impôts récupérables sur les ratios impôt rapportant les impôts au PIB.

Année civile et année fiscale (exercice budgétaire)

21. Les autorités nationales dont l'exercice budgétaire ne correspond pas à l'année civile fournissent, autant que possible, leurs données sur la base de l'année civile afin de faciliter au maximum la comparaison avec les données des autres pays. Les données d'un petit nombre de pays se réfèrent à l'exercice budgétaire. Pour ceux-ci, les statistiques de PIB utilisées dans les tableaux comparatifs portent aussi sur les exercices budgétaires.

A.4 Principes généraux de classification

Les fondements essentiels de la classification

22. Les recettes sont classées par groupes principaux (1000, 2000, 3000, 4000, 5000, 6000) suivant l'assiette de l'impôt : 1000 revenus, bénéfices et gains en capital ; 2000 et 3000 salaires et nombre d'employés ; 4000 patrimoine ; 5000 biens et services ; 6000 assiettes diverses, autres ou non identifiables. Lorsqu'un impôt est calculé en fonction de plusieurs assiettes, les recettes sont, chaque fois que c'est possible, réparties entre les divers groupes (voir § 27 et § 77). Les groupes 4000 et 5000 ne comprennent pas seulement les impôts ayant pour assiette le patrimoine, les biens ou les services eux-mêmes, mais aussi certains impôts connexes. Ainsi, les impôts sur les mutations du patrimoine sont classés dans le groupe 4400[10] et les impôts sur l'utilisation des biens, ou l'autorisation d'exercer une activité, dans le groupe 5200. Dans les groupes 4000 et 5000, une distinction est faite dans certains sous-groupes entre impôts périodiques et impôts non périodiques : on entend par impôts périodiques ceux qui sont perçus à intervalles réguliers (ordinairement tous les ans) et par impôts non périodiques ceux qui ne sont perçus qu'une seule fois (voir aussi les § 42 à § 45, § 48, § 49, et § 75 pour une application particulière de cette distinction).

23. L'affectation spéciale de certaines recettes fiscales n'influe pas sur leur classification. Toutefois comme explicité au § 34 sur la classification des cotisations de sécurité sociale, l'octroi d'un droit aux prestations sociales est crucial dans la définition de la rubrique principale 2000.

24. La manière selon laquelle un impôt est perçu ou recouvré (par exemple, au moyen de timbres) n'affecte pas sa classification.

Classification des contribuables

25. Dans certains sous-groupes, des distinctions sont faites entre les différentes catégories de contribuables. Ces distinctions varient d'un impôt à l'autre :

a) Ventilation des impôts sur le revenu et sur l'actif net entre personnes physiques et sociétés

La distinction fondamentale entre les impôts sur le revenu des sociétés et les impôts sur le revenu des personnes physiques est que les premiers sont perçus sur la société en tant qu'entité et non sur les personnes physiques qui en sont propriétaires, donc sans tenir compte de la situation personnelle de celles-ci. La même distinction est applicable aux impôts sur l'actif net des sociétés et des personnes physiques. Les impôts perçus sur les bénéfices des sociétés de personnes et sur le revenu de certaines institutions comme les caisses d'assurance-vie ou de retraite, sont classés selon le même principe. Ils sont compris dans les impôts sur les sociétés (1200) lorsqu'ils sont perçus sur la société de personnes ou l'institution en tant qu'entité sans que la situation personnelle des propriétaires entre en ligne de compte ; dans les autres cas, ils sont considérés comme des impôts sur les personnes physiques (1100). Ordinairement, les impôts sur les sociétés et les impôts sur les personnes physiques sont régis par des dispositions législatives différentes[11]. La distinction qui est faite ici entre personnes physiques et sociétés ne reprend pas la classification par secteur (ménages, entreprises, etc.) adoptée dans les comptes de revenus et de dépenses du SCN. Cette dernière classification exclut du secteur des ménages certaines entreprises non constituées en sociétés[12] et les fait figurer parmi les entreprises non financières et les institutions financières. Toutefois, l'impôt sur les bénéfices de ces entreprises ne peut pas toujours être isolé de l'impôt sur les autres revenus des propriétaires de ces entreprises, ou ne peut l'être que d'une façon arbitraire. On n'a pas cherché ici à faire la distinction et l'impôt sur le revenu des personnes physiques figure globalement, quelle que soit la nature du revenu imposable.

b) Ventilation des impôts sur les biens immobiliers entre ménages et autres agents

En l'occurrence, la distinction est celle qui a été adoptée par le SCN dans les comptes de production et de consommation. On distingue, en effet, les ménages en tant que consommateurs d'une part (c'est-à-dire à l'exclusion des entreprises individuelles), et les producteurs d'autre part. Cependant, les impôts sur les logements occupés par les ménages, qu'ils soient à la charge des propriétaires qui les occupent, du locataire ou du propriétaire, sont classés comme étant à la charge des ménages. C'est la distinction faite habituellement entre les impôts sur les biens des personnes et les impôts sur les biens des entreprises. Toutefois, certains pays ne sont pas en mesure d'établir cette distinction.

c) Ventilation des permis de circuler des véhicules à moteur entre taxes à la charge des ménages et à la charge d'autres agents

On distingue ici les ménages en tant que consommateurs d'une part, et producteurs d'autre part, comme dans les comptes de production et de consommation du SCN.

d) Ventilation des autres impôts (6000) entre les entreprises et les autres agents

Il est fait la même distinction qu'au point (c) ci-dessus entre les producteurs, d'une part, et les ménages consommateurs d'autre part. Les impôts qui figurent dans le groupe 6000 parce qu'ils ne comportent pas une assiette unique ou parce que leur assiette ne relève d'aucune des catégories précédentes, mais qui ne sont manifestement perçus que sur les producteurs et non sur les ménages, sont classés comme étant « à la charge des entreprises ». Les autres impôts du groupe 6000 figurent sous la rubrique « à la charge d'autres agents » ou « non identifiés ».

Surtaxes

26. Les recettes des surtaxes relatives à des impôts particuliers sont classées ordinairement avec les recettes de l'impôt correspondant, que la surtaxe ait ou non un caractère temporaire. Toutefois, si l'une des caractéristiques de la surtaxe permet de la classer sous une rubrique différente de la classification de l'OCDE, les recettes de cette surtaxe sont classées sous cette rubrique et non pas avec les recettes de l'impôt correspondant

Recettes fiscales non identifiables et sous-groupes résiduels

27. Il arrive parfois qu'on ne puisse déterminer si des impôts relèvent entièrement d'un groupe ou d'un sous-groupe de la classification de l'OCDE ; dans ces cas on applique les méthodes suivantes :

a) le groupe est connu, mais on ne sait pas comment répartir les recettes entre les sous-groupes ; les recettes sont alors classées dans le sous-groupe résiduel approprié (1300, 2400, 4520, 4600, 5130, 5300 ou 6200) ;

b) on sait que l'ensemble des recettes d'un groupe d'impôts (ordinairement des impôts locaux) provient d'impôts relevant d'un groupe ou sous-groupe particulier, mais certains impôts du groupe, dont le montant ne peut être déterminé avec précision, peuvent être classés dans d'autres groupes ou sous-groupes ; dans ce cas les recettes sont comptabilisées dans le groupe ou sous-groupe dont relève l'essentiel des recettes ;

c) il est impossible d'identifier le groupe ou le sous-groupe d'un impôt (ordinairement un impôt local) ; l'impôt est alors classé dans le groupe 6200, à moins qu'il ne s'agisse d'un impôt manifestement à la charge des entreprises, auquel cas il est classé dans le sous-groupe 6100.

A.5 Commentaires sur les postes de la liste

1000 – Impôts sur le revenu, les bénéfices et les gains en capital

28. Ce groupe couvre les impôts prélevés sur le revenu ou le bénéfice net (c'est-à-dire le revenu brut déduction faite des abattements autorisés) des personnes physiques et des entreprises. Sont aussi couverts les impôts prélevés sur les gains en capital des personnes physiques et des entreprises et sur les gains provenant de jeux.

29. Ce groupe comprend :

a) les impôts perçus principalement sur les revenus ou les bénéfices, bien qu'ils puissent l'être partiellement sur d'autres bases. Les impôts qui ont une autre assiette principale que le revenu ou les bénéfices sont classés selon les principes énoncés au § 27 et § 77 ;

b) les impôts sur la propriété immobilière, qui sont perçus sur la base d'un revenu présumé ou estimé faisant partie de l'assiette de l'impôt sur le revenu (voir aussi § 42 (a), (c) et (d)) ;

c) les versements obligatoires aux caisses de sécurité sociale qui sont prélevés sur les revenus mais ne donnent pas droit à des prestations sociales. Lorsque ces contributions donnent droit à des prestations sociales, elles figurent à la rubrique 2000 (voir § 34) ;

d) les recettes provenant d'impôts cédulaires sur le revenu intégrés dans le régime général qui sont globalement classés dans ce groupe, bien que certains de ces impôts soient sur le revenu brut et ne tiennent pas toujours compte de la situation personnelle du contribuable.

30. Les impôts figurant dans ce groupe sont subdivisés en deux grands sous-groupes, les impôts sur le revenu des personnes physiques (1100) et les impôts sur le revenu des sociétés (1200), une ventilation étant faite dans chacun d'eux entre les impôts sur le revenu et les bénéfices (1110 et 1210) et les impôts sur les gains en capital (1120 et 1220). Si certaines recettes ne peuvent être identifiées comme relevant soit du sous-groupe 1100, soit du sous-groupe 1200, ou si cette distinction ne peut être faite dans la pratique (parce qu'il n'y a pas de données fiables sur les bénéficiaires des paiements sur lesquels la retenue à la source est faite), elles sont classées dans le sous-groupe 1300 (non ventilables).

Traitement des crédits d'impôt dans les systèmes d'imputation

31. Dans les régimes d'imputation de l'impôt sur les bénéfices des sociétés, les actionnaires bénéficient d'une compensation totale ou partielle d'imposition sur les dividendes que la société leur a versés et pour lesquels elle a acquitté l'impôt sur le revenu des sociétés. Dans les pays[13] qui appliquent un tel régime, une fraction de l'impôt sur les bénéfices des sociétés sert à alléger l'impôt dû par l'actionnaire. Cet allégement prend la forme d'un crédit d'impôt, dont le montant peut être inférieur, égal ou supérieur au montant total de l'impôt dont il est redevable. Si le crédit d'impôt dépasse ce montant, l'excédent peut être versé à l'actionnaire. Comme ce type de crédit d'impôt fait partie intégrante des systèmes d'imputation de l'impôt sur le revenu des sociétés, tout paiement à l'actionnaire est considéré comme un remboursement d'impôt et non comme une dépense (se référer au traitement des autres crédits d'impôt exposé au § 20).

32. Puisque, dans les systèmes d'imputation, le crédit d'impôt (même lorsqu'il dépasse l'impôt dû) est censé être une disposition fiscale, on peut se demander s'il doit être déduit des recettes de l'impôt sur le revenu des personnes physiques (1110) ou de celles de l'impôt sur les bénéfices de sociétés (1210). Dans ce Rapport le montant intégral de l'impôt acquitté sur les bénéfices des sociétés figure sous le poste 1210 et aucun impôt imputé n'est inclus dans le poste 1110. Le montant total du crédit d'impôt réduit donc le montant des recettes du poste 1110, que ce crédit se traduise par une réduction de l'impôt dû sur le revenu des personnes physiques ou par un remboursement réel du fait que le crédit dépasse le montant de l'impôt. (Cependant, lorsque ces crédits sont déduits de l'impôt sur les sociétés au titre de dividendes versés à des sociétés, le montant est déduit des recettes du poste 1210).

1120 et 1220 – Impôts sur les gains en capital

33. Ces postes comprennent les impôts perçus sur les gains en capital, le sous-groupe 1120 comptabilisant les impôts prélevés sur les gains des personnes physiques et le sous-groupe 1220 ceux qui sont perçus sur les gains des entreprises constituées sous forme de sociétés, lorsque ces recettes peuvent être ventilées. Ce n'est pas le cas dans de nombreux pays et les recettes de ces impôts sont alors classées avec celles de l'impôt sur le revenu. Les impôts sur les gains provenant de jeux sont aussi classés sous le poste 1120.

2000 – Cotisations de sécurité sociale

34. Figurent dans ce groupe tous les versements obligatoires qui donnent le droit de bénéficier d'une prestation sociale future (éventuelle). Ces versements sont généralement affectés au financement de prestations sociales et souvent effectués au profit d'institutions ou d'administrations publiques qui fournissent de telles prestations. Cependant, cette affectation n'entre pas dans la définition des cotisations de sécurité sociale et n'est pas nécessaire pour qu'un impôt soit classé dans cette rubrique. Cependant, il faut qu'un impôt confère un droit pour être classé dans cette rubrique. Par conséquent, les prélèvements sur les revenus ou la masse salariale qui sont affectés aux caisses de sécurité sociale mais ne donnent aucun droit à des prestations sont exclus de cette rubrique et figurent à celle des impôts sur le revenu des personnes physiques (1100) ou des impôts sur les salaires et la main-d'œuvre (3000). Les impôts assis sur d'autres bases, telles que les biens et services, qui sont affectés à des prestations de sécurité sociale, ne sont pas indiqués ici, mais sont classés en fonction de leurs bases respectives parce qu'en général ils ne donnent pas droit à des prestations de sécurité sociale.

35. Seraient entre autres incluses les cotisations au titre des catégories suivantes de prestations de sécurité sociale : les allocations d'assurance-chômage et les compléments, les allocations pour accidents, blessures et maladie, les pensions de retraite, d'invalidité et de survivant, les allocations familiales, les remboursements de dépenses médicales et d'hospitalisation ou la fourniture de services médicaux ou hospitaliers. Les cotisations peuvent être collectées à la fois auprès des employés et des employeurs.

36. Les cotisations peuvent être assises sur les gains ou la masse salariale (« sur la base du salaire ») ou sur le revenu net après déductions et exemptions en fonction de la situation personnelle (« sur la base de l'impôt sur le revenu ») et les recettes correspondant à ces deux bases doivent être identifiées séparément si possible. Cependant, lorsque les cotisations à un régime général de sécurité sociale sont assises sur la masse salariale, mais que les cotisations de groupes particuliers (tels que les travailleurs indépendants) ne peuvent être évaluées sur cette base et que le revenu net est utilisé comme valeur rapprochée des gains bruts, les recettes peuvent encore être considérées comme assises sur la masse salariale. En principe, cette rubrique exclut les contributions volontaires à des régimes de sécurité sociale. Lorsqu'elles peuvent être identifiées séparément, elles figurent pour mémoire dans le tableau indiquant le financement des prestations de sécurité sociale. Toutefois, en pratique, elles ne peuvent pas toujours être distinguées des cotisations volontaires, et dans ce cas elles figurent à cette rubrique.

37. Les cotisations à des régimes d'assurance sociale qui ne relèvent pas des pouvoirs publics et à d'autres régimes d'assurance ou de prévoyance, aux caisses de retraite, sociétés de secours mutuel ou autres systèmes d'épargne, ne sont pas considérées comme des cotisations de sécurité sociale. Les caisses de prévoyance résultant d'arrangements aux termes desquels les cotisations de chaque salarié et celles que l'employeur verse en son nom sont comptabilisées séparément dans un compte productif d'intérêts d'où elles peuvent être retirées dans des conditions biens déterminées. Les caisses de retraite sont des régimes autonomes organisés par négociations entre salariés et employeurs, qui comportent diverses contributions et prestations, parfois liées plus directement au salaire et à la durée d'activité que dans les régimes de sécurité sociale. Lorsque les cotisations à ces régimes sont obligatoires ou quasi obligatoires (par exemple en vertu d'un accord entre

organisations professionnelles et syndicales), elles sont comptabilisées dans le poste pour mémoire (voir le chapitre 4.2 du rapport).

38. Les cotisations versées par les agents des administrations et par les administrations au titre de leurs agents à des régimes de sécurité sociale relevant des pouvoirs publics sont incluses dans ce groupe. Sont aussi assimilées à des impôts les cotisations à des régimes particuliers réservés aux agents des administrations qui sont censés remplacer un régime général de la sécurité sociale[14]. Par contre, lorsqu'un régime distinct n'est pas censé remplacer un régime général et résulte de négociations entre l'administration, agissant en qualité d'employeur, et ses agents, il n'est pas considéré comme un régime de sécurité sociale et les cotisations à ce titre ne sont pas assimilées à des impôts, même si le régime a été institué par des dispositions législatives.

39. Cette rubrique ne comprend pas les cotisations « imputées », qui correspondent aux prestations sociales versées directement par les employeurs à leurs salariés, ou anciens salariés, ou à leurs représentants (par exemple, lorsque des employeurs sont légalement tenus de verser des prestations maladies pendant une certaine période).

40. Le groupe comprend les cotisations à la charge des salariés (2100), à la charge des employeurs (2200), et à la charge des travailleurs indépendants ou des personnes n'occupant pas d'emploi (2300). À cet effet, on entend par salariés toutes les personnes qui exercent une activité dans des entreprises, des administrations, des institutions privées sans but lucratif, ou qui occupent d'autres emplois rémunérés, à l'exception des propriétaires et des membres de leur famille non rémunérés dans le cas d'entreprises individuelles. Sont également compris les membres des forces armées, quelle que soit la durée et la nature de leurs services, s'ils cotisent à un régime de sécurité sociale. Par cotisations à la charge des employeurs, on entend les versements qu'ils effectuent au régime de sécurité sociale pour le compte de leurs salariés. Si, en cas de chômage, les salariés ou employeurs sont tenus de continuer à effectuer ces versements, ces derniers doivent figurer respectivement dans les sous-groupes 2100 et 2200. En conséquence, le sous-groupe 2300 est réservé aux cotisations versées par les travailleurs indépendants et par ceux qui n'appartiennent pas à la population active (comme les handicapés ou les retraités).

3000 – Impôts sur les salaires et la main-d'œuvre

41. Ce groupe couvre les impôts acquittés par les employeurs, les salariés et les travailleurs indépendants, en pourcentage du salaire ou d'après un montant forfaitaire par personne, qui ne sont pas affectés aux dépenses de sécurité sociale. Parmi les impôts classés ici, on peut citer l'impôt complémentaire d'assurance nationale sans affectation (institué en 1977) au Royaume-Uni, l'impôt sur la masse salariale en Suède (1969-1979), la fraction du « Gewerbesteuer » autrichien et allemand qui reposait sur la masse salariale (1965-1978).

4000 – Impôts sur le patrimoine

42. Ce groupe couvre les impôts périodiques et non périodiques sur l'utilisation, la propriété ou la mutation des biens. Sont comptabilisés ici les impôts sur la propriété immobilière et sur l'actif net, les impôts sur les mutations par décès, les successions et les

donations, et les impôts sur les transactions mobilières et immobilières. Sont exclus de ce groupe :

a) les impôts sur les gains en capital provenant de la vente d'un bien (1120 ou 1220) ;

b) les impôts sur l'utilisation des biens ou l'autorisation d'utiliser des biens ou d'exercer des activités (5200) [voir § 72] ;

c) les impôts immobiliers perçus sur la base d'un revenu net présumé qui tiennent compte de la situation personnelle du contribuable. Ces impôts sont classés dans le groupe 1100 en tant qu'impôts sur le revenu, avec les impôts sur le revenu et les gains en capital provenant des biens immobiliers ;

d) les impôts sur l'utilisation de biens immobiliers aux fins d'habitation qui sont à la charge du propriétaire ou du locataire et dont le montant est fonction de la situation personnelle de l'utilisateur (salaire, personnes à charge, etc.). Ils sont classés dans le groupe 1100 en tant qu'impôts sur le revenu ;

e) les impôts sur les constructions dépassant la densité autorisée, les impôts sur l'extension, la construction ou la modification de certains immeubles au-delà d'une valeur autorisée et les impôts sur la construction d'immeubles. Ces impôts sont classés dans le poste 5200 en tant qu'impôts sur l'autorisation d'exercer certaines activités ;

f) les impôts sur l'utilisation de biens immobiliers par le propriétaire à des fins commerciales particulières, comme la vente de boissons alcoolisées, de tabac, de viande, ou pour l'exploitation de sols ou terrains (par exemple aux États-Unis, les taxes de lotissement). Ils sont classés dans le poste 5200 en tant qu'impôts sur l'autorisation d'exercer certaines activités.

4100 – Impôts périodiques sur la propriété immobilière

43. Ce sous-groupe comprend les impôts prélevés régulièrement au titre de l'utilisation ou de la propriété de biens immobiliers.

- ces impôts sont prélevés sur les terrains et les bâtiments ;
- ces impôts sont calculés en pourcentage de la valeur du bien évalué d'après un revenu locatif fictif, le prix de vente ou le rendement capitalisé, ou en fonction d'autres caractéristiques du bien, comme sa dimension ou son emplacement, d'où l'on peut déduire une valeur locative présumée ou la valeur du capital.
- ces impôts sont à la charge du propriétaire, du locataire ou des deux. Ils peuvent également être payés par une administration à une autre administration au titre d'un bien relevant de la compétence de cette dernière.
- il n'est pas tenu compte des dettes pour la détermination de l'assiette de ces impôts, contrairement aux impôts sur l'actif net.

44. Les impôts sur la propriété immobilière sont en outre subdivisés en impôts acquittés par les ménages (4110) et impôts acquittés par d'autres agents (4120), suivant les critères exposés au § 25(*b*) ci-dessus.

4200 – Impôts périodiques sur l'actif net

45. Ce sous-groupe comprend les impôts prélevés régulièrement (dans la plupart des cas annuellement) sur l'actif net, c'est-à-dire les impôts perçus sur un large éventail de biens mobiliers et immobiliers, endettement déduit. Il est subdivisé en impôts acquittés par des personnes physiques (4210), et en impôts acquittés par des sociétés (4220) selon les

critères exposés plus haut au § 25(*a*). Si les recettes provenant des institutions sont comptabilisées à part, elles doivent être ajoutées aux impôts des entreprises.

4300 – Impôts sur les mutations par décès, les successions et les donations

46. Ce sous-groupe comprend les impôts sur les mutations par décès et les successions (4310) et les impôts sur les donations (4320)[15]. Les impôts sur les mutations par décès sont calculés soit sur l'ensemble de la masse successorale, soit en fonction de la part de chacun des bénéficiaires (« part héréditaire ») ; en outre, ces derniers impôts peuvent tenir compte du degré de parenté entre chacun des bénéficiaires et le défunt.

4400 – Impôts sur les transactions mobilières et immobilières

47. Sont compris, entre autres, dans ce sous-groupe les impôts sur l'émission, le transfert, l'achat et la vente de valeurs mobilières, les impôts sur les chèques, ainsi que les droits perçus à l'occasion d'actes juridiques déterminés, comme la validation de contrats et la vente de biens immobiliers. Sont exclus :

a) les impôts sur l'utilisation de biens, mobiliers ou immobiliers, ou l'autorisation d'exercer certaines activités (5200) ;
b) les droits acquittés au titre de frais de justice, ou pour la délivrance de certificats de naissance, de mariage ou de décès, car ces droits sont considérés comme des recettes non fiscales (voir § 9) ;
c) les impôts sur les gains en capital (1000) ;
d) les impôts périodiques sur la propriété immobilière (4100) ;
e) les impôts périodiques sur l'actif net (4200) ;
f) les prélèvements sur le patrimoine ou sur l'actif net effectués une fois pour toutes (4500) ;

4500 – Autres impôts non périodiques sur le patrimoine[16]

48. Ce sous-groupe comprend les prélèvements sur le patrimoine effectués une fois pour toutes (par opposition aux prélèvements périodiques). Il est subdivisé en impôts sur l'actif net (4510) et en autres impôts non périodiques sur le patrimoine (4520). Le poste 4510 inclurait les impôts perçus pour couvrir des dépenses exceptionnelles ou à des fins de redistribution. Le poste 4520 comprendrait les impôts prélevés pour tenir compte d'une plus-value prise par les terrains du fait que les administrations publiques ont autorisé l'extension ou l'aménagement d'installations locales, ainsi que les impôts sur la réévaluation du capital ou les impôts perçus une seule fois sur certains biens déterminés.

4600 – Autres impôts périodiques sur le patrimoine

49. Ils sont rares dans des pays Membres de l'OCDE ; ce sous-groupe comprendrait les impôts sur des biens tels que le cheptel, les bijoux, les fenêtres et les signes extérieurs de richesse.

5000 – Impôts sur les biens et services

50. Ce poste couvre tous les impôts et droits perçus sur la production, l'extraction, la vente, le transfert, la location ou la livraison de biens et la prestation de services (5100), ou

sur l'utilisation ou l'autorisation d'utiliser des biens ou d'exercer des activités (5200). Ce groupe comprend donc :

a) les taxes cumulatives en cascade ;

b) les taxes générales sur les ventes – perçues au stade de la production ou de la fabrication, du gros ou du détail ;

c) les taxes sur la valeur ajoutée ;

d) les accises ;

e) les taxes perçues à l'importation et à l'exportation de biens ;

f) les impôts perçus sur l'utilisation de biens et sur l'autorisation d'utiliser des biens ou d'exercer certaines activités ;

g) les impôts sur l'extraction, le traitement ou la production de minéraux et autres produits.

51. Les cas douteux de délimitation entre ce groupe et le groupe 4000 (impôts sur le patrimoine) et le sous-groupe 6100 (autres impôts à la charge des entreprises) sont examinés au § 42, § 47 et § 74. Des postes résiduels (5300 et 5130) ont été prévus pour comptabiliser les recettes fiscales qui ne peuvent être ventilées respectivement entre les postes 5100 et 5200 et entre les postes 5110 et 5120 (voir § 27).

5100 – *Impôts sur la production, la vente, le transfert, la location et la livraison de biens et la prestation de services*

52. Ce sous-groupe comprend tous les impôts perçus sur les transactions afférentes à des biens ou services, en fonction de leurs caractéristiques propres (comme la valeur, le poids du tabac, le degré d'alcool, etc.), à la différence des impôts perçus au titre de l'utilisation ou de l'autorisation d'utiliser des biens ou d'exercer des activités, qui entrent dans le sous-groupe 5200.

5110 – *Impôts généraux sur les biens et services*

53. Ce sous-groupe comprend tous les impôts, autres que les droits à l'importation et à l'exportation (5123 et 5124), perçus sur la production, la location, le transfert, la livraison ou la vente d'une gamme de biens ou la prestation d'une gamme de services, qu'ils soient produits dans le pays ou importés, et quel que soit le stade de la production ou de la distribution aux quel ils sont perçus. Il couvre ainsi les taxes sur la valeur ajoutée, les taxes sur les ventes et les taxes de caractère cumulatif en cascade. On a ajouté aux recettes brutes de cette catégorie les recettes provenant de la compensation à la frontière de ces impôts lorsque les biens sont importés, et déduit les remboursements d'impôts effectués lorsque les marchandises sont exportées. Ces impôts sont ventilés en : taxes sur la valeur ajoutée (5111), impôts sur les ventes (5112), autres impôts généraux sur les biens et services (5113).

54. Certains cas se trouvent à la limite entre ce sous-groupe et celui des impôts sur des biens et services déterminés (5120) lorsque ces impôts sont perçus sur un grand nombre de biens, comme dans le cas de la « purchase tax » au Royaume-Uni (abrogée en 1973) et l'impôt japonais sur les biens marchands (abrogé en 1988). Conformément aux options nationales, la « purchase tax » britannique est classée impôt général (5112) et l'impôt japonais dans les accises (5121).

5111 – *Taxes sur la valeur ajoutée*

55. Sont classés dans ce sous-groupe tous les impôts généraux sur la consommation prélevés sur la valeur ajoutée, quels que soient le mode de déduction et les stades auxquels ils sont perçus. En pratique, tous les pays de l'OCDE où existe une taxe sur la valeur ajoutée autorisent normalement la déduction immédiate des taxes sur les achats par tous les redevables, à l'exception du consommateur final, et imposent la taxe à tous les stades. Dans certains pays, le poste peut inclure aussi certains impôts, comme les taxes sur les activités financières et les assurances, soit parce que les recettes correspondantes ne peuvent être dissociées de celles de la taxe sur la valeur ajoutée, soit parce qu'elles sont considérées comme faisant partie intégrante de la taxe sur la valeur ajoutée, même si les taxes similaires qui existent dans d'autres pays peuvent être classées autrement (par exemple, sous le poste 5126 comme impôts sur les services ou sous le poste 4400 comme impôts sur les transactions mobilières et immobilières).

5112 – *Impôts sur les ventes*

56. Sont classés ici tous les impôts perçus à un stade unique, que ce soit celui de la fabrication, de la production, du gros ou du détail.

5113 – *Autres impôts généraux sur les biens et services*

57. Ce sous-groupe comprend les impôts cumulatifs, connus également sous le nom d'impôt en cascade, qui sont perçus sans déduction de l'impôt sur les moyens de production chaque fois qu'une opération a lieu, ainsi que les impôts généraux sur la consommation lorsqu'il s'y ajoute des éléments qui les font assimiler à la taxe sur la valeur ajoutée, à la taxe sur les ventes ou à des taxes en cascade.

5120 – *Impôts sur des biens et des services déterminés*

58. Ce sous-groupe couvre les accises, les bénéfices engendrés et transférés par les monopoles fiscaux, et les droits de douane et à l'importation, ainsi que les taxes à l'exportation, les opérations de change, les biens d'équipement et les paris, et aussi les impôts spéciaux sur les services qui ne font pas partie d'un impôt général du sous-groupe 5110.

5121 – Accises

59. Les accises sont perçues sur des produits particuliers, ou sur une gamme limitée de produits, qui ne peuvent être classés sous le poste 5110 (impôts généraux), 5123 (droits à l'importation) ou 5124 (droits à l'exportation). Elles peuvent être perçues à un stade quelconque de la production ou de la distribution et sont calculées ordinairement par référence au poids, au degré ou au volume du produit, mais parfois aussi à sa valeur. Cette subdivision couvre ainsi les impôts spéciaux, qui frappent notamment le sucre, la betterave, les allumettes, les chocolats, et les impôts auxquels sont soumis à des taux divers certains produits, comme ceux perçus dans la plupart des pays sur les tabacs, boissons alcoolisées, hydrocarbures et autres sources d'énergie.

60. Les accises sont à distinguer de :

a) 5110 (impôts généraux) ; ce cas est examiné aux § 53 et § 54 ;

b) 5123 (droits à l'importation) ; lorsqu'un impôt perçu principalement sur des biens importés s'applique, ou s'appliquerait, aussi légalement à un bien comparable produit dans le pays, les recettes procurées par cet impôt seront classées avec les accises (5121) ; ce principe s'applique même lorsqu'il n'y a pas de production locale, réelle ou potentielle, comparable (voir aussi § 64) ;

c) 5126 (impôts sur les services) ; le problème ici concerne les impôts sur l'électricité, le gaz et l'énergie ; ils sont tous considérés comme des impôts sur les biens et inclus dans le poste 5121.

5122 – *Bénéfices des monopoles fiscaux*

61. Ce sous-groupe couvre la fraction des bénéfices des monopoles fiscaux qui est transférée aux administrations publiques ou qui sert à financer des dépenses considérées comme dépenses publiques (voir § 18). Les montants sont comptabilisés lorsqu'ils sont transférés aux administrations publiques ou utilisés pour effectuer des dépenses considérées comme des dépenses publiques.

62. Les monopoles fiscaux reflètent l'exercice du pouvoir d'imposition de l'État par l'intermédiaire du monopole. Les monopoles fiscaux sont des entreprises publiques non financières, qui exercent dans la plupart des cas un monopole sur la production ou la distribution du tabac, des boissons alcoolisées, du sel, des allumettes, des cartes à jouer et des produits pétroliers ou agricoles (c'est-à-dire, sur le genre de produits qui peuvent être soumis, principalement ou accessoirement, aux accises du poste 5121), pour procurer des recettes publiques qui, dans d'autres pays, sont obtenues par le biais d'impôts frappant les transactions sur ces produits d'entreprises privées. Le monopole d'État peut être exercé au stade de la production, ou au stade de la distribution comme dans le cas des magasins de vente de boissons alcoolisées qui appartiennent à l'État et sont contrôlés par lui.

63. Les monopoles fiscaux sont différents des services publics, comme les chemins de fer, l'électricité, les postes et autres moyens de communication, qui peuvent avoir une position de monopole ou de quasi-monopole, mais dont l'objet principal est, normalement, de fournir des services essentiels et non pas de procurer des recettes à l'État. Les transferts à l'administration de ces autres entreprises publiques sont considérés comme des recettes non fiscales. La notion traditionnelle de monopole fiscal n'a généralement pas été élargie pour inclure les loteries nationales, dont les bénéfices sont habituellement considérés comme des recettes non fiscales. Cependant, ces bénéfices peuvent être considérés comme des recettes fiscales quand la raison principale de la mise en œuvre de ces loteries est l'augmentation des recettes pour financer les dépenses publiques. On distingue les bénéfices des monopoles fiscaux des bénéfices des monopoles d'exportation et d'importation (5127), qui sont transférés des offices de commercialisation ou d'autres entreprises s'occupant du commerce international.

5123 – *Droits de douane et autres droits à l'importation*

64. Figurent ici les taxes, droits de timbre et surtaxes qui, selon la loi sont perçus exclusivement sur des produits importés. Sont aussi inclus dans ce poste les droits perçus sur l'importation de denrées agricoles dans les pays Membres de l'Union Européenne et les montants acquittés par certains de ces pays en vertu du Système de Montants Compensatoires[16]. À partir de 1998 les droits de douane collectés par les États membres de l'Union européenne pour le compte de l'Union européenne ne sont plus reportés sous cette rubrique dans les tableaux par pays (chapitre 4 de ce rapport). Sont exclues ici les taxes perçues sur les importations au titre d'un impôt général sur les biens et les services ou

d'une accise applicable aussi bien aux produits importés qu'aux produits fabriqués dans le pays.

5124 – *Taxes à l'exportation*

65. Pendant les années 70, les droits à l'exportation étaient perçus normalement en Australie, au Canada et au Portugal, et ils étaient utilisés en Finlande à des fins conjoncturelles. Certains pays Membres de l'Union Européenne acquittent, dans le cadre du système des montants compensatoires, une taxe sur les exportations (voir la note 16 du § 64). Lorsque ces montants sont identifiables, ils sont inclus dans ce poste. Ce dernier ne comprend pas les remboursements effectués au titre d'impôts généraux sur la consommation d'accises ou de droits de douane sur des biens exportés, qui doivent être déduits des recettes brutes comptabilisées, selon le cas, sous le poste 5110, 5121 ou 5123.

5125 – *Impôts sur les biens d'équipement*

66. Ce sous-groupe comprend les impôts perçus sur les biens d'équipement, comme les machines. Ils peuvent exister depuis un certain nombre d'années ou avoir un caractère temporaire et être prélevés à des fins conjoncturelles. Ne sont pas inclus les impôts sur les 'inputs' industriels qui frappent aussi les consommateurs (comme l'impôt suédois sur l'énergie qui est classé sous le poste 5121).

5126 – *Impôts sur des services déterminés*

67. Sous ce poste figurent tous les impôts calculés sur la rémunération de services spécifiques, comme les taxes sur les primes d'assurance, les taxes sur les services bancaires, sur les jeux et paris (par exemple : courses de chevaux, pronostics de football, billets de loterie nationale), les transports, les spectacles, les restaurants et la publicité. Les impôts prélevés sur le revenu brut des sociétés prestataires d'un service (exemple : primes d'assurance brutes, mises de jeux encaissées par les sociétés) sont classés sous ce poste. Les recettes fiscales provenant des prélèvements sur les banques et des contributions aux mécanismes de garantie des dépôts et de stabilité financière sont provisoirement classés ici pour l'édition 2012. La classification détaillée est présentée dans le paragraphe 104.

68. Ne figurent pas sous ce poste :

a) les impôts sur les services qui font partie d'un impôt général sur les biens et services et sont classés sous le poste 5110 ;

b) les taxes sur l'électricité, le gaz et l'énergie (classées sous le poste 5121 en tant qu'accises) ;

c) les taxes sur les gains personnels tirés de jeux et paris (qui sont classées sous le poste 1120, en tant qu'impôts sur les gains en capital des personnes physiques et entreprises individuelles) et les montants forfaitaires perçus sur le transfert de loteries privées ou sur l'autorisation de créer des loteries (5200)[17] ;

d) les impôts sur les chèques et sur l'émission, le transfert ou le remboursement de valeurs mobilières, (qui sont classés sous le poste 4400, en tant qu'impôts sur les transactions mobilières et immobilières).

5127 – *Autres impôts sur les transactions et les échanges internationaux*

69. Ce sous-groupe couvre les recettes perçues par l'État sur l'achat et la vente de monnaies étrangères à des taux différents. Lorsque l'État exerce le privilège exclusif dont il

dispose pour s'assurer une marge entre le prix d'achat et le prix de vente de devises qui ne se réduit pas à la simple couverture des frais administratifs, ce bénéfice représente un prélèvement obligatoire imposé dans des proportions indéterminées à l'acheteur et au vendeur des monnaies étrangères. Il équivaut normalement au droit à l'importation et au droit à l'exportation perçus dans un système de taux de change unique, ou à une taxe sur la vente ou l'achat de monnaies étrangères. Comme les bénéfices des monopoles fiscaux et des monopoles d'importation ou d'exportation transférés à l'État, il représente l'exercice d'un monopole aux fins d'imposition et est inclus dans les recettes fiscales.

70. Ce sous-groupe comprend aussi les bénéfices des monopoles d'exportation ou d'importation, bien qu'il n'en existe pas dans les pays de l'OCDE, les impôts sur l'achat ou la vente de devises et tous les autres impôts perçus spécifiquement sur les opérations ou les échanges internationaux.

5128 – *Autres impôts sur des biens et services déterminés*

71. Cette rubrique comprend les impôts sur l'extraction de minéraux, combustibles fossiles et autres ressources non renouvelables provenant de gisements privés ou détenus par une autre administration, ainsi que toute autre recette non ventilable provenant des impôts sur des biens et services déterminés. Les impôts sur l'extraction de ressources non renouvelables correspondent généralement à un montant forfaitaire par unité de qualité ou de poids, mais peuvent être calculés ad valorem. Les impôts sont comptabilisés à la date d'extraction des ressources. Les versements tirés de l'extraction de ressources non renouvelables issues de gisements appartenant à l'administration publique qui perçoit ces versements sont classés en tant que loyers.

5200 – *Impôts sur l'utilisation des biens ou l'autorisation d'utiliser des biens ou d'exercer des activités*

72. Ce sous-groupe comprend les taxes prélevées en raison de l'utilisation de biens, indépendamment des impôts frappant les biens eux-mêmes. Contrairement à ceux-ci (5100), les impôts du sous-groupe 5200 ne sont pas calculés d'après la valeur des biens, mais ordinairement d'après un montant forfaitaire. Sont aussi couverts les impôts perçus au titre du droit d'utiliser des biens ou d'exercer des activités, comme les taxes sur la pollution qui ne reposent pas sur la valeur de biens déterminés. Il est parfois difficile de distinguer les taxes d'utilisation et droits de licence obligatoires, qui sont considérés comme des impôts, de ceux qui ne le sont pas parce qu'ils sont assimilés à des recettes non fiscales ; les critères appliqués sont ceux indiqués aux § 9 et § 10.

73. Bien que le sous-groupe se réfère à l'utilisation des biens, le fait générateur de l'impôt peut être aussi bien l'enregistrement de la propriété, de sorte que les impôts relevant de ce sous-groupe peuvent viser la possession d'animaux ou de biens plutôt que leur utilisation (par exemple, les chevaux de course, les chiens, les véhicules à moteur) et même s'appliquer à des biens inutilisables (comme les véhicules à moteur ou les fusils inutilisables).

74. Les cas limites concernent :

a) les impôts sur l'autorisation d'exercer des activités commerciales, qui sont classés selon les règles exposées au § 77 lorsqu'ils ont une assiette mixte associant le revenu, les salaires versés ou le chiffre d'affaires ;

b) les impôts sur la propriété ou l'utilisation de la propriété de biens visés par les postes 4100, 4200 et 4600. Le poste 4100 ne vise que les impôts sur la propriété ou la location de biens immobiliers et, contrairement aux impôts du sous-groupe 5200, ils sont fonction de la valeur du bien. Les impôts sur l'actif net et les impôts sur les biens meubles des sous-groupes 4200 et 4600 visent la propriété et non pas l'utilisation des biens, couvrent un groupe d'actifs et non pas de biens particuliers et sont aussi fonction de la valeur du bien.

5210 – *Impôts périodiques sur l'utilisation de biens ou sur l'autorisation d'utiliser des biens ou d'exercer certaines activités*

75. Ces impôts ont pour principale caractéristique d'être perçus à intervalles réguliers et de représenter ordinairement des montants forfaitaires. Le poste le plus important, du point de vue du volume des recettes, est constitué par les permis de circulation des véhicules. Ce sous-groupe inclut aussi les taxes perçues lors de la délivrance de permis de chasse, de tir ou de pêche, ou l'autorisation de vendre certains produits, ainsi que les taxes sur la possession de chiens et sur la prestation de certains services à condition qu'elles répondent aux critères définis aux § 9 et § 10. Les subdivisions du poste 5210 comprennent les taxes d'utilisation de véhicules à moteur à la charge des ménages (5211) et à la charge d'autres agents (5212)[18]. Le poste 5213 couvre les plaques de chiens et les taxes perçues pour l'autorisation d'exercer certaines activités, comme la vente de viande et d'alcool, lorsque les prélèvements ont un caractère périodique. Il couvre aussi les permis généraux de chasse, de port d'armes et de pêche, lorsque le droit d'exercer ces activités n'est pas accordé au titre d'une opération commerciale normale (par exemple, la délivrance du permis ne comporte pas le droit d'utiliser une parcelle déterminée de terrain appartenant à l'État).

5220 – *Impôts non périodiques sur l'utilisation de biens ou sur l'autorisation d'utiliser des biens ou d'exercer certaines activités*

76. Cette rubrique recouvre les taxes non périodiques perçues sur l'utilisation de biens ou sur l'autorisation d'utiliser des biens ou d'exercer certaines activités et celles qui sont prélevées chaque fois que des biens sont utilisés.

- Les impôts prélevés sur l'émission ou le rejet dans l'environnement de gaz toxiques, liquides nocifs ou autres substances dangereuses figurent ici. Les paiements au titre des permis d'émission négociables délivrés par les administrations publiques dans le cadre des dispositifs de plafonnement et d'échange doivent également être comptabilisés sous cette rubrique au moment où les émissions sont produites. Les permis délivrés gratuitement par les administrations ne donnent lieu à aucun enregistrement comptable de recettes.
- La comptabilisation en droits constatés implique un éventuel délai entre la date à laquelle l'administration perçoit le règlement des permis et la date à laquelle les émissions sont produites. Dans les comptes nationaux, ce délai se traduit pour l'administration par un engagement financier sur la période.
- Il convient d'exclure les paiements effectués au titre de la collecte et de l'élimination de déchets ou de substances nocives par les autorités publiques, étant donné qu'il s'agit là de vente de services aux entreprises.

77. D'autres impôts non périodiques qui relèvent du poste 5200 sont aussi classés dans cette rubrique. Ainsi figurent les paiements uniques effectués au titre de l'autorisation de

vendre des boissons alcoolisées ou des tabacs ou d'ouvrir des guichets de « paris mutuels », à condition qu'ils répondent aux critères définis aux § 9 et § 10.

6000 – Autres impôts

78. Ce groupe couvre les impôts prélevés sur une ou plusieurs bases différentes de celles qui sont indiquées pour les groupes 1000, 3000, 4000 et 5000, ou sur des bases dont aucune ne pourrait être considérée comme étant essentiellement la même que l'une de celles afférentes à ces groupes. Quant aux impôts perçus sur plusieurs bases différentes, il convient si possible d'évaluer les recettes liées à chaque base de perception (par exemple, pour l'impôt allemand 'Gewerbesteuer') et d'inclure les montants séparés dans le groupe approprié. S'il est impossible d'évaluer les montants séparés, mais si l'on sait que la plus grande partie des recettes provient de l'impôt perçu sur une même base, la totalité des recettes sont classées en fonction de cette base. Si aucune de ces procédures ne peut être appliquée, les impôts sont classés dans le présent groupe. Les sous-groupes peuvent comprendre également les recettes provenant d'impôts que les administrations ne sont pas en mesure d'identifier ou d'isoler (voir § 27). Figurent aussi dans ce groupe les recettes provenant d'amendes et de pénalités acquittées pour infraction aux réglementations fiscales, mais qui ne peuvent être identifiées comme se rapportant à une catégorie particulière d'impôts (voir § 14). Ce poste est divisé en impôts exclusivement ou principalement à la charge des entreprises (6100) et en impôts à la charge d'autres contribuables (6200).

A.6 Conciliation avec les comptes nationaux

79. Cette section des tableaux permet de concilier les calculs des recettes fiscales totales de l'OCDE et l'ensemble des impôts et cotisations sociales versés aux administrations publiques qui sont enregistrés dans les comptes nationaux par pays. Lorsque le pays en question est membre de l'Union européenne (UE) la comparaison est effectuée entre les calculs des recettes fiscales totales des pays de l'OCDE et la somme des recettes fiscales et cotisations de sécurité sociale perçues par les administrations publiques et les institutions des secteurs de l'Union européenne des comptes nationaux.

A.7 Poste pour mémoire relatif au financement des prestations de sécurité sociale

80. Le rapport entre les impôts et les cotisations de sécurité sociale étant variable, et en raison des problèmes évoqués aux § 34 et § 40, on a réuni dans un poste pour mémoire l'ensemble des versements affectés à des prestations du type sécurité sociale, en dehors des versements volontaires au secteur privé. Les données sont présentées de la façon suivante (voir le chapitre 4.2) :

a) impôts du groupe 2000 ;

b) impôts affectés aux prestations de sécurité sociale ;

c) cotisations volontaires à l'administration ;

d) cotisations obligatoires au secteur privé.

Les § 34 et § 40 ci-dessus contiennent des directives pour la ventilation entre ces quatre catégories

A.8 Poste pour mémoire relatif aux impôts identifiables payés par les administrations

81. Les impôts effectivement payés par les administrations elles-mêmes et que l'on peut identifier sont indiqués dans un poste pour mémoire et classés suivant les grandes rubriques de la classification des impôts de l'OCDE. Dans la très grande majorité des pays, seuls peuvent être identifiées en l'occurrence les cotisations de sécurité sociale et les impôts sur les salaires, mais il s'agit là en général des impôts les plus importants acquittés par les administrations (voir le chapitre 4.3 de cette publication).

A.9 Rapport de la classification des impôts de l'OCDE avec les systèmes nationaux de comptabilité nationale

82. Un système de comptabilité nationale (SCN) tend à fournir un cadre cohérent pour enregistrer et présenter les principaux flux relatifs à la production, à la consommation, à l'accumulation et aux transactions extérieures d'une zone économique donnée, d'ordinaire un pays ou une grande région d'un pays. Les recettes publiques sont une partie importante des transactions enregistrées dans le SCN. La version finale du SCN 2008 a été diffusée conjointement par cinq organisations internationales : les Nations Unies, le Fonds Monétaire International, l'Union européenne, l'Organisation de Coopération et de Développement Économiques et la Banque Mondiale, en août 2009. Le *Système* est un ensemble complet, cohérent et souple de comptes macro-économiques. Il est élaboré pour être utilisé dans les pays à économie de marché quel que soit leur niveau de développement économique ainsi que dans les pays en transition vers l'économie de marché. De larges extraits du cadre théorique ainsi que les définitions des divers secteurs de l'économie du SCN figurent dans la classification des impôts de l'OCDE.

83. Il existe cependant un certain nombre de différences entre la classification des impôts de l'OCDE et les concepts du SCN qui sont indiqués ci-dessous. Ils proviennent du fait que l'objectif de cette classification est de permettre une ventilation aussi large que possible des données statistiques pour ce que les administrations fiscales conviennent de considérer de manière générale comme des impôts.

a) l'OCDE inclut les cotisations obligatoires de sécurité sociale payées aux administrations publiques dans les recettes fiscales totales. Les cotisations sociales volontaires et imputées ainsi que celles versées aux caisses privées ne sont pas considérées comme des impôts (§ 7 et § 8 ci-dessus) ;

b) les avis diffèrent sur la question de savoir s'il y a lieu de classer certains prélèvements et redevances dans les impôts (§ 9 et §10 ci-dessus) ;

c) l'OCDE exclut les impôts imputés ou les subventions résultant d'opérations de taux de change officiels multiples et ceux résultant du fait que la banque centrale paye un taux d'intérêt sur les réserves obligatoires différent des autres taux du marché ;

d) il existe des différences dans le traitement des crédits d'impôt récupérables.

84. Comme on l'a noté aux § 1 et § 2, les groupes 1000 à 6000 de la classification de l'OCDE comprennent tous les versements sans contrepartie aux administrations publiques, à l'exclusion des prêts obligatoires et des amendes. On peut obtenir le total de ces versements sans contrepartie, amendes incluses, mais prêts obligatoires exclus, en additionnant les postes suivants du SCN 2008 :

- impôts du type valeur ajoutée (D.211) ;

- droits et taxes sur les importations à l'exclusion de la TVA (D.212) ;
- droits sur les exportations (D.213) ;
- taxes sur les produits, à l'exclusion de la TVA, des droits sur les importations et les exportations (D.214) ;
- autres impôts sur la production (D.29) ;
- impôts sur le revenu (D.51) ;
- autres impôts périodiques (D.59) ;
- cotisations de sécurité sociale (D.61) à l'exclusion des cotisations volontaires ;
- impôts sur le capital (D.91).

A.10 La classification des impôts de l'OCDE et le système du Fonds monétaire international (GFS)

85. Le champ d'application et l'évaluation des recettes fiscales dans le système GFS et dans le système SCN 2008 sont très proches. Par conséquent, les différences entre la classification de l'OCDE et celle du SCN 2008 (voir § 83 ci-dessus) sont également valables pour le GFS. En outre, le Fonds monétaire international subdivise le groupe 5000 de la classification de l'OCDE en une section iv (Taxes intérieures sur les biens et services) et une section v (Taxes sur les transactions et les échanges internationaux). Cela tient à ce que le rendement de ces dernières taxes représente généralement des sommes infimes dans les pays de l'OCDE ce qui n'est pas le cas dans beaucoup de pays non membres.

A.11 Comparaison de la classification des impôts de l'OCDE et des autres classifications internationales des recettes publiques

86. Le tableau ci-dessous décrit point par point la comparaison entre la classification des impôts de l'OCDE et les classifications suivantes :

i) Système des comptes nationaux (SCN 2008) ;

ii) Système européen des comptes (SEC 2010) ;

iii) Manuel de statistiques des finances publiques du Fonds monétaire international (MSFP 2014).

87. Ces comparaisons correspondent à celles qui devraient s'appliquer dans la majorité des cas. Toutefois, en pratique il faut faire preuve d'une certaine souplesse dans leur application. En effet, dans certains cas, les pays peuvent adopter des méthodes diverses de classification des recettes dans les comptes nationaux.

A.12 Répartition des recettes fiscales par sous-secteurs d'administration publique

88. La classification de l'OCDE appelle une ventilation des recettes fiscales par sous-secteurs d'administration. On trouvera ci-après la définition de chaque sous-secteur et les critères à utiliser pour répartir entre eux les recettes fiscales. Ces définitions et critères suivent les orientations qui figurent dans le SCN 2008 et le MSFP 2014.

OECD Classification	2008 SNA	2010 ESA	GFSM2014
1000 Impôts sur le revenu, les bénéfices et les gains en capital			
1100 Personnes physiques			
1110 Sur le revenu et les bénéfices	D51-8.61a	D51A	1111
1120 Sur les gains en capital	D51-8.61c, d	D51C, D	1111
1200 Sociétés			
1210 Sur le revenu et les bénéfices	D51-8.61b	D51B	1112
1220 Sur les gains en capital	D51-8.61c	D51C	1112
1300 Non ventilables entre les rubriques 1100 et 1200			1113
2000 Cotisations de sécurité sociale			
2100 Salariés	D613-8.85	D613	1211
2200 Employeurs	D611-8.83	D611	1212
2300 A la charge des travailleurs indépendants ou des personnes sans occupation	D613-8.85	D613	1213
2400 Non ventilables entre les rubriques 2100, 2200 et 2300			1214
3000 Impôts sur les salaires et la main-d'œuvre	D29-7.97a	D29C	112
4000 Impôts sur le patrimoine			
4100 Impôts périodiques sur la propriété immobilière			
4110 Ménages	D59-8.63a	D59A	1131
4120 Autres agents	D29-7.97b	D29A	1131
4200 Impôts périodiques sur l'actif net			
4210 Personnes physiques	D59-8.63b	D59A	1132
4220 Sociétés	D59-8.63b	D59A	1132
4300 Impôts sur les mutations par décès, les successions et les donations			
4310 Impôts sur les mutations par décès et les successions	D91-10.207b	D91A	1133
4320 Impôts sur les donations	D91-10.207b	D91A	1133
4400 Impôts sur les transactions mobilières et immobilières	D59-7.96d; D29-7.97e	D214B, C	114114; 1161
4500 Autres impôts non périodiques sur le patrimoine	D91-10.207a	D91B	1135
4600 Autres impôts périodiques sur le patrimoine	D59-8.63c	D59A	1136
5000 Impôts sur les biens et services			
5100 Impôts sur les biens et services			
5110 Impôts généraux sur les biens et services			
5111 Taxes sur la valeur ajoutée	D211-7.89	D211; D29G	11411
5112 Impôts sur les ventes	D2122-7.94a; D214-7.96a	D21224; D214I	11412
5113 Autres impôts généraux sur les biens et services	D214-7.96a	D214I	11413
5120 Impôts sur des biens et services déterminés			
5121 Accises	D2122-7.94b; D214-7.96b	D21223; D214A, B, D	1142
5122 Bénéfices des monopoles fiscaux	D214-7.96e	D214J	1143
5123 Droits de douane et autres droits à l'importation	D2121-7.93	D2121; D21221, 2	1151
5124 Taxes à l'exportation	D213-7.95a	D214K	1152-4
5125 Impôts sur les biens d'équipements			
5126 Impôts sur les services déterminés	D2122-7.94c; D214-7.96c	D21225; D214E, F, G, H; D29F	1144; 1156
5127 Autres impôts sur les transactions et les échanges internationaux	D2122-7.94d; D29-7.95b; D29-7.97g; D59-8.64d	D21226; D29D; D59E	1153; 1155-6
5128 Autres impôts sur des et services déterminés			1146
5130 Non ventilable entre les rubriques 5110 et 5120			
5200 Impôts sur l'utilisation des biens ou l'autorisation d'utiliser des biens ou d'exercer des activités			
5210 Impôts périodiques sur l'utilisation des biens ou l'autorisation d'utiliser des biens ou d'exercer des activités			
5211 A la charge des ménages au titre de véhicules à moteurs	D59-8.64c	D59D	11451
5212 A la charge d'autres agents au titre de véhicules à moteurs	D29-7.97d	D214D; D29B	11451
5213 Autres impôts périodiques sur l'utilisation des biens u l'autorisation d'utiliser des biens ou d'exercer des activités	D29-7.97c, d, f D59-8.64c	D29B, E, F; D59D	11452
5220 Impôts non périodiques			11452
5300 Non ventilable entre les rubriques 5100 et 5200			
6000 Autres impôts			
6100 A la charge exclusive des entreprises			1161
6200 A la charge d'autres agents que les entreprises ou non identifiables	D59-8.64a, b	D59B, C	1162

Sous-secteurs des administrations publiques à identifier

a) Administration centrale

89. Le sous-secteur des administrations centrales groupe tous les ministères, bureaux, établissements et autres organismes qui sont des services ou des moyens d'action du pouvoir central et dont la compétence s'étend à la totalité du territoire, à l'exception de l'administration des caisses de sécurité sociale. L'administration centrale a donc le pouvoir de prélever des impôts sur toutes les unités résidentes et non résidentes exerçant des activités économiques à l'intérieur du pays.

b) Administration d'un État fédéré, d'une province ou d'une région

90. Ce sous-secteur comprend les unités administratives intermédiaires et inclut toutes les unités administratives dont la compétence s'exerce indépendamment de l'Administration centrale sur une partie du territoire englobant un certain nombre de petites localités, à l'exception des caisses de sécurité sociale. Dans les pays unitaires, les administrations régionales peuvent être considérées comme dotées d'une existence distincte lorsqu'elles disposent d'une autonomie substantielle pour percevoir une part importante de leurs recettes de sources placées sous leur contrôle et lorsque leurs agents ne sont pas soumis à un contrôle administratif externe dans l'exercice des activités de l'unité.

91. Actuellement, les pays à structure fédérale représentent la majorité des cas dans lesquels les recettes attribuées aux unités administratives intermédiaires sont identifiées séparément. L'Espagne est le seul pays à structure unitaire qui se trouve dans cette situation. Dans les autres pays unitaires, les recettes des administrations régionales sont incluses dans celles des administrations locales.

c) Collectivités locales

92. Ce sous-secteur comprend toutes les autres unités administratives exerçant une compétence indépendante sur une partie du territoire d'un pays, à l'exception des administrations des caisses de sécurité sociale. Il englobe les diverses circonscriptions urbaines et/ou rurales (par exemple les collectivités locales, les municipalités, les villes, les bourgs ou les districts).

d) Caisses de sécurité sociale

93. Les caisses de sécurité sociale constituent un sous-secteur distinct des administrations publiques. Le sous-secteur de la sécurité sociale est défini dans le SCN de 2008 par les extraits suivants des paragraphes 4.124 à 4.126 et 4.147 :

« Les systèmes de sécurité sociale sont des systèmes d'assurance sociale qui couvrent l'ensemble de la collectivité ou d'importants sous-ensembles de la collectivité : ces systèmes sont imposés et contrôlés par les administrations publiques. Ces systèmes couvrent une grande variété de programmes qui consistent à fournir des prestations, en espèces ou en nature, au titre des circonstances suivantes : vieillesse, invalidité ou décès, survie, maladie et maternité, accident du travail, chômage, allocations familiales, soins de santé etc. Il n'existe pas nécessairement de lien direct entre le montant de la cotisation versée par un particulier et les prestations qu'il est susceptible de recevoir » (paragraphe 4.124).

« Lorsque les systèmes de sécurité sociale ont une organisation distincte des autres activités des administrations publiques et détiennent des actifs et des engagements indépendamment de ces dernières et effectuent des opérations financières pour leur propre compte, ils peuvent être considérés comme des unités institutionnelles désignées sous le nom de caisses de sécurité sociale » (paragraphe 4.125).

« Il est possible de faire varier de façon discrétionnaire les montants prélevés et versés sous forme de cotisations de sécurité sociale et de prestations afin d'atteindre des objectifs de politique publique qui n'ont pas de lien direct avec la notion de sécurité sociale en tant que système visant à fournir des prestations à des membres de la collectivité. Ainsi, ces cotisations ou prestations peuvent être augmentées ou diminuées afin d'influer sur le niveau de la demande globale au sein de l'économie. Néanmoins, tant que ces caisses restent indépendantes, elles doivent être traitées comme des unités institutionnelles distinctes dans le SCN ». (paragraphe 4.126).

« Le sous-secteur des administrations de sécurité sociale comprend les administrations de sécurité sociale opérant à tous les niveaux des administrations publiques. Les administrations de sécurité sociale sont des systèmes couvrant l'ensemble de la collectivité ou d'importants sous-ensembles de la collectivité qui sont rendus obligatoires et contrôlés par des administrations publiques » (paragraphe 4.147).

94. Cette définition des administrations de sécurité sociale est suivie dans la classification de l'OCDE à l'exception des régimes suivants :

- Les régimes imposés par l'administration et exploités par des organismes extérieurs au secteur des administrations publiques, tel qu'il est défini au § 3 de ce manuel et
- Les régimes qui perçoivent des cotisations volontaires.

Autorités supranationales

95. Ce sous-secteur s'applique aux activités de collecte de recettes publiques des autorités supranationales sur le territoire d'un pays. En pratique, le seul cas d'autorité supranationale de la zone de l'OCDE est celui des institutions de l'Union européenne (UE). Depuis 1998, les autorités supranationales ne figurent plus dans les *Statistiques des recettes publiques* dans un souci de cohérence avec la définition du SCN des administrations publiques qui les exclut. Par exemple, les impôts sur le revenu et des contributions de sécurité sociale rassemblées par des Institutions européennes et payé par les fonctionnaires européens qui sont résidents de pays membres de l'Union européenne ne devraient pas être inclus. Toutefois, les prélèvements spécifiques versés par les États membres à l'Union européenne continuent à être inclus dans les recettes fiscales totales et ils sont indiqués sous cette rubrique.

Critères à utiliser pour l'attribution des recettes fiscales

96. Lorsqu'une administration collecte l'impôt et le reverse, en totalité ou en partie, à d'autres administrations, il est nécessaire de déterminer si ces recettes doivent être considérées comme étant celles de l'administration qui les perçoit et les répartit entre d'autres administrations ou celles des administrations bénéficiaires auxquelles l'administration qui les a perçues les a transférées en simple qualité d'agent. Les critères à utiliser dans l'attribution des recettes sont indiqués aux paragraphes 97 à 100, qui reprennent les paragraphes 3.70 à 3.73 du SCN 2008.

97. En général, un impôt est attribué à l'Unité administrative qui

a) exerce le pouvoir de percevoir l'impôt (soit en tant que détenteur de ce pouvoir soit par délégation de l'autorité qui le détient),

b) dispose du pouvoir discrétionnaire final de fixer et de faire varier le taux de l'impôt.

98. Lorsqu'une somme est collectée par une administration au profit d'une autre administration et en son nom, et que cette dernière a le pouvoir de percevoir l'impôt et de fixer et de faire varier son taux, la première intervient comme agent pour le compte de la dernière et l'impôt est réaffecté. Toute somme retenue par l'administration collectrice au titre des frais de recouvrement doit être considérée comme la rémunération d'un service rendu. Toute autre somme conservée par l'administration collectrice, notamment dans le cadre d'un accord de partage d'impôt, doit être considérée comme une subvention courante. Si l'administration collectrice s'est vu déléguer le pouvoir de fixer et de faire varier le taux, le montant recouvré doit être considéré comme une recette fiscale de cette administration.

99. Lorsque des administrations différentes fixent conjointement et sur un pied d'égalité la répartition du produit de cet impôt, aucune administration ne disposant d'un pouvoir prépondérant en dernier ressort, les recettes fiscales sont attribuées à chaque administration en fonction de sa part respective du produit de l'impôt. Si un accord permet à une unité administrative d'exercer un pouvoir prépondérant en dernier ressort, la totalité des recettes fiscales est attribuée à cette unité.

100. Dans certains cas aussi, un impôt est perçu dans le cadre des compétences d'une administration qui résulte de la constitution ou d'autres dispositions mais d'autres administrations fixent individuellement le taux d'imposition sur leurs territoires. Le produit de l'impôt généré sur les territoires respectifs de chaque administration est attribué à l'administration en question comme constituant ses recettes fiscales.

Versements effectués par les États membres de l'Union européenne

101. Les versements effectués par les États membres de l'Union européenne prennent la forme de prélèvements spécifiques qui comprennent :

a) les droits de douane et les prélèvements agricoles (5123),

b) les montants compensatoires monétaires bruts (5123 si relatifs aux importations et 5124 si relatifs aux exportations), et

c) les prélèvements de la CECA, les cotisations sucre et les taxes de co-responsabilité sur le lait (5128).

102. Les droits de douane collectés par les États membres pour le compte de l'Union européenne sont comptabilisés :

- sur une base qui ne tient pas compte des droits d'encaissement,
- en utilisant des chiffres corrigés de manière à exprimer les droits sur la base de la « destination finale » et non du « pays de première entrée » lorsque de telles corrections sont possibles. Ces corrections concernent en particulier les droits prélevés dans des ports (maritimes) importants. Bien que les droits de l'UE soient prélevés par les autorités du pays de première entrée, ces droits doivent être dans la mesure du possible déduits des recettes du pays qui les recouvre et inclus dans les recettes du pays de destination finale.

103. Ces droits de l'UE sont le plus clairement conformes au critère d'attribution décrit au § 95 ci-dessus. En conséquence, à partir de 1998, ces montants sont mentionnés dans une note de bas de page à titre de rubrique « Pour mémoire » dans les tableaux des États membres de l'UE (chapitre 4 du Rapport) et ne figurent plus sous la rubrique 5123. Toutefois, ces montants sont inclus dans les grands totaux des recettes fiscales à la ligne supérieure pour toutes les années indiquées dans les tableaux.

A.13 Classification provisoire des recettes provenant des prélèvements sur les banques et des contributions aux mécanismes de garantie des dépôts et de stabilité financière

104. L'OCDE a provisoirement adopté, depuis l'édition 2012 de ses *Statistiques des recettes publiques*, le principe suivant concernant l'enregistrement comptable des recettes issues des prélèvements sur les banques ainsi que des redevances acquittées au titre de la garantie des dépôts et de la stabilité financière. Il est recommandé que les montants concernés soient comptabilisés à la rubrique 5126.

- Les redevances de stabilité, les prélèvements sur les banques et les contributions à la garantie des dépôts, qu'il est obligatoire d'acquitter, doivent généralement être traitées comme des recettes fiscales lorsque les versements sont effectués au profit de l'administration publique et affectés au budget consolidé ou général des administrations de sorte que les pouvoirs publics soient libres d'utiliser les fonds sans délai aux fins qu'ils jugent opportunes. Ce principe s'appliquerait indépendamment du fait que l'administration promette ou non d'effectuer des versements pour garantir les dépôts des clients des établissements bancaires si la situation l'exigeait à l'avenir.
- Si les paiements obligatoires sont effectués au profit de l'administration publique et imputés à des budgets dont les ressources doivent être entièrement réaffectées au secteur de l'économie qui englobe les entreprises assujetties à ces paiements, ceux-ci seront toujours traités, en règle générale, comme des recettes fiscales étant donné que les fonds seraient disponibles pour l'administration et réduiraient son déficit budgétaire, que la redevance est sans contrepartie pour les entités individuelles et que les montants collectés pourraient être dissociés de tout versement en faveur des déposants ou de toute dépense visant à soutenir plus largement le secteur financier.
- Les contributions aux mécanismes traditionnels de moindre envergure destinés à garantir les dépôts de détail, contributions dont le montant est aligné sur le coût de la garantie, doivent être classées en tant que redevances pour services rendus.
- Tout versement au titre de la réalisation par une administration des actifs d'un établissement en faillite ou du recouvrement par cette administration d'une créance prioritaire sur les actifs de l'établissement en cours de liquidation, effectué en vue de financer l'indemnisation des clients ayant perdu leurs dépôts, serait traité comme une redevance par opposition aux recettes fiscales.
- Les contributions obligatoires aux fonds administrés en-dehors du secteur public et aux organismes non étatiques bénéficiant du soutien des institutions collectrices de dépôts ainsi que toutes les contributions aux mécanismes volontaires ne doivent pas être traitées comme des recettes fiscales.

Notes

1. Toutes les références au SCN concernent l'édition de 2008.
2. Se reporter à la section A.12 de ce manuel pour l'examen de cette notion.
3. Il est en général possible d'identifier les montants des cotisations de sécurité sociale et les impôts sur les salaires, mais pas les autres impôts payés par les administrations.
4. En revanche si un ou plusieurs pays considèrent comme un impôt un droit que la plupart des pays font entrer dans les recettes non fiscales ou qui procure des recettes substantielles, les montants ainsi perçus figureront dans une note de renvoi à la fin des tableaux par pays correspondants, même s'ils ne sont pas inclus dans le total des recettes fiscales.
5. Les appellations peuvent cependant être souvent trompeuses. Ainsi, une redevance de passeport sera normalement considérée comme une recette non fiscale, alors qu'un prélèvement additionnel sur les passeports (comme c'est le cas au Portugal), qui a pour but de procurer un montant substantiel de recettes eu égard au coût de délivrance du passeport, sera considéré comme un impôt du sous-groupe 5200.
6. On trouvera des précisions sur cette distinction dans l'étude spéciale intitulée « L'information sur les recettes fiscales : problèmes actuels », de l'édition de 2001 des *Statistiques des recettes publiques*.
7. On utilise parfois les expressions "non remboursable" et "remboursable" mais il peut paraître illogique de parler de "remboursement" lorsque rien n'a été versé.
8. Toutefois, dans les systèmes d'imputation de l'impôt sur les sociétés, les crédits d'impôts récupérables sont traités différemment (§ 31-33).
9. Il ne s'agit pas d'une véritable dépense fiscale au sens strict. De telles dépenses fiscales supposent que l'on identifie un système fiscal de référence pour chaque pays ou, de préférence, une norme internationale commune. En pratique, il n'a pas été possible de parvenir à un accord sur une norme internationale commune.
10. Sauf s'ils sont calculés sur le bénéfice résultant de la vente, auquel cas ils seraient classés parmi les impôts sur les gains en capital dans le sous-groupe 1120 ou 1220.
11. Dans certains pays, la même législation est applicable aux personnes physiques et aux entreprises dans le cas d'impôts sur le revenu particuliers. Cependant, les recettes procurées par ces impôts peuvent, en général, être ventilées et figurent donc dans les deux sous-groupes appropriés.
12. Ainsi, « celles qui sont suffisamment autonomes et indépendantes pour que leur fonctionnement soit comparable à celui d'une société… (y compris) la tenue de comptes complets » (2008 SCN section 4.44).
13. Au Canada – pays généralement considéré comme appliquant un système d'imputation – le crédit d'impôt (non récupérable) offert à l'actionnaire concerne l'impôt national sur les sociétés censé avoir été acquitté, qu'un impôt sur les sociétés soit ou ne soit pas dû. Comme, dans ces systèmes, il n'y a aucun lien complet entre le montant de l'impôt sur le revenu, ces crédits pour les dividendes sont traités, comme les autres crédits d'impôt, selon les principes exposés au § 20.
14. Il peut en être ainsi lorsqu'un régime en faveur des administrations existait avant l'instauration d'un régime général de sécurité sociale.
15. Dans le SCN 2008, ils sont considérés comme des transferts en capital et non pas comme des impôts (voir section A8).
16. Système selon lequel l'Union Européenne ajuste les effets des différences entre les taux de change utilisés pour fixer les prix des produits agricoles dans le cadre de la politique agricole commune, et le taux de change réel. Les paiements effectués selon ce système portent sur les importations ou les exportations; lorsqu'ils sont identifiables, ces montants figurent dans la rubrique appropriée (5123 ou 5124). Dans ce guide, sont inclus les montants bruts, c'est-à-dire sans déduction d'aucune prime payée par le SMC.
17. Les transferts de bénéfices de loteries d'État sont considérés comme des recettes non fiscales (voir aussi § 63).
18. Voir à ce sujet le § 25(c).

ANNEXE B

Date de réception des donnees

	Date de réception des donnees
Australie	31 juillet 2017
Autriche	8 juin 2017
Belgique	22 juin 2017
Canada	10 juillet 2017
Chili	1 août 2017
République tchèque	11 juillet 2017
Danemark	2 juin 2017
Estonie	18 juin 2017
Finlande	13 juillet 2017
France	30 mai 2017
Allemagne	12 juin 2017
Grèce	29 juin 2017
Hongrie	4 juillet 2017
Islande	8 juin 2017
Irlande	19 juillet 2017
Israël	25 juillet 2017
Italie	6 juin 2017
Japon	1 août 2017
Corée	15 juin 2017
Lettonie	10 août 2017
Luxembourg	19 juin 2017
Mexique	19 juillet 2017
Pays-Bas	13 juillet 2017
Nouvelle-Zélande	2 juin 2017
Norvège	20 juin 2017
Pologne	31 août 2017
Portugal	21 juin 2017
République slovaque	2 juin 2017
Slovénie	17 juillet 2017
Espagne	1 août 2017
Suède	7 juin 2017
Suisse	8 mai 2017
Turquie	9 juin 2017
Royaume-Uni	10 juillet 2017
États-Unis	5 juillet 2017

ORGANISATION DE COOPÉRATION ET DE DÉVELOPPEMENT ÉCONOMIQUES

L'OCDE est un forum unique en son genre où les gouvernements œuvrent ensemble pour relever les défis économiques, sociaux et environnementaux liés à la mondialisation. À l'avant-garde des efforts engagés pour comprendre les évolutions du monde actuel et les préoccupations qu'elles suscitent, l'OCDE aide les gouvernements à y faire face en menant une réflexion sur des thèmes tels que le gouvernement d'entreprise, l'économie de l'information et la problématique du vieillissement démographique. L'Organisation offre aux gouvernements un cadre leur permettant de confronter leurs expériences en matière d'action publique, de chercher des réponses à des problèmes communs, de recenser les bonnes pratiques et de travailler à la coordination des politiques nationales et internationales.

Les pays membres de l'OCDE sont : l'Allemagne, l'Australie, l'Autriche, la Belgique, le Canada, le Chili, la Corée, le Danemark, l'Espagne, l'Estonie, les États-Unis, la Finlande, la France, la Grèce, la Hongrie, l'Irlande, l'Islande, Israël, l'Italie, le Japon, la Lettonie, le Luxembourg, le Mexique, la Norvège, la Nouvelle-Zélande, les Pays-Bas, la Pologne, le Portugal, la République slovaque, la République tchèque, le Royaume-Uni, la Slovénie, la Suède, la Suisse et la Turquie. L'Union européenne participe aux travaux de l'OCDE.

Les Éditions OCDE assurent une large diffusion aux travaux de l'Organisation. Ces derniers comprennent les résultats de l'activité de collecte de statistiques, les travaux de recherche menés sur des questions économiques, sociales et environnementales, ainsi que les conventions, les principes directeurs et les modèles développés par les pays membres.

ÉDITIONS OCDE, 2, rue André-Pascal, 75775 PARIS CEDEX 16
(23 2017 31 2 P) ISBN 978-92-64-28319-0 – 2017

www.ingramcontent.com/pod-product-compliance
Lightning Source LLC
LaVergne TN
LVHW080654011026
849160LV00014B/1419